Louise BRUIT ZAIDMAN
Pauline SCHMITT PANTEL

La religion grecque

dans les cités à l'époque classique

Troisième édition

ARMAND COLIN

Collection Cursus • Histoire de l'Antiquité

sous la direction de François Hartog, Pauline Schmitt Pantel et John Scheid

ISBN 2-200-26296-5

Armand Colin • 21, rue du Montparnasse • 75006 Paris

1. Assemblée des dieux. Tarquinia RC 6848. Coupe à figures rouges, signée Oltos, vers 510 av. J.-C.
De gauche à droite, Hébé, Hermès, Athéna, Zeus, Ganymède, Hestia, Aphrodite, Arès
(Dessin de F. Lissarrague)

SOMMAIRE GÉNÉRAL

Introduction 5

PREMIÈRE PARTIE

Les pratiques cultuelles

Chapitre 1. Les rites, les acteurs et les lieux 21
Chapitre 2. Religion et vie civique 52
Chapitre 3. Les cultes panhelléniques 89

DEUXIÈME PARTIE

Les systèmes de représentation du divin

Chapitre 4. Mythes et mythologie 113
Chapitre 5. Une religion polythéiste 140
Chapitre 6. Les formes de figuration 167
Conclusion 176

LES UTILITAIRES

Glossaire 180
Lexique : dieux, héros, personnages mythologiques 184
Bibliographie 187

Introduction
Comment aborder l'étude de la religion des cités ?

1. Un dépaysement nécessaire

L'étude de la religion grecque nécessite un préalable : accepter le dépaysement et la mise en cause de catégories intellectuelles qui nous sont aujourd'hui familières. La société grecque est radicalement différente de la nôtre et les concepts qui nous servent à décrire les phénomènes religieux contemporains ne sont pas forcément adaptés à l'analyse de ce qu'était pour les Grecs le divin. De plus, la fonction de la religion ne peut être la même dans une société où la vie collective est largement laïcisée comme la nôtre et dans une société où la religion est complètement imbriquée dans tous les domaines de la vie publique et sociale. Enfin, se débarrasser de l'idée qu'il puisse exister une essence de la religion permet d'étudier le phénomène religieux comme un objet de connaissance qui, comme les autres, a une histoire.

Pour faire comprendre à quel point la religion grecque nous dépayse, nous reprendrons les conclusions d'une comparaison rapide, à laquelle s'est livrée J.-P. Vernant, entre les croyances des Grecs et celles d'une civilisation occidentale encore christianisée. Pour « nous », la divinité est extérieure au monde (Dieu est transcendant), elle a créé le monde et les hommes, elle est présente à l'intérieur de l'homme, enfin la sphère du religieux est limitée à un secteur très défini des activités quotidiennes. Pour les Grecs, les dieux ne sont pas extérieurs au monde, ils n'ont pas créé l'univers ni les hommes, mais ont été eux-mêmes créés ; ils n'ont pas toujours existé mais se sont emparés du pouvoir ; ils ne sont pas éternels mais seulement immortels ; ils n'ont pas tous les pouvoirs ni tous les savoirs, mais seulement certains d'entre eux ; ils sont soumis au destin et ils interviennent constamment dans les affaires humaines. Ce rapide parallèle invite à se débarrasser de toute idée préconçue sur ce que peut être la religion avant d'étudier l'ensemble des cultes et des croyances des Grecs.

Cette précaution prise, il faut aussi éviter de se poser des questions qui n'aident pas à la compréhension du monde grec antique.

▲ *Ni survivance ni préfiguration.* La religion grecque, comme d'autres religions, a été soumise à deux types d'analyse qui se voulaient des explications universelles du phénomène religieux. D'une part, on a essayé de trouver, dans le panthéon, les rituels et les mythes, les traces de pratiques magiques et d'une mentalité primitive. C'est ce que l'on peut appeler une théorie des survivances avec son cortège d'explications faisant appel, entre autres, à la catégorie du totémisme.

D'autre part, on a cherché ce qui, dans les croyances et les pratiques grecques, pouvait être le terrain propice au développement d'une religion monothéiste comme le christianisme. L'accent est alors mis sur le milieu des sectes et les pratiques des mystères. Cette volonté de syncrétisme repose sur la conviction que toutes les religions n'ont pas la même valeur, c'est une lecture de la religion grecque à travers le prisme particulier du christianisme.

Ces deux théories, qui ont un grand intérêt historiographique, ont marqué bien des livres. Leurs présupposés sont ceux de leur temps, tout comme l'étude de la religion grecque en tant que système symbolique ayant sa propre cohérence est celle de notre époque.

▲ *Pour expliquer les croyances et les cultes* de l'époque classique, plusieurs voies sont possibles, l'une est attentive aux origines, l'autre met l'accent sur le mode de fonctionnement dans un ensemble culturel posé comme relativement stable : celui des cités. Ces deux approches ne sont pas inconciliables, mais elles donnent des éclairages et des tonalités différents à l'étude de la religion grecque.

▲ *L'importance des origines.* Le schéma classique de l'évolution de la religion grecque, tel que le proposait M. P. Nilsson, voit dans la religion grecque l'union réussie entre la religion préhellénique des populations indigènes et les cultes et les croyances apportés par les peuples grecs lors de leur arrivée (qui s'est étendue sur le IIe millénaire) en Grèce. Il est dès lors nécessaire de chercher dans tout rituel du Ve siècle[1] ce qui remonte au rite préhellénique et ce qui est la part « grecque ». L'une et l'autre des « origines » a fonction d'explication pour le rituel donné.

On peut ainsi interpréter le sacrifice sanglant grec en remontant aux pratiques de chasse de l'époque néolithique. Le portrait d'une divinité peut de même se composer de traits prégrecs et de traits grecs. Ainsi Artémis, en tant que « maîtresse des fauves », rappelle une déesse-mère préhellénique ; en tant que « chasseresse » elle paraît un pur produit de l'arrivée des Hellènes. Là encore, les origines jouent le rôle d'explication. Une telle démarche rend indispensable l'établissement d'une chronologie précise dans l'histoire des cultes et des mythes, ce qui est pour les hautes époques largement aléatoire, et elle met en avant des systèmes d'explication qui ne font pas l'unanimité, comme le primat des divinités féminines dans le monde préhellénique et celui des divinités masculines dans le domaine grec.

1. Cet ouvrage traitant de la religion grecque à l'époque classique, nous conviendrons, pour alléger le texte, de ne pas préciser : *avant Jésus-Christ*. Seuls les siècles et dates après le début de l'ère chrétienne porteront une indication.

▲ *La fonction dans la cité.* L'autre voie estime que les origines d'un culte ou d'un rituel n'expliquent pas le fonctionnement, la portée et le rôle de ce culte et de ce rituel à un moment donné de l'histoire. L'importance du sacrifice sanglant grec au Ve siècle s'éclaire avant tout par l'étude des fonctions qu'il assure et des valeurs qu'il représente dans la cité du moment. Artémis, pour reprendre cet exemple, en maîtresse des fauves et déesse de la chasse, assume deux aspects complémentaires de la fonction principale qui est la sienne : la protection du monde sauvage.

Cette approche souligne aussi le fait que dans la religion grecque l'essentiel des croyances et des rites se structure au moment où naît une des formes d'organisation politique typique du monde grec : la *cité (polis).* Ainsi en est-il du panthéon et de la mythologie mis en place chez Homère et Hésiode, du culte des héros, des lieux de culte tels les temples, de l'organisation des rituels comme les calendriers, les concours… Si les mêmes lieux de culte ont été fréquentés depuis l'époque mycénienne, ceci ne signifie pas que les croyances des Mycéniens (à supposer qu'on les connaisse suffisamment bien) aident à comprendre celles d'hommes vivant près d'un millénaire plus tard, dans une organisation sociale et politique très différente de celle du palais mycénien. Des traits cultuels et des caractères divins peuvent venir d'une époque antérieure à la mise en place des cités, mais il faut avant tout expliquer leur fonction et la manière dont elles étaient réinterprétées à l'intérieur du monde des cités.

▲ *Le cadre : les cités grecques archaïques et classiques.* Ce livre n'explore ni l'état de la religion avant la naissance des cités (religions préhellénique, minoenne, mycénienne…), ni les transformations de l'époque hellénistique. Les problèmes que posent la connaissance des religions avant l'apparition et la diffusion de l'écrit d'une part, l'extraordinaire richesse et la diversité du domaine cultuel et des croyances qui se développent à partir de l'époque d'Alexandre d'autre part, ne peuvent se résumer en un chapitre.

Le cadre retenu est donc celui des cités à l'époque archaïque et classique, en gros de 750 à 330. Une cité est un ensemble politique autonome, indépendant, comprenant à la fois un territoire (cultivé et non cultivé), des villages et une ou plusieurs bourgades (parfois une ville) plus peuplées, dont une est le centre de la vie politique. La cité d'Athènes — le grec dit : « les Athéniens » — comprend ainsi tout le territoire de l'Attique, la ville d'Athènes étant le siège des assemblées, des magistratures, bref de la vie politique. Les cultes, les sanctuaires, les pratiques religieuses sont disséminés sur tout le territoire de la cité et concernent des gens qui vivent à la campagne (les plus nombreux) comme ceux qui vivent en ville. Le terroir est habité de sanctuaires, le plus souvent très modestes ; les villages ont leurs autels, leurs lieux de culte ; l'activité cultuelle est quotidienne. La survivance aujourd'hui de quelques temples imposants dans des lieux parfois déserts ne rend pas compte de ce qu'était le paysage religieux des cités grecques.

2. Quelques notions fondamentales

Une des difficultés de l'étude de la religion grecque tient au fait que des notions comme le sacré, le pur et l'impur, la piété et l'impiété ont des significations particulières pour les Grecs, qui ne correspondent pas à celles qui nous sont familières.

▲ *Le sacré.* Une des notions que rencontre nécessairement une enquête sur la religion est celle de *sacré.* Autant l'opposition entre profane et sacré semble aller de soi dans un système où le domaine religieux est nettement délimité, autant dans la Grèce des cités cette opposition est incertaine, voire non pertinente.

Par contre, la langue grecque distingue, à travers des termes comme *hiéron, hosion, hagion,* des notions que nous confondons dans celle de sacré. *Ta hiéra* désigne à la fois les cultes et les sanctuaires des dieux, puis les victimes, c'est-à-dire des objets que l'usage rituel charge des qualités qui les rapprochent du divin et les fait entrer dans le domaine que nous appelons le sacré. Ces actes, ces lieux, ces objets sont chargés d'une puissance qui les rend utiles ou favorables à l'efficacité des rites. Mais rien dans leur nature ne les distingue des objets quotidiens, que ce soit ceux qu'utilise la cuisine sacrificielle (couteaux, broches, chaudrons) ou les nourritures (pains, gâteaux ou fruits) transformés en offrandes par leur dépôt en des lieux consacrés. De même le *hiéreus,* le prêtre, chargé d'accomplir les *hiéra,* les actes du culte, quels que soient les prescriptions ou interdits locaux ou momentanés, n'est nullement comme tel, tenu au retrait de la vie « profane », et peut continuer à vivre dans la cité, au sein de son *oikos,* tout en accomplissant, aux dates fixées, les actes que son office lui impose.

Quant au terme *hosios,* il s'applique plus particulièrement à des comportements ou à des actions qui caractérisent l'établissement entre les dieux et les hommes, ou entre les hommes eux-mêmes, de relations conformes à certaines normes : ce serait tout ce qui est prescrit ou permis par la loi divine. Le mot est souvent associé à *dikaios* (juste). On serait tenté, dans ce cas, de le traduire par « saint ». Mais le terme peut aussi tirer sa valeur de son opposition à *hiéros.* Il désigne alors un état libéré du sacré, désacralisé et, par là, libre, permis, profane. C'est ainsi que *hé hosiè kreaôn* désigne la portion qui, dans une victime, revient normalement à la consommation humaine, la part permise.

Hagion s'applique plutôt à des temples ou à des sanctuaires, ou encore à des usages ou à des rites, enfin à des offrandes ou objets cultuels (tandis qu'*hagnos* s'applique aux êtres humains) ; ce terme désigne un degré de pureté rituelle qui implique le retrait hors de l'ordre courant. Il contient la notion d'un respect négatif consistant à « s'abstenir de porter atteinte ». Il sert à exprimer une notion d'interdit.

Ainsi faut-il prendre garde à ne pas se laisser surprendre par de trompeuses correspondances. Là où les mots semblent se répondre et renvoyer à des notions qui nous sont familières, ils peuvent recouvrir des conceptions différentes sous une apparente conformité. Avec les notions voisines du pur et de l'impur, nous allons retrouver une distribution des catégories religieuses qui ne recouvre pas, elle non plus, nos propres distinctions.

▲ *Pur et impur.* À un premier niveau, pureté et propreté physique semblent se confondre. Ce qui est *katharos,* « pur », est ce qui est débarrassé de toute trace de saleté, et la souillure paraît avoir une forte connotation matérielle. Pourtant on s'aperçoit vite qu'à l'époque classique, sinon chez Homère, les gestes cathartiques, dans leur diversité, répondent à une grande variété des formes de la souillure, qui ne peut se comprendre que par référence à une conception religieuse du monde. La notion de souillure *(miasma)* ne peut apparaître dès lors comme une notion simple.

Prenons un exemple : le sang, principe de vie lorsqu'il circule dans le corps de l'homme, ou moyen de consécration lorsqu'il coule sur l'autel à l'occasion du sacrifice, devient saleté et souillure lorsqu'il est répandu sur le sol ou sur le cadavre de la victime d'un meurtre : parce que mêlé à la poussière, il signifie le meurtre et la mort. Il n'est donc nullement « impur » en lui-même, il le devient dans des contextes précis. La souillure consiste à établir un lien entre des réalités qui doivent rester séparées, distinctes.

La notion de souillure est souvent associée à celle de sacré, à travers le rapprochement de deux séries de termes : ceux qui se rattachent à *agos* (« souillure ») et ceux que nous avons rencontrés autour du terme *hagion,* sacré au sens d'interdit, de dangereux pour l'homme. La souillure est alors mise en rapport avec un des caractères du sacré : son aspect redoutable. À travers le jeu entre « sacré » et « souillé », les deux pôles du pur et de l'impur peuvent se rejoindre et se confondre. Les puissances de la mort, qui représente pour l'homme la souillure par excellence, sont appelées par Eschyle (*Les Perses,* v. 628) les *chthonioi daimones hagnoi :* « les puissances chthoniennes sacrées ». C'est que la souillure est susceptible de receler une vertu religieuse, à l'intérieur du système de rites et de prescriptions qui règle leur insertion dans le monde humain. Ainsi, les ossements d'Œdipe, l'être sacrilège par excellence, pourront devenir source de bénédictions pour la terre qui les accueillera. Autre exemple : c'est le sacrifice du porc, l'animal le plus chargé de souillure, qui constitue le *katharmos* (la purification) le plus puissant, celui auquel ont recours les *mystes* d'Éleusis. Enfin, c'est le même dieu, Apollon, qui règne sur les purifications et qui envoie les souillures : il est à la fois guérisseur et cause de la maladie.

C'est donc, chaque fois, à l'intérieur du système que constitue la pensée religieuse grecque qu'il faut définir les notions rencontrées et étudier comment elles se transforment les unes au contact des autres pour constituer une expression symbolique avec ses propres formes logiques.

▲ *Piété et impiété.* La cité grecque ne connaît ni « Église », ni dogme, et par conséquent les conduites religieuses, piété ou impiété, n'ont pas le caractère défini qu'elles peuvent avoir dans d'autres religions. Hérésie et persécution pour des raisons religieuses sont en principe impossibles dans le système grec. Toutefois, la cité a condamné des gens pour impiété et, à l'inverse, indiqué en quoi consiste le respect des dieux.

L'impiété, ou *asébéia*, c'est l'absence de respect des croyances et des rituels communs aux habitants d'une cité. La communauté civique peut considérer l'*asébéia* comme un délit, traduire devant les tribunaux ceux qui en font preuve et les condamner. Les procès intentés pour impiété ont des causes très différentes. Voici quelques exemples de comportements pouvant entraîner une accusation d'impiété :

– des gestes qui attentent à la propriété des dieux, aux rituels, aux représentations figurées : ainsi, déraciner un olivier sacré à Athènes conduit devant le tribunal de l'Aréopage, profaner les mystères d'Éleusis en les parodiant et mutiler les *Hermès* de l'agora (comme ce fut le cas à Athènes en 415) vaut une condamnation à mort ;

– l'introduction de nouveaux dieux et de nouveaux cultes est aussi un acte d'impiété (à moins que la cité ne les accepte officiellement ce qui fut le cas par exemple à Athènes, à la fin du Ve siècle, pour Asclépios, Bendis, Amon, Adonis...). Ainsi Flavius Josèphe rapporte que « les Athéniens mirent à mort la prêtresse Ninos parce qu'un citoyen l'accusa d'initier à des dieux étrangers. La loi chez les Athéniens défendait une pareille chose et la peine établie contre ceux qui introduisaient une divinité étrangère était la mort » ;

– l'opinion de certains individus envers les dieux passe également pour de l'impiété. Anaxagore qui avait affirmé que le soleil est une pierre incandescente et la lune une vulgaire terre fut poursuivi par la justice athénienne, tout comme Protagoras qui ne pouvait dire des dieux s'ils existaient ou n'existaient pas. L'exemple le plus célèbre est celui de Socrate, accusé parce qu'il corrompait la jeunesse, ruinait la croyance dans les dieux de la cité et faisait connaître des divinités nouvelles : il fut condamné à mort en 399 par la cité athénienne.

Les procès d'impiété ont donc des causes très différentes et semblent être les réactions violentes d'une communauté civique qui se sent menacée dans son unité, la religion étant une part indissociable de son identité. Mais en dehors de ces cas, d'autant plus spectaculaires qu'ils sont rares, la cité admet parfaitement en son sein l'incroyance, à condition peut-être qu'elle ne donne pas lieu à des gestes d'impiété. Les milieux des sophistes, ceux des médecins ou des mathématiciens ignorent les cultes et croyances civiques. Plutarque rapporte une anecdote exemplaire de ce point de vue ; la scène se passe à Athènes à l'époque de

Périclès : « On apporta un jour à Périclès, d'une de ses terres, la tête d'un bélier qui n'avait qu'une seule corne. Le divin Lampon ayant considéré cette tête qui n'avait qu'une seule corne forte et dure au milieu du front, l'interpréta ainsi : il y avait deux groupes et factions à Athènes, celle de Périclès et celle de Thucydide, la puissance des deux serait réduite en une seule, celle en la maison duquel ce signe était advenu. Anaxagore qui se trouvait là fit fendre la tête en deux, et montra aux assistants que le cerveau du bélier n'emplissait pas tout le lieu naturel mais se resserrait et aboutissait en pointe à l'endroit de la racine de la corne. »

Les accusations d'impiété traçaient la frontière au-delà de laquelle il n'était pas possible d'aller en restant dans la cité. Il est plus difficile de saisir ce que les Grecs ont mis sous la notion de piété, ce qu'étaient pour eux un homme *eusébès* (pieux) et une communauté civique respectueuse des dieux. D'une manière générale, la piété semble avoir été le sentiment qu'avait le groupe ou l'individu de certaines obligations.

Les obligations de la communauté concernent d'abord le respect de la tradition ancestrale : des rituels très anciens sont accomplis sans que les citoyens en comprennent exactement le sens, des rituels plus récents sont parfois décriés comme moins vénérables, donnant par exemple trop d'importance aux festins qui suivent les sacrifices. La cité pense qu'il faut accorder aux dieux la part qui leur est due, part matérielle entraînant la gestion scrupuleuse des biens et en particulier des domaines des dieux, part d'honneurs cultuels, pour lesquels on fait souvent appel aux *exégètes,* ces hommes-mémoire de la cité en matière de rituels. Enfin, la cité se considère elle-même, non comme une divinité, mais selon le mot de L. Gernet : « comme un être concret et vivant que sûrement les dieux protègent et qu'ils n'abandonneront pas si elle ne s'abandonne » (*Le Génie grec,* p. 295). À l'union des dieux autour d'une cité dans les moments critiques doit répondre l'union des hommes, union dont la force, l'efficacité symbolique s'expriment dans des moments comme ceux des Panathénées ou à Athènes ceux des funérailles collectives des morts à la guerre.

Les obligations de l'individu sont multiformes. La participation aux cultes de la cité, l'abondance des offrandes dans les sanctuaires, la dévotion dont il entoure les morts de sa parenté et les divinités protectrices de sa famille, la générosité dont il fait preuve pour permettre aux rituels de se dérouler dans les conditions les meilleures (l'organisation des concours, les liturgies multiples, les frais des sacrifices et des banquets publics…), autant d'exemples de pratiques que les Grecs reconnaissent comme des manifestations de piété. Il est difficile de passer de ces pratiques au sentiment personnel qui les anime. Les expressions qui nous en ont été transmises sont très rares. On cite *Hippolyte,* fils de Thésée et d'une Amazone, qu'Euripide présente comme « celui qui vit dans la société des dieux, l'être vertueux pur de tout mal » ou encore *Ion,* fils de Créuse et d'Apollon, qui, sur le parvis du temple de Delphes, déclare : « Il est beau le travail, Phoibos, auquel je m'adonne pour toi, devant ton temple, en l'honneur du séjour fatidique ! Glorieuse est ma tâche puisque je mets mon bras au service des dieux, ces maîtres immortels, non des maîtres mortels. Et ce pieux labeur je ne m'en lasse point. » Mais ce sentiment de proximité entre homme et dieu est moins fréquemment exprimé que celui d'une distance et d'un respect. Des cultes particuliers toutefois insistent sur la relation personnelle entre divinité et homme, ceux des héros guérisseurs, des dieux oraculaires, et les cultes à mystères dont nous connaissons si mal les pratiques et l'enseignement.

Si l'impiété marque une des frontières de la piété, l'attitude de l'homme qui vit constamment dans la crainte des dieux en trace une autre. Le ritualisme exacerbé, le recours maladif à l'interprétation des signes, la crainte panique de la divinité paraissent ridicules et peu conformes à la piété grecque. Ainsi en est-il du Superstitieux (le *Deisidaimon*) dont Théophraste trace le portrait : « Le jour de la fête des Choès, s'étant purifié les mains et aspergé d'eau lustrale, il sort du temple avec une branche de laurier entre les dents et se promène toute la journée en cet état. Qu'une belette ait traversé la route : il ne bouge plus, avant d'avoir vu passer une autre personne ou d'avoir lancé trois cailloux par-dessus le chemin qu'a suivi l'animal… Un de ses sacs à farine a-t-il été rongé par une souris : il s'adresse à l'exégète pour savoir que faire. Et si l'exégète répond d'y faire mettre une pièce par le corroyeur, il ne se rend pas à cet avis et va en le quittant offrir un sacrifice expiatoire. »

La piété ordinaire n'est pas l'expression d'un sentiment de relation intime avec une divinité, ni d'un besoin de transformation intérieure, voire d'assimilation au dieu (sauf exception dans certaines sectes comme les Orphiques), mais elle n'est pas seulement l'observance scrupuleuse des rites prescrits. Nous avons du mal à la caractériser parce que le domaine symbolique qui est le sien est fort différent du nôtre et la juger à l'aune des formes qui seront celles du christianisme conduit bien souvent à faire fausse route. Être *eusébès* c'est croire en l'efficacité du système symbolique mis en place par la cité pour gérer les rapports entre les hommes et les dieux et c'est aussi y participer de la façon la plus active possible.

3. Les sources

Les sources qui permettent l'étude de la religion grecque sont à la fois des textes littéraires, des textes épigraphiques, et les données de l'archéologie.

▲ *Les textes littéraires.* La Grèce antique n'a pas de grand texte sacré fondateur comme la Bible, ni de littérature proprement religieuse. C'est donc à l'intérieur de l'ensemble de la littérature grecque qu'il est possible de glaner des informations de tout ordre sur la religion. Il n'est pas question de faire ici un catalogue de cette littérature. Rappelons seulement certaines œuvres qui sont particulièrement utilisées pour l'étude de la religion.

D'Homère, *l'Iliade* et *l'Odyssée* sont de vastes poèmes épiques, mis par écrit aux VIIIe et VIIe siècles, racontant l'un la guerre de Troie, l'autre le retour d'Ulysse à Ithaque. Ils fourmillent de données concernant le panthéon, les rituels, les mythes et constituent le plus ancien travail d'organisation du domaine religieux qui nous soit parvenu écrit en grec. Apprise par cœur, l'œuvre d'Homère était la base de l'éducation des Grecs et la vision du monde des dieux qu'elle propose est devenue le savoir partagé par l'ensemble des Grecs de toute époque.

D'Hésiode, poète vivant en Béotie au milieu du VIIe siècle, deux longs poèmes : la *Théogonie* et *Les Travaux et les Jours,* sont des sources essentielles. La *Théogonie* raconte les origines du monde et des dieux et recèle des mythes aussi importants que ceux de l'instauration du sacrifice ou la fabrication de la première femme, *Les Travaux et les Jours,* en dehors de conseils en matière agricole, contiennent la description de rituels et des formes de piété, et relatent des mythes comme « le mythe des races » sur lequel nous reviendrons.

Un recueil d'hymnes, connus sous le nom des *Hymnes homériques* (appelés « homériques » parce que du point de vue de la forme ces poèmes relèvent du genre épique et non parce qu'Homère en aurait été l'auteur) rassemble des poèmes écrits à des époques diverses (de la fin du VIIe siècle avant J.-C. au IVe siècle après J.-C.) qui ont chacun pour thème une divinité particulière : hymne à Déméter ou à Apollon ou à Hermès…, certains dieux ayant plusieurs hymnes en leur honneur. D'importance très inégale, ces textes donnent parfois l'essentiel de ce que l'on connaît sur l'histoire et les mythes se rapportant à une divinité, parfois ils tiennent en une phrase. Ainsi l'hymne à Zeus déclare : « C'est Zeus que je chanterai, le plus puissant et le plus grand des dieux, le maître à la vaste voix, qui fait s'accomplir toute chose. Celui qui s'entretient souvent avec Thémis siégeant à ses côtés. Sois-nous propice, Cronide à la vaste voix, très glorieux et très grand ! » (*CUF*[1] trad. J. Humbert).

Chez tous les auteurs de poèmes lyriques de l'époque archaïque, il est possible de glaner des descriptions de rituels et des récits mythiques. Pindare, qui vécut en Béotie à la fin du VIe siècle et au début du Ve siècle, écrivit entre autres des *épinicies,* poèmes en l'honneur des vainqueurs aux concours panhelléniques. Les *Olympiques,* les *Isthmiques,* les *Pythiques,* les *Néméennes,* forment un inépuisable recueil de mythes.

Sans passer en revue tous les textes de l'époque classique, rappelons l'importance des *Histoires* d'Hérodote, des tragédies d'Eschyle, Sophocle et Euripide, des comédies d'Aristophane au Ve siècle, des textes des orateurs du IVe siècle, des œuvres de Platon et d'Aristote, pour l'étude

1. CUF : Collection des Universités de France, Guillaume Budé, Paris, Les Belles Lettres.

des pratiques religieuses. Deux exemples : la pièce d'Euripide, *Les Bacchantes,* est une source capitale pour l'étude du culte de Dionysos et, dans les plaidoyers de l'orateur attique Isée, on trouve des détails précis concernant le culte dû aux défunts.

À l'époque hellénistique se développe une littérature exégétique : des compilations et descriptions des cultes, des rites, avec des commentaires. On sait que furent écrits alors de très nombreux ouvrages de cette sorte. Ils sont pour l'essentiel perdus à l'exception de passages transmis par Athénée et les lexicographes. La réflexion sur les mythes par exemple (la mythographie) fleurit à Alexandrie, quelques bribes en sont conservées dans les premiers livres de l'*Histoire* de Diodore, dans la *Bibliothèque* d'un auteur anonyme que l'on nomme le pseudo-Apollodore et dans les *scholies* qui commentent les œuvres des auteurs classiques.

Enfin, chez tous les auteurs tels Strabon, Plutarque, Pausanias, Athénée, jusqu'à Clément d'Alexandrie et les auteurs chrétiens, on trouve ample matière à l'étude de la religion grecque. Pausanias, par exemple, écrivit au IIe siècle après J.-C. une *Périégèse,* une description en dix livres de tous les cultes et sanctuaires qui existaient encore en Grèce de son temps. Il rappelle aussi leur histoire et les mythes qui y sont attachés. Une bonne partie de notre reconstitution de la vie cultuelle des lieux grecs repose sur ce voyageur à la curiosité infatigable.

▲ *Les textes épigraphiques.* Dès que les Grecs ont su manier l'écriture, ils ont gravé sur des pierres ou d'autres supports des textes de toute nature, principalement des textes intéressant la communauté : ce sont les *inscriptions* que nous avons conservées par milliers et que les fouilles actuelles continuent à dégager du sol chaque année. Ces inscriptions livrent des calendriers religieux, des descriptions de rituels et de fêtes, des comptes de gestion de sanctuaire, des règlements d'associations religieuses, des dédicaces et des remerciements aux divinités, des comptes rendus d'oracles, des imprécations, des textes mystiques…

Les instances officielles des cités, en général l'assemblée du peuple, ont voté un grand nombre de ces textes. Ce sont des lois dont l'objet principal est l'organisation d'un culte, mais toute loi en Grèce a un caractère sacré, nous le verrons. D'autres inscriptions émanent de groupes internes à la cité : ainsi les règlements très nombreux d'associations religieuses. D'autres enfin, de simples particuliers, ainsi les dédicaces. L'origine de ces textes est donc multiple et leur contenu touche à toutes les sphères de l'organisation de la religion. Deux exemples : nous ne connaîtrions presque rien de la vie cultuelle dans les villages de l'Attique à l'époque classique ou de l'organisation de la fête en l'honneur d'Artémis Leukophryéné à Magnésie du Méandre à l'époque hellénistique sans les inscriptions.

▲ *L'archéologie.* L'apport de l'archéologie à l'étude de la religion grecque est sans doute l'élément le plus aisément perceptible ; le voyageur en

Grèce verra les ruines des temples avant de lire Homère ou une inscription. Les fouilles des sanctuaires, des nécropoles et, à un moindre degré, de l'habitat permettent la description des lieux de culte, la connaissance des pratiques cultuelles (par l'étude, par exemple, des offrandes), l'approche des représentations figurées du divin : les sculptures, les scènes peintes sur les vases, les monnaies qui comportent le plus souvent l'effigie ou le symbole d'une divinité.

L'archéologie crée pour nous un paysage religieux, qui n'est pas sans équivoque. Les temples antiques étaient par exemple bariolés et nous les contemplons dans une blancheur intemporelle, les sanctuaires étaient encombrés d'objets votifs qui, pour nous, sont au musée. Il reste que pour comprendre le rituel funéraire grec il faut étudier l'agencement d'une nécropole, les dépôts d'objets dans les tombes, le traitement du corps du mort, autant d'indices que livre une archéologie maintenant plus soucieuse de conserver le contexte des trouvailles qu'auparavant, et attentive aux rites autant qu'aux objets et aux monuments.

Deux approches de la religion grecque

Celle de Jean Rudhardt

La compréhension d'autrui

« *La difficulté principale de l'étude des religions me paraît être celle de la compréhension d'autrui.* Dieu, les dieux nous sont inaccessibles : nous ne sommes pas théologiens. Nous étudions des paroles et des comportements : ils expriment des pensées, des aspirations, des sentiments, bref un vécu. Ce vécu est celui d'un sujet qui se sent en relation avec une réalité perçue par lui comme sacrée ou comme divine. L'expérience d'une telle relation nous est inaccessible hors de la subjectivité. Or c'est précisément une telle relation qui fait l'objet de notre étude. Si nous en faisons abstraction, nous pouvons considérer des institutions, des modalités de l'expression, des formes de conduite ou de raisonnement, mais nous négligeons ce qui les définit comme religieuses et nous passons à côté du but que nous nous sommes assigné. C'est pourquoi quelque importance que j'attache à l'étude des structures qui s'imposent à l'esprit d'un peuple, je pense qu'elle doit être dépassée. Il s'agit d'accéder à l'expérience subjective que les structures conditionnent au moins partiellement et qui se déroule en elles. L'étude des systèmes ne saurait donc vous affranchir de la subjectivité ; elle doit seulement prévenir le risque que vous prêtiez à autrui votre propre subjectivité et vous aider à le comprendre tel qu'il se comprend lui-même, c'est-à-dire tel qu'il est et non tel que votre doctrine le façonne. »

Jean Rudhardt, « Du Mythe, de la religion grecque et de la compréhension d'autrui » (Avant-Propos), *Revue Européenne des Sciences Sociales,* tome XIX, Genève, 1981.

Comment y parvenir ?

« En matière de religion, (le chercheur) doit se faire sujet religieux et penser la religion comme celui qui la pratique chaque jour depuis qu'il en a appris, enfant, toutes les obligations. Pour y parvenir il n'y a pas d'autre moyen que de nous mettre à l'école de ceux que nous voulons comprendre. Il nous faut les regarder vivre et les imiter, en imagination, puisque nous ne pouvons pas faire autrement : il faut mimer les démarches de leur pensée, leurs réactions affectives, leurs comportements. Leurs concepts sont définis par un réseau de relations : il faut le reconstituer dans notre esprit ; leurs images doivent leur valeur à tout ce qu'elle évoquent pour eux : il faut rétablir en nous un champ d'associations analogue ; leurs rites se situent dans un ensemble de comportements sociaux ; il faut recréer par la pensée tout ce contexte. En résumé, il faut autant que possible oublier nos propres habitudes de pensée pour nous recomposer, s'il s'agit de la religion grecque, une mentalité hellénique. C'est peut-être illusoire, c'est certainement toujours approximatif ; mais il n'y a pas d'autres voies. Expérience faite il m'a semblé que le comportement religieux de l'Athénien du IVe siècle devient intelligible. Dans les croyances antiques, un sens surgit auquel nous sommes ouverts ; une valeur apparaît, à laquelle, en dépit de ses formulations étrangères, de tout ce qui les sépare de nos concepts, de nos habitudes de pensée, de notre image de la réalité, nous pouvons donner notre adhésion. Mais on ne peut définir abstraitement ce sens et cette valeur sans les défigurer. Ils sont liés à l'expérience au cours de laquelle ils émergent à la conscience et cette expérience même ne peut être décrite si ce n'est dans les langages rituel, mythique, conceptuel, qui en sont à la fois l'expression et l'instrument. »

Jean Rudhardt, « Sur la possibilité de comprendre une religion antique », *op. cit.*

Celle de J.-P. Vernant

Interview au *Nouvel Observateur* (5 mai 1980). Propos recueillis par J. P. Enthoven et J. Julliard.

N.O. : *Et aujourd'hui, pour vous, qu'est-ce qu'une religion ?*

J.-P. Vernant : « Considérons n'importe lequel des systèmes de signes qui font une civilisation ; langues, outils, institutions, arts, etc. Chacun de ces systèmes a pour fonction de servir de médiateur entre l'homme et la nature ou entre l'homme et les autres hommes. Tous ces systèmes se caractérisent par le fait qu'ils relèvent de ce que les psychologues appellent la fonction symbolique. Je veux dire par là qu'un mot "renvoie" toujours à autre chose que lui-même : le mot "chien", ce n'est pas un son, un phonème, mais un sens, un concept, un instrument de pensée ouvrant sur un monde de significations et permettant du même coup de communiquer avec autrui. Un marteau, ce n'est pas uniquement cet objet matériel que l'on a dans la main, mais, à travers lui, une prise multipliée sur le réel, l'éventail presque indéfini des usages que l'on peut faire, que d'autres en feront après moi.

Autrement dit, les hommes ont édifié toute une série de systèmes leur permettant de dépasser les données du réel, de les traverser pour viser, par leur intermédiaire, des univers de significations, de valeurs, de règles servant de ciment à une communauté. Par là l'homme se distingue de l'animal, qui ne fabrique pas d'outils et ne connaît à proprement parler ni le langage, ni la socialité, ni l'histoire. Or, pour moi, la religion est un de ces systèmes symboliques. Quand les Grecs disent que la foudre, "c'est Zeus", ils n'opèrent pas de façon très différente de l'artisan qui voit dans son marteau la possibilité de faire ceci ou cela ou encore autre chose.

Plus on étudie les religions, mieux on comprend qu'elles sont, au même titre que les outils et le langage, inscrites dans l'appareil de la pensée symbolique. Si diverses qu'elles soient, elles répondent toujours à cette double et solidaire vocation : par-delà les choses, atteindre un sens qui leur donne une plénitude dont elles apparaissent, en elles-mêmes, privées ; arracher chaque être humain à son isolement en l'enracinant dans une communauté qui le conforte et le dépasse. »

N.O. : *Pourquoi étudier la religion grecque ?*

J.-P. Vernant : « Si j'en suis arrivé à étudier la religion grecque, c'est d'abord parce que la complexité de la Grèce ancienne m'a semblé s'y exprimer mieux qu'en aucun autre domaine. Car ce qui m'a toujours intrigué, attiré, dans l'étude d'une société, ce sont ses aspects hétérogènes, multiples, ce sont ses rayons de lumière nécessairement liés à ses zones d'ombre. Or la religion grecque, la civilisation grecque, n'est pensable que si l'on consent à ne pas réduire les ensembles qui la constituent à un seul de leurs aspects. La religion grecque, c'est un domaine où le chercheur est obligé de "penser ensemble" le religieux et le politique, l'anthropologie et l'histoire, la morale et la vie quotidienne. »

PREMIÈRE PARTIE

Les pratiques cultuelles

Chapitre 1

Les rites, les acteurs et les lieux

SOMMAIRE

1. Les rituels 21
1.1. Définition 21
1.2. Nature et fonctionnement 22
1.3. Les sacrifices 22
1.4. Le grand sacrifice civique 25
1.5. Autres types de sacrifices 28
1.6. La pratique sacrificielle des sectes 29
1.7. Les libations 29
1.8. La prière 32
2. Le personnel religieux 35
2.1. Les charges religieuses déléguées par la cité 35
2.2. Prêtres et prêtrises 37
2.3. Les revenus des prêtres 39
3. Les lieux de culte 41
3.1. Le sanctuaire 41
3.2. Le temple ou *naos* 44
3.3. Les images des dieux 48

1. Les rituels

1.1. *Définition*

Un rituel est un ensemble de gestes accomplis par ou au nom d'un individu ou d'une communauté, qui servent à organiser l'espace et le temps, à définir les rapports entre les hommes et les dieux, à mettre en place les catégories humaines et les liens qui les unissent.

On a souvent dit que la religion grecque était une religion « ritualiste », en donnant à ce mot une valeur restrictive et dépréciative. Cela relève de cette hiérarchie implicite ou explicite que nous avons évoquée. Si l'on part du sens du mot rituel que nous venons de définir, on pourra dire de la religion grecque qu'elle est ritualiste en ce sens qu'elle n'est pas construite autour d'un corps de doctrines unifié, et que c'est l'observance des rites et non la fidélité à un dogme ou à une croyance qui assure d'abord la permanence de la tradition et la cohésion de la communauté ; mais, d'une part ceci n'exclut ni une « pensée » religieuse, ni des « croyances » (voir la 2e partie), d'autre part le formalisme de l'observation des rites renvoie à tout un système d'organisation qui structure la société humaine et ses rapports avec l'univers qui l'entoure.

1.2. *Nature et fonctionnement*

La vie quotidienne et privée aussi bien que la vie publique est rythmée par toutes sortes de rites qui font que le religieux est intimement mêlé à tous les moments et à toutes les étapes de la vie du citoyen grec. L'établissement des rites est attribué partout à l'intervention directe ou médiatisée de la divinité. Tout manquement à l'observation de leur pratique appelle la colère divine. Toute modification doit être sanctionnée par une intervention des dieux. De là vient un des rôles des oracles, porteurs de la parole divine, en particulier de l'oracle delphique qui joue, tout au long de l'histoire de la Grèce des cités, un rôle déterminant dans ce domaine (cf. pp. 95 sq.).

Leur observance est très tôt codifiée par des *lois écrites*. La multiplication et la publication de ces « lois sacrées », gravées sur la pierre et exposées aux portes des temples et dans les lieux publics, est un des phénomènes qui accompagne l'émergence de la cité au début du VIIIe siècle. Il constitue une des marques de l'originalité du phénomène religieux chez les Grecs, par la vulgarisation et la publicité de ce qui, dans les religions orientales par exemple, est réservé à la classe sacerdotale.

Le plus souvent organisés autour d'un culte, ces rituels prennent les formes les plus diverses et varient d'un dieu à l'autre et d'une cité à l'autre. Ils vont de l'offrande de prémices *(aparchai)* ou de la libation, aux formes les plus complexes : l'ensemble des rites qui scandent les grandes fêtes civiques, étalées, le plus souvent, sur plusieurs jours.

1.3. *Les sacrifices*

Le sacrifice est au cœur de la plupart des rituels. Lui aussi peut prendre des formes variées, au point qu'il paraît plus juste de parler *des* sacrifices en Grèce. Un type particulier de sacrifice s'impose cependant dans la Grèce classique, parmi tous les autres, dans la pratique collective de la cité, pour exprimer à la fois les liens qui soudent entre eux les citoyens, et la communication avec le monde divin, dont l'accord autorise et garantit le fonctionnement de la communauté humaine, à juste distance des bêtes et des dieux.

Ce sacrifice, que l'on peut définir comme un sacrifice sanglant de type alimentaire, consiste en l'égorgement rituel d'un animal ou de plusieurs, dont une partie est offerte aux dieux par la crémation sur l'autel, et le reste est consommé par les participants au sacrifice, selon des modalités précises. Commencé par un geste de consécration, il s'achève en cuisine. Sans les règles de ce sacrifice, en effet, l'homme ne peut manger la chair des bêtes sans risquer de sombrer à son tour dans l'animalité.

Il peut être offert par un particulier et donner lieu à une fête domestique, par exemple à l'occasion d'un mariage ; il peut avoir lieu dans un sanctuaire, à la demande d'un individu privé ou d'une association, ou encore d'une cité. Le sacrificateur peut être le chef de famille luimême, dans le premier cas, ou un *mageiros* : un artisan engagé par la circonstance, à la fois sacrificateur et cuisinier. Dans les sanctuaires, ce sont en général les prêtres chargés du culte qui accomplissent les sacrifices au nom des sacrifiants.

Les victimes varient bien sûr en importance et en nombre selon la richesse du sacrifiant et l'importance de la célébration. Mais elles sont fonction aussi de la nature du culte qui réclame parfois un type particulier d'animal. Cependant, seuls les animaux domestiques sont sacrifiables. Les victimes vont ainsi d'une chèvre, d'un porc ou d'un mouton, voire d'un coq, l'offrande la plus modeste, à un bœuf, l'animal de sacrifice le plus prestigieux, ou à plusieurs bœufs lors des grandes célébrations civiques, à l'occasion desquelles tout un personnel spécialisé assiste le prêtre.

Ainsi, quotidiennement, des centaines de sacrifices de ce type ont lieu dans chaque cité, dans des contextes différents. Mais, quelle qu'en soit l'occasion, ils obéissent à un rituel composé d'un ensemble de séquences que nous permettent de reconstituer textes et documents iconographiques et épigraphiques.

On retrouve dans la description du sacrifice homérique toutes les étapes de ce qui sera le grand sacrifice sanglant de la cité (voir encadré cidessous) ; en particulier le partage des grillades autour de l'autel où l'on vient d'offrir aux dieux leur part, puis le festin « à parts égales » des guerriers autour des « grosses viandes » — dont on remarque qu'elles ont été, ici, rôties elles aussi sur des broches et non bouillies.

Le sacrifice dans *l'Odyssée*

La scène a lieu à Pylos, chez Nestor qui accueille Télémaque.

« Le vieux maître des chars, Nestor, prit la parole : Nestor — Sans retard, chers enfants, accomplissez mon vœu : parmi les Immortels, invoquons Athéna qui vint, de sa personne, honorer l'opulent festin de notre dieu !... Allons ! que l'un de vous descende dans la plaine me chercher une vache et la ramène en hâte, poussée par un bouvier ! Qu'un autre, au noir vaisseau, aille quérir les gens du vaillant Télémaque et, les amenant tous, n'en laisse à bord que deux ! Qu'un troisième aille dire au doreur Laerkès qu'il vienne plaquer l'or aux cornes de la bête !... Restez ici, vous autres, ne vous dispersez pas ; mais, dans les grands appartements, qu'on dise aux femmes de faire là-dedans les apprêts du festin et qu'on nous donne ici des sièges et du bois et de l'eau sans souillure.

Il eut à peine dit que chacun s'empressait. On vit venir, montant de la plaine, la vache, venir aussi du fin croiseur les compagnons du vaillant Télémaque, venir le ferronnier, qui tenait dans ses mains les outils de son art, les instruments de bronze servant à battre l'or, l'enclume, le marteau, les tenailles bien faites. Athéna vint aussi jouir du sacrifice.

Nestor, le vieux meneur de chevaux, donna l'or. L'ouvrier en plaqua les cornes de la vache, à petits coups soigneux, pour que ce bel ouvrage trouvât grâce devant les yeux de la déesse. Le divin Échéphron et Stratios, menant la bête par les cornes, la faisaient avancer. Dans un bassin à fleurs, Arétos apportait du cellier l'eau lustrale ; son autre main tenait la corbeille des orges. Debout près de la vache et prêt à la frapper, Thrasymède, à l'ardeur batailleuse, tenait une hache affilée, et Perseus avait pris le vase pour le sang.

Nestor, le vieux meneur de chevaux, répandit l'eau lustrale et les orges, puis il fit à Pallas une longue prière et, comme il prélevait quelques poils de la tête qu'il lançait dans le feu, l'assistance en priant jeta les pincées d'orge.

Déjà, faisant un pas, le bouillant Nestoride Thrasymède a frappé, et la hache a tranché les tendons cervicaux : la bête tombe inerte, sous les clameurs sacrées des filles et des brus et de la vieille reine, Eurydice, l'aînée des filles de Clymène. Fils et gendres alors saisissent la victime, qu'on soulève au-dessus du sol aux larges voies ; le meneur des guerriers, Pisistrate, l'égorge : dans le flot du sang noir, l'âme quitte les os. On dépèce à la hâte, en détachant tous les cuisseaux, selon le rite ; sur l'une et l'autre face, on les couvre de graisse ; on empile, dessus, d'autres morceaux saignants et, pendant que Nestor, les brûlant sur les bûches, fait sa libation d'un vin aux sombres feux, la jeunesse, tenant les quintuples brochettes, entoure le Vieillard. Puis, les cuisses brûlées, on goûte des grillades et, découpant menu le reste de la bête, on le met à rôtir au bout des longues broches que l'on tient à deux mains.

Cependant Télémaque était allé au bain. La jolie Polycaste, une des Néléides, — c'était la moins âgée des filles de Nestor, — après l'avoir baigné et frotté d'huile fine, le vêtit d'une robe et d'une belle écharpe ; en quittant la baignoire, il avait l'apparence et l'allure d'un dieu. Quand il revint s'asseoir à côté du pasteur de ce peuple, Nestor, on retira du feu les grosses viandes cuites : on s'assit au festin et de nobles servants veillèrent à remplir de vin les coupes d'or. »

Homère, *Odyssée*, III, v. 418-472, trad. V. Bérard, CUF.

1.4. *Le grand sacrifice civique*

La forme la plus solennelle de la *thusia* (voir encadré p. 26) est celle des sacrifices publics offerts par la cité à l'occasion des fêtes religieuses et conclus par un banquet civique. Les Panathénées à Athènes, les Hyakinthia à Sparte, pour prendre comme exemple les fêtes les plus fastueuses de deux cités, donnent lieu à l'abattage d'un grand nombre de bœufs, de quoi nourrir l'ensemble des citoyens participant à la fête. En même temps qu'une occasion de manger de la viande, cette participation au sacrifice réactualise le pacte qui lie la cité à ses dieux et qui garantit l'ordre et la prospérité. Mais elle est aussi, pour la cité, l'occasion de se donner en spectacle à elle-même et de renouveler le pacte qui lie entre eux les citoyens, par le partage et la distribution des parts de viande issues du sacrifice.

Dans une phase préalable du sacrifice, on choisit la victime, opération qui peut donner lieu à des préliminaires plus ou moins longs et complexes. Au minimum, le prêtre s'est assuré qu'elle répondait aux critères de « pureté » indispensables (une tache sur le pelage peut être considérée comme impureté), et de conformité aux exigences du rite.

La *thusia* proprement dite est inaugurée par une *procession* qui conduit la victime à l'autel, à sa tête, le prêtre et les sacrifiants : dans le cas d'une fête publique, les magistrats, archontes ou prytanes qui offrent le sacrifice au nom de la cité. Autour de l'autel se disposent tous ceux qui vont prendre part à l'acte de la mise à mort. La porteuse d'eau lustrale, la porteuse du panier aux graines qui recouvrent le couteau destiné à égorger la victime, le sacrificateur et ses assistants, puis les participants : ceux au nom de qui est offert le sacrifice.

Le prêtre, en prononçant les prières d'usage, asperge d'eau la tête de la victime (il s'agit, tout en la purifiant, d'obtenir son « assentiment » en lui faisant baisser la tête) et offre les prémices du sacrifice, en jetant sur le feu qui brûle sur l'autel, les graines du panier et quelques poils prélevés sur la tête de l'animal. Il s'agit ici de la phase de consécration sans laquelle il ne peut y avoir de sacrifice. Le *boutupos,* l'assommeur de bœufs, peut dès lors abattre l'animal en le frappant de la hache sur le front. Seconde phase de la mise à mort rituelle : l'égorgement. Pour cela, la gorge de l'animal doit être dirigée vers le haut, et le sang jaillir vers le ciel avant d'arroser l'autel et la terre. Dans le cas le plus fréquent, le sang est recueilli dans un vase prévu à cet effet, puis répandu sur l'autel. Au moment de la mise à mort, les femmes présentes lancent l'indispensable cri rituel *(ololugé). Thuein :* mettre à mort rituellement, comprend nécessairement ces deux opérations de consécration et d'égorgement. La troisième séquence du sacrifice consiste dans l'écorchement et le partage de la victime. C'est le travail de boucherie qui commence. Le *mageiros,* après avoir ouvert le thorax de la bête en retire les *splanchna,* c'est-à-dire les viscères : poumons et cœur, puis le foie, la rate et les reins, enfin il dégage le système digestif, les *entéra,* qui seront consommés sous forme de saucisse et de boudin.

Pour lors, on procède au dépouillement : dans les sacrifices privés, la peau va au prêtre, dans les sacrifices publics, elle est revendue au profit du trésor sacré, puis au dépeçage qui se fait en deux parties et selon deux techniques différentes. D'abord un découpage selon les articulations :

Aspects techniques du rituel

Quelques éléments de vocabulaire :

Thuein, thusia. Le verbe *thuein* est en grec le verbe le plus général pour désigner la consécration d'une offrande. Il recouvre des rites différents dans leurs procédures et leur finalité. Il peut s'appliquer aussi bien aux sacrifices sanglants que non sanglants, aux offrandes brûlées qu'aux offrandes déposées, à celles qui sont destinées aux dieux qu'à celles offertes aux morts ou aux héros. Ce n'est que par le contexte et par opposition à d'autres termes plus spécialisés que peut se définir sa valeur précise dans tel ou tel cas.

Le sens premier de *thuein,* attesté chez Homère, est « faire brûler pour les dieux ». À l'époque classique encore, l'idée d'offrande transmise par le feu reste présente dans ses emplois les plus fréquents.

Le sens du nom *thusia* a suivi la même évolution. *Thusia* désigne d'abord le fait de « jeter dans le feu pour les dieux », puis, en général, le fait « d'offrir aux dieux ». Mais, à l'époque classique, il est employé couramment pour désigner à la fois le rite d'immolation et le festin de viande qui le suit.

Les instruments de la thusia

Tout un ensemble d'objets, outils et récipients, accompagne les différentes phases du sacrifice. Objets souvent triviaux, leur présence dans le champ du sacrifice leur donne valeur rituelle. À proximité de l'autel (*bômos*) surélevé où est allumé le feu, se reconnaissent, sur un certain nombre de vases attiques de la période classique :

les instruments de la mise à mort : le *kanoun* ou panier à trois pointes qui contient les graines et le couteau qu'elles dissimulent (et donc invisible sur les images), le vase contenant l'eau lustrale (le *loutêrion),* le vase à recueillir le sang (*sphageion*) ;

les ustensiles de la cuisine sacrificielle : à côté de l'autel, la table (*trapeza*) qui sert à la découpe des viandes, puis au partage entre les participants ; les *obéloi,* les broches sur lesquelles sont enfilés les viscères et les viandes à griller, le chaudron (*lébès*) où sont bouillis les autres morceaux avant d'être répartis à leur tour.

Boucherie et sacrifice

S'il existe bien un mot en grec pour dire « vendeur de viande » *(kreopoles),* le mot le plus courant pour désigner le boucher est *mageiros* qui signifie à la fois sacrificateur, boucher et cuisinier. C'est ainsi qu'on a pu parler de la « liaison intime, dans toute l'antiquité, entre sacrifice et boucherie, même pour la viande vendue dans les boutiques ». (J. et L. Robert, *Bulletin épigraphique,* 1970, 511) ▶

La vente de viande apparaît d'abord comme une simple modalité de la distribution post-sacrificielle : une loi sacrée de Didymes précise que s'il est impossible, après le sacrifice, de banqueter dans une tente réservée à cet usage, il sera permis à celui qui le désirera d'emporter des viandes, car elles seront toutes vendues au poids (LSAM 54, 1-3).

On trouve, dans les boutiques de l'*agora,* soit de la viande de bêtes abattues rituellement par le *mageiros,* c'est-à-dire consacrées par l'offrande des prémices avant d'être égorgées, et dont une part a été réservée pour les dieux (à Athènes, le dixième, versé aux *Prytanes),* soit de la viande sacrificielle, provenant essentiellement des parts obtenues rituellement par les prêtres et revendues par eux. C'est d'ailleurs la même technique égalitaire de découpage qui est utilisée pour la viande vendue dans les boutiques et pour celle des victimes du sacrifice.

Cependant, pour les viandes de boucherie, il n'y a ni *splanchna* grillées, ni *méria* brûlées pour les dieux.

on dégage les fémurs (*méria)* des chairs des cuisses et on les place sur l'autel où ils sont recouverts de graisse, arrosés d'une libation et de parfums et brûlés : c'est la part des dieux. La fumée qui s'élève vers le ciel est leur nourriture, en même temps que le vecteur de la communication que le sacrifice établit entre le monde des hommes et celui des dieux.

Les viscères sont alors embrochés et rôtis sur l'autel par les assistants du prêtre, puis répartis entre les sacrifiants et mangés aussitôt sur place. Ils représentent ce qu'il y a de plus vivant et de plus précieux dans la victime et leur consommation assure de ce fait la participation maximale au sacrifice. Le reste de la viande est découpé en parties égales : la masse des chairs est taillée par des coups de couteau parallèles, sans tenir compte des différentes parties de l'animal, et non plus selon les articulations. Une part est réservée aux dieux (à Athènes, elle est consommée par les *prytanes*), les autres sont distribuées au poids. Tantôt elles sont tirées au sort, tantôt elles sont attribuées selon le mérite ou selon l'honneur, l'égalité de poids n'excluant pas, vu le type de découpage, l'inégalité de qualité des morceaux. On retrouve ici une conformité significative entre le mode de découpage et le modèle idéologique de l'*isonomia :* l'égalité de droits qui commande la vie de la cité.

Ces parts sont bouillies dans des chaudrons avant d'être consommées sur place. Ainsi est constitué un deuxième cercle de « co-mangeurs », plus large que le premier (celui des mangeurs de *splanchna*). « L'ensemble constitue », selon une formule de M. Detienne, « cette communauté sacrificielle qui définit la cité ». D'autres fois, le rituel autorise que ces parts soient emportées et consommées hors du lieu du sacrifice.

1.5. *Autres types de sacrifices*

Nous avons vu que le type de sacrifice que nous venons de décrire était déterminé par l'association de deux composantes essentielles : la mise à mort d'un animal, la consommation de sa chair. Un autre type de sacrifice se définit par la mise à mort et l'offrande d'un animal non suivie de consommation. Dans l'*holocauste,* la totalité de l'animal immolé est consacrée au dieu par le feu. C'est un type de sacrifice réservé à certains cultes particuliers, ainsi le culte d'Artémis Laphria à Patras assez exceptionnel pour être décrit longuement par Pausanias (VII, 18, 11-13). Mais c'est aussi le cas de certains sacrifices consacrés aux héros et aux morts, qui obéissent à un rituel différent. En particulier, ce n'est plus le *bômos* qui reçoit le sang des victimes, mais soit un autel bas, appelé *eschara,* soit directement le sol ou un tombeau. *Sphagizein,* qui met l'accent sur l'égorgement de la victime, ou *enagizein,* sont alors souvent employés, en opposition avec *thuein,* réservé à la victime immolée sur l'autel selon le rite que nous avons décrit plus haut. Certaines divinités, plus spécialement liées au sol et à la terre reçoivent aussi ce type de sacrifices qu'on appelle sacrifices chthoniens. Il existe aussi des sacrifices sans victimes animales ou *sacrifices non sanglants.* Ce sont alors des aliments de toute sorte, pains de forme et de composition diverses, fruits, gâteaux, plats cuisinés ou encore des végétaux ou des parfums qui sont offerts aux dieux par le biais de la flamme allumée sur l'autel. Les sacrifices quotidiens offerts dans chaque maison prennent le plus souvent cette forme. Certains cultes par ailleurs réclament explicitement et exclusivement des sacrifices non sanglants, tel le culte de Déméter Mélaina à Phigalie, en Arcadie (Pausanias, VIII, 42).

De nombreux rituels associent les deux types d'offrandes sanglantes et non sanglantes. Des fêtes complexes, comme celles qui célèbrent, à Athènes, le rôle d'Apollon dans le déroulement du cycle de la végétation, réservent même une place centrale à l'offrande non sanglante qui donne dans les deux cas son nom à la fête. Les Thargélies, fête de printemps, doivent leur nom au *thargelos,* pain fait des premières graines de l'année, qui est cuit pour la circonstance et porté en procession à l'autel. Les Pyanepsies, fête d'automne, dans leur séquence centrale, consistent à offrir à Apollon une marmite où l'on a cuit une sorte de bouillie de légumes divers ou *puanopsion,* légumes secs en particulier.

Enfin, à côté des sacrifices proprement dits, on rencontre de simples *dépôts d'offrandes,* abandonnés sur les tables consacrées à cet usage à côté de l'autel (un des noms de ces dépôts est *trapezomata,* qui signifie : objets déposés sur les tables), ou en tout autre lieu investi d'une valeur sacrée (au pied d'une statue par exemple).

À Délos existait, à côté de l'autel où étaient sacrifiées les hécatombes, un second autel, consacré lui aussi à Apollon, sous l'épithète de *Génétor,* et qui était réservé à ce type d'offrandes. Il était interdit d'y offrir des victimes sanglantes, aussi bien que d'y allumer du feu. Les Pythagoriciens lui réservaient une dévotion particulière.

1.6. *La pratique sacrificielle des sectes*

C'est de ce type de sacrifice ou d'offrande que se réclament, en effet, au nom de la pureté, les sectes qui, dans les marges de la cité, se servent de la contestation du sacrifice sanglant pour exprimer leur désaccord. Il s'agit des *milieux orphiques et pythagoriciens.* Les uns, les Orphiques, opposent un refus radical de toute nourriture carnée, pour ne consommer que des nourritures parfaitement pures : miel et céréales, celles-là mêmes qui sont destinées aux dieux par leurs sacrifices. Ainsi se coupent-ils radicalement de toute vie « politique », qui suppose, comme nous l'avons vu, la participation au sacrifice sanglant et au partage qui le clôt. Leur choix est motivé par leur aspiration mystique à retrouver l'unité perdue avec les dieux, telle qu'elle existait, selon leurs *théogonies* (cf. p. 125) dans les temps primordiaux.

Parmi les Pythagoriciens, il convient de distinguer deux tendances. Certains rejettent, comme les Orphiques, toute nourriture carnée et n'offrent sur les autels que des offrandes non sanglantes, renonçant de ce fait au monde politique. D'autres, tout en refusant la chair du mouton et celle du bœuf, s'accommodent des victimes sacrificielles les plus communes, la chèvre et le porc, conciliant ainsi leur position contestataire et leur participation à la vie de la cité, qu'il s'agit pour eux de réformer.

À l'opposé du végétarisme et de l'abstinence de la nourriture carnée, l'*omophagie,* pratiquée par les fidèles de Dionysos, consiste à dévorer crus les lambeaux d'une victime d'abord poursuivie comme un gibier et déchiquetée (*diasparagmos,* voir p. 137). On reconnaît là l'inversion de toutes les caractéristiques et des valeurs du sacrifice civique, et la confusion des frontières entre le cultivé et le sauvage, l'homme et la bête. « S'ensauvager », c'est encore, d'une autre façon, échapper à l'ordre à la fois politique et religieux.

Dans tous ces cas, le fait que ce soit précisément autour du sacrifice et des manières de manger que s'exprime la différence, apporte une sorte de confirmation du statut central du sacrifice sanglant de type alimentaire, dans la définition de la cité.

1.7. *Les libations*

Les *libations* constituent une partie importante des rites sacrificiels. Nous avons vu qu'elles sont associées au sacrifice sanglant. Elles peuvent aussi apparaître comme un rituel autonome avec sa cohérence propre.

Autour de la notion de sacrifice

La fin du XIXe siècle et le début du XXe siècle ont été marqués par des tentatives répétées d'établir une théorie générale du sacrifice ; elles coïncident avec la naissance d'une « Science des religions ». À la recherche d'une définition unitaire du sacrifice, la perspective évolutionniste qui domine ces débuts voit dans le totémisme la forme élémentaire et primitive du sacrifice originel (Robertson Smith, *Lectures on the Religion of the Semites,* Edimbourg, 1894). En mangeant en commun l'animal-totem, le clan primitif rencontre, selon lui, les deux composantes essentielles de la première figure du sacrifice : le repas de communion et l'alliance par le sang. En France, l'école sociologique, représentée par Hubert et Mauss (*Essai sur la nature et la fonction du sacrifice,* 1899, repris dans M. Mauss, *Œuvres,* vol. I, « Les fonctions sociales du sacré », Paris, 1968, 193-307), puis par Émile Durkheim (*Formes élémentaires de la pensée religieuse,* Paris, 1910), contribue à donner à la figure unitaire du sacrifice le statut d'une forme universelle de la religion.

La limite de ces constructions réside dans le fait de négliger les formes particulières de chaque domaine religieux : les coutumes alimentaires, les gestes de mise à mort, le statut des victimes... La même observation est encore valable pour une perspective anthropologique comme celle de René Girard dans ses deux essais (*La Violence et le sacré,* Paris, 1972 ; *Des Choses cachées depuis la fondation du monde,* Paris, 1978). Sa tentative d'explication globale place dans la violence sacrificielle le principe qui rend compte de l'élément fondateur de toute culture.

Une autre tendance actuelle viserait plutôt à « s'engager dans les limites d'une religion et d'une société bien précise », prenant en compte, à l'intérieur de chacune, les formes particulières dont nous avons parlé, avec, pour perspective, de « déboucher sur une typologie comparée des différents systèmes sacrificiels ». Nous citons ici Jean-Pierre Vernant (Théorie générale du sacrifice et mise à mort dans la *thusia* grecque, *in* : « Le sacrifice dans l'Antiquité », *Entretiens sur l'Antiquité classique,* Fondation Hardt, t. XXVII, Vandœuvre-Genève, 1981 ; cet ouvrage rassemble plusieurs contributions sur ce thème). On trouvera le même esprit de recherche dans l'ouvrage collectif édité par Marcel Detienne et Jean-Pierre Vernant : *La Cuisine du sacrifice en pays grec,* Paris, 1979. Citons aussi, parmi les recherches récentes, Walter Burkert, *Homo necans,* Interpretationen altgriechischer Opferriten und Mythen, Berlin, 1972 (trad. angl. P. Bing, Berkeley, Los Angeles, Londres, 1983).

Les libations accompagnent les rites de la vie quotidienne. Hésiode évoque celles du matin et du soir. Homère parle de celle qui précède le sommeil. Elles ouvrent aussi le repas, geste propitiatoire qui a la même valeur que l'offrande de prémices alimentaires. Elles marquent un départ ou une arrivée, plaçant des actes familiers sous la protection des dieux qui sont ainsi pris à témoin ou associés. La scène du « départ de l'hoplite », qui rassemble autour du personnage du jeune guerrier en armes un vieillard et une femme, se retrouve ainsi sur de nombreux vases attiques de l'époque classique. En voici une description caractéristique : « Au centre, un hoplite en armes serre la main d'un personnage barbu en un geste d'adieu chargé de gravité... À droite, une femme tient une cruche et une coupe plate : instruments rituels de la libation, quasi obligatoire pour marquer un départ ou un retour. La femme verse du vin dans cette coupe plate, vin dont une part, celle des dieux, sera versée au sol, tandis que le reste sera bu, à tour de rôle par chacun des participants. En procédant à cette libation qui est offrande et partage, on marque les liens qui unissent chacun des membres du groupe aux autres, et l'on affirme le rapport qui unit ce groupe aux dieux... » (F. Lissarrague, « Autour du guerrier », *La Cité des images,* p. 41).

La libation accompagne aussi le cérémonial du banquet commun (le *symposion*). Enfin, elle joue un rôle important dans des actes solennels, engageant directement la cité. C'est ainsi qu'elle sanctionne les traités et les alliances. Le terme *spondè,* qui désigne en grec la libation, se retrouve d'ailleurs dans le mot *spondai* : « alliance ». La libation consiste à verser une partie du liquide sur un autel ou sur le sol, en prononçant une prière. On offre, le plus souvent, du vin mélangé d'eau (c'est-à-dire le mélange que l'on boit habituellement), mais aussi, selon les rituels, du vin pur, du lait, ou un mélange de vin, d'eau et de miel. La libation la plus couramment représentée sur les vases montre un homme ou une femme versant avec une *oenochoé* (une cruche à vin, récipient intermédiaire entre les grands vases où sont mélangés l'eau et le vin, et les vases à boire) dans une *phiale* (coupe plate, sans pied, réservée aux libations), puis, de la phiale, sur un autel ou sur le sol. Dans un deuxième temps, on boit le contenu de cette phiale.

Mais la libation peut aussi ne pas être suivie de consommation. La libation de vin pur qui accompagne les serments est ainsi tout entière répandue à terre. Dans l'*Iliade,* Agamemnon évoque, à propos du rituel du serment : « le sang des agneaux, les libations de vin pur, les mains serrées... » (*Iliade,* IV, 159). La destruction rituelle établit un lien avec le monde infernal, réservoir de forces dangereuses toutes prêtes à se déchaîner contre le parjure.

D'autres libations encore sont totalement consacrées, ce sont les *choai,* du verbe *chein* : « répandre en quantité ». Elles sont en particulier destinées aux morts. Répandues sur la terre ou sur un tertre funéraire, elles ont pour fonction d'établir un lien entre morts et vivants. Elles excluent très souvent le vin, on les appelle alors *choai nephaliai* ou *aoinoi.* Elles sont composées d'eau pure (comme celles qu'Électre verse sur la tombe de son père Agamemnon au début des *Choéphores* d'Eschyle : les « porteuses de libations ») ou de lait et de miel. Elles sont parfois associées aux *enagismata,* les offrandes de nourriture consacrées sur le tombeau. Elles honorent aussi certaines divinités auxquelles elles sont tout spécialement consacrées : les Muses, les Nymphes, les Érynies. À Olympie, un sacrifice a lieu tous les mois sur tous les autels du sanctuaire : « Les Éléens y sacrifient en offrant de l'encens en même temps que des grains de blé mêlés de miel, ils les font brûler sur l'autel, ils y placent des rameaux d'olivier et ils font une libation de vin » ; Pausanias, qui rapporte ce rite, précise qu'il est ancien. Mais l'autel aux Nymphes et aux *Despoinai* (les « Maîtresses »), précise encore Pausanias, ne reçoit pas de vin, pas plus que l'autel commun à tous les dieux (*koinos bômos*).

Cet exemple illustre la complexité de ces rituels dont chaque élément est signifiant par rapport à la cohérence des rites eux-mêmes, en même temps qu'à la fonction ou à la nature des divinités concernées.

1.8. *La prière*

La prière ouvre, nous l'avons vu (voir p. 25), la phase du grand sacrifice qui succède à la procession et se déroule autour de l'autel. Prononcée à voix haute par le prêtre, elle inaugure en quelque sorte le sacrifice proprement dit en le plaçant sous le regard des dieux auxquels elle l'offre. L'existence de formules consacrées, prononcées lors de l'accomplissement des rituels et accompagnant les principaux actes du culte est attestée par de nombreux témoignages. À l'Assemblée, une prière était prononcée devant le peuple silencieux avant que commencent les discours des orateurs. Aristophane le rappelle de façon parodique dans *Les Thesmophories* (v. 295-350) : « Faites silence, faites silence. Priez les deux Thesmophores ainsi que Ploutos et Calligénie… pour que cette assemblée et la réunion de ce jour aient les plus beaux et les meilleurs effets… Adressez ces vœux au ciel et priez pour votre propre bonheur. Iè Péan, iè, Péan ! Réjouissons-nous ! » Suivent des imprécations contre ceux ou celles qui transgresseraient les lois ou trahiraient la patrie. De même, avant la bataille, tout chef d'armée adresse une prière solennelle aux dieux, analogue à celle qu'Eschyle place dans la bouche d'Étéocle dans *Les Sept contre Thèbes* (v. 252-260) : « Prie les dieux de combattre avec nous ; écoute à ton tour ma prière et module le cri sacré, l'heureux Péan, l'appel rituel des sacrifices grecs, l'audace qui nous délivre de la peur des guerres. Et moi, aux dieux du pays, aux dieux du sol, aux gardiens de nos places, aux sources de Dirkè, aux eaux de l'Isménos, je promets, si tout va bien, si la ville est sauve, d'offrir sur les autels des dieux le sang des brebis, d'immoler les taureaux ; j'en fais vœu pour la victoire ; et les vêtements des ennemis, dépouillés, frappés par la lance, je les pendrai à nos saintes demeures » (trad. Jean Grosjean). Thucydide, décrivant le départ, pour la Sicile, de la flotte athénienne, nous donne une évocation précise de l'ensemble du rituel dans lequel ces prières prenaient place : « Lorsque l'embarquement fut achevé et qu'on eut chargé tout le matériel prévu pour l'expédition, la trompette sonna pour commander le silence. Les prières habituelles avant l'appareillage furent récitées, non pas sur chaque navire séparément, mais sur toute la flotte à l'unisson sous la conduite d'un héraut. Dans toute l'armée on remplit les cratères, puis les officiers et les hommes firent des libations avec des coupes d'or ou d'argent. La foule entière des citoyens restés à terre et tous ceux qui partagaient leurs espoirs unirent leurs prières à celles des partants. Lorsqu'on eut chanté le Péan et achevé les libations, la flotte appareilla pour sortir du port en ligne de file puis les navires se mirent à faire la course jusqu'à Aigine » (Thucydide, *La Guerre du Péloponnèse,* VI, 32, trad. Denis Roussel). Pour l'homme pieux, une première libation, accompagnée d'une première prière ouvre chaque journée (cf. Hésiode, *Travaux,* v. 724-26). De même, libation et prière ouvrent chaque repas et chaque banquet, en s'adressant aux dieux selon les formules consacrées. Toute entreprise est ainsi placée sous l'invocation des dieux concernés, et d'abord de Zeus. Chez Hésiode encore, ce conseil au paysan qui s'apprête à commencer le labour : « Priez Zeus Infernal *(Chthonios)* et la pure Déméter de rendre lourd en sa maturité le blé sacré de Déméter, au moment même où, commençant le labourage et tenant en main la poignée qui termine le mancheron, vous toucherez le dos des bœufs qui tirent sur la clef du joug » (*Travaux,* v. 465-68, trad. P. Mazon). L'épopée, le théâtre, au-delà des simples formules, donnent longuement la parole à différentes formes de prières, consécration, supplications, exécration ou vœu. Même si les scènes évoquées dans la tragédie ou dans l'épopée ne peuvent être considérées comme la réplique exacte des rituels et des prières qui les accompagnaient, elles nous fournissent de précieuses indications, parfois corroborées, quant aux gestes indiqués, par ceux qui sont représentés sur les vases. Nous retiendrons quelques exemples.

La prière adressée par Chrysès, son prêtre, à Apollon, pour lui demander d'accueillir le *sacrifice expiatoire* des Achéens, précède le sacrifice proprement dit et en assure l'efficacité :

« Ils se lavent les mains ; ils prennent les grains d'orge, et Chrysès, à voix haute, prie pour eux, mains tendues au ciel : "Entends-moi, dieu à l'arc d'argent, qui protège Chrysé et Scilla la divine… Cette fois encore, accomplis mon désir : des Danaens écarte le fléau outrageux". Il dit ; et Phoebos Apollon entend sa prière. La prière achevée, les orges répandues, on relève les mufles, on égorge, on dépèce… » (*Iliade,* I, 449-58).

Autre exemple : dans la longue prière que les filles de Danaos, les *Suppliantes* (Eschyle, *Suppl.,* v. 630-710), adressent à Zeus Xénios (l'Hospitalier) en faveur des Argiens qui viennent de leur accorder l'hospitalité, on retrouve les trois thèmes qui figurent sous une forme ou sous une autre dans maintes *prières de vœux* : que les dieux fassent prospérer leurs enfants, leurs moissons, leurs troupeaux… Auparavant, elles se sont assises, sur le conseil de Danaos, dans le sanctuaire, les « rameaux aux blanches guirlandes, attributs de Zeus suppliant, pieusement tenus sur le bras gauche », après en avoir déposé d'autres devant les autels et les statues des dieux, en les saluant d'une *prière de supplication* : « Ô Zeus, prends pitié de nos peines, avant que nous n'y succombions ! … »

Libation et prière

« Électre. — Puissant messager des vivants et des morts entends-moi, Hermès Infernal, et charge-toi de mon message : que les dieux souterrains, témoins vengeurs du meurtre de mon père, prêtent l'oreille à ma voix, et la Terre elle-même, qui, seule, enfante tous les êtres, les nourrit, puis en reçoit à nouveau le germe fécond — cependant qu'en versant cette eau lustrale aux morts, j'adresserai cet appel à mon père : "Aie pitié de moi et de ton Oreste : que nous soyons maîtres en notre maison ! À cette heure, nous sommes de simples vagabonds, vendus par celle même qui nous a enfantés ; et, en échange, elle a pris un amant, Égisthe, son complice et ton meurtrier. Moi, on me traite en esclave. Oreste est banni de ses biens, et, eux, insolemment, triomphent dans le faste conquis par tes fatigues. Que quelque heureuse chance ici ramène Oreste ! voilà ma prière : ô père, entends-la. Et à ta fille accorde un cœur plus chaste que celui de sa mère et des mains plus pieuses. Tels sont mes vœux pour nous ; mais, pour nos ennemis, que surgisse enfin ton vengeur, père, et que les meurtriers meurent à leur tour : ce sera justice ! Je m'en remets (à ceux qui se sont réservé la vengeance). Mais aux coupables seuls va l'imprécation de mort ; à nous, au contraire, envoie la joie du fond de l'ombre, avec l'aide des dieux, de la Terre, de la Justice triomphante !" Voilà les vœux sur lesquels je verse ici mes libations. À vous, selon l'usage, de les couronner de gémissements, en entonnant le péan du mort. »

Eschyle, *Les Choéphores,* v. 123-150, trad. P. Mazon, CUF.

Enfin, chez Eschyle encore, une longue scène nous fait assister à un *rituel funéraire* qui associe libations et prières. Électre (*Choéphores,* v. 22-161) verse sur la tombe de son père « l'eau lustrale » et rappelle « la formule en usage » : « Qu'il accorde bonheur à qui lui voue cette offrande. » Mais elle ne peut se contenter de cette prière et, encouragée par le chœur, elle développe longuement son désir de vengeance, avant que le chœur, à son invitation, ne reprenne « les lamentations rituelles et le péan funèbre » (texte en encadré).

Comme le rappellent plusieurs des exemples cités, aux prières s'ajoutent les hymnes et les chants rituels prévus pour chaque occasion : péan entonné avant le combat et après la victoire, chants funèbres, mais aussi chœurs de garçons et de filles lors des fêtes civiques.

Sous la forme figée d'une formule liturgique ou développée et adaptée à une circonstance ou à un individu particulier, la prière, très souvent associée à la libation, est un élément essentiel de l'ensemble rituel.

À travers la description d'un certain nombre de rituels et l'analyse de leur fonction, nous avons voulu montrer comment les gestes qu'ils exigent peuvent se lire à différents niveaux : anthropologique, par exemple par la représentation de l'espace qui en même temps sépare et relie hommes et dieux ; sociologique, par une certaine représentation de la cité donnée en particulier par le mode de partage de la victime sacrificielle ; symbolique, dans les valeurs attachées aux différents modes de cuisson des viandes.

Mais, à son tour, chacun de ces éléments du rituel relève à la fois des trois niveaux mentionnés. L'acte rituel apparaît ainsi comme un ensemble complexe qui met en jeu le fonctionnement entier de la cité et ses représentations.

2. Le personnel religieux

Nous l'avons vu dans le chapitre précédent : les principaux gestes sacrés, l'offrande du sacrifice en particulier, n'appellent aucun intermédiaire obligé ; il n'y a pas de dépositaire exclusif d'un savoir qui permettrait seul de communiquer avec les dieux, partant, pas de clergé. Tout citoyen peut, dans son foyer, ou dans un temple, accomplir les gestes qui expriment la piété de l'homme grec et permettent à ceux qui les pratiquent de se reconnaître entre eux comme *Hellènes.*

En dehors de la pratique privée, cependant, un certain nombre de citoyens sont amenés à assumer des charges religieuses déléguées par la cité. De plus, les sanctuaires exigent, pour leur fonctionnement, tout un personnel dont le statut peut varier, d'un endroit à l'autre et selon l'importance de leur fréquentation.

2.1. *Les charges religieuses déléguées par la cité*

L'essentiel de l'autorité religieuse appartient en effet au *demos :* au peuple citoyen. Il l'exerce par l'intermédiaire de divers personnels dont l'importance et le nombre se développent au cours du Ve siècle, aux dépens de certaines prérogatives des prêtres.

Ces personnels sont ainsi chargés du maintien de l'ordre et du respect des lois dans l'enceinte des sanctuaires. Ils organisent les grandes fêtes religieuses, en collaboration avec les prêtres et les magistrats. Ils contrôlent les finances, vérifiant revenus et dépenses. Les *hiéropes* sont attestés dans de nombreuses cités. À Athènes, ils constituent un collège de dix membres, élu chaque année par la *Boulè* ; ils ont la charge des grandes fêtes quadriennales (à l'exception des Grandes Panathénées qui relèvent d'une organisation particulière). Ils veillent ainsi à la participation aux fêtes de Délos, aux Brauronia, aux Hérakléia, aux Éleusinia. Ils s'occupent aussi des Petites Panathénées annuelles. Dans le cadre de cette organisation, ils sont chargés des sacrifices, de fournir le bétail, enfin ils veillent au bon déroulement de la fête et en assurent la police. Ils partagent les privilèges honorifiques des magistrats, en particulier lors de la distribution des parts de l'hécatombe panathénaïque.

À Athènes, les *épimélètes* sont affectés à l'organisation de fêtes particulières dont ils ont, à l'origine, la charge financière : c'est une *liturgie.* Ainsi connaît-on quatre « épimélètes des Mystères », dont deux sont choisis parmi les Athéniens âgés de plus de trente ans, et deux parmi les membres des deux familles sacerdotales des *Kerykes* et des *Eumolpides.*

Les *épistates* sont chargés plus spécialement d'assurer le contrôle financier des cultes. Ainsi les épistates d'Éleusis, attestés à partir de la seconde moitié du Ve siècle par un décret de la *Boulè.*

À Athènes encore, d'autres responsabilités religieuses sont assumées par certains *magistrats.*

L'*archonte-roi,* héritier des fonctions religieuses du roi, est le principal dignitaire religieux de l'État. Il dirige en particulier les sacrifices des cultes hérités des ancêtres (*ta patria*), c'est-à-dire ceux dont l'ancienneté est attestée par la tradition. Il préside aux Mystères et aux Lénéennes. Il remplit une fonction judiciaire en traitant des affaires d'impiété et en arbitrant les conflits concernant les prêtrises. Enfin, il est, semble-t-il, responsable du calendrier religieux.

L'*archonte-éponyme* est chargé au contraire des fêtes établies récemment dans la cité *(ta épithéta)* : les Grandes Dionysies (qui datent de Pisistrate), la délégation sacrée à Délos *(théoria)* qui a lieu tous les quatre ans et a été renouvelée au cours du Ve siècle, la procession en l'honneur d'Asclépios et celle en l'honneur de Zeus Sôter (sans doute instituée à la suite des guerres Médiques), enfin les Thargélies, en l'honneur d'Apollon Pythios.

Enfin, le *polémarque,* chargé des sacrifices à Artémis Agrotera et à Ényalios, veille aussi aux Jeux Funéraires en l'honneur des morts de la guerre et à la fête commémorative de Marathon. Il accomplit aussi les sacrifices funèbres en l'honneur d'Harmodios et Aristogiton.

Mais la vie religieuse n'est pas circonscrite à la cité. Les oracles, celui de Delphes en particulier, peuvent jouer un rôle important. Là encore, l'État choisit parmi ses membres des personnages chargés de leur consultation : les *théores* (qui peuvent aussi s'appeler, selon les lieux, *pythioi, démiourgoi,* ou *théopropoi*). Attestés partout en Grèce, ils occupent un rang important. À Athènes, l'*archithéore,* qui les conduit, remplit une liturgie, c'est-à-dire qu'il pourvoit, magnifiquement parfois, puisqu'il s'agit de son prestige, à l'entretien de la délégation. Mais l'État se méfie d'eux et limite progressivement leurs pouvoirs. À Sparte, « chacun des deux rois avait ses deux *Pythioi* choisis par lui parmi ses compagnons de tente et ne faisait rien sans la collaboration de ces agents… » (Hérodote, VI, 57).

2.2. *Prêtres et prêtrises*

L'existence des prêtres et des prêtresses est liée à celle des sanctuaires et des cultes. Ils n'existent en effet qu'en relation avec le dieu et le culte qu'ils desservent.

Le sacerdoce fonctionne, dans la plupart des cas, comme une magistrature de la cité, les prêtres exerçant une autorité liturgique parallèle à l'autorité législative, judiciaire, financière ou militaire.

▲ *Le choix des prêtres.* Cette proximité avec le statut du magistrat se voit déjà dans les modalités du choix des prêtres. La plupart des sacerdoces sont annuels, comme les magistratures de la cité, et tirés au sort comme elles. Ils s'achèvent aussi par une reddition de comptes. C'est le cas, à Athènes, des sacerdoces de Dionysos Éleuthéreus, d'Asclépios, de Zeus Sôter et d'Athéna Soteria. Comme les magistratures encore, ils sont ouverts à tous les citoyens et fermés aux métèques et aux étrangers ; cependant, toute tare physique en interdit l'accès.

Les prêtres vus par Platon

Ces dispositions, envisagées par Platon dans les *Lois,* à propos de la cité idéale, au sujet des prêtres, se réfèrent à la pratique athénienne et recoupent d'autres indications.

« L'ATHÉNIEN. — Disons donc que les sanctuaires doivent avoir des sacristains, des prêtres et des prêtresses ; pour les routes, les édifices, l'ordre requis en pareille matière, les gens qu'il faut empêcher de mal faire et aussi les bêtes sauvages, on doit, afin que dans l'enceinte même de la ville comme dans les faubourgs soient prises les mesures qui conviennent à des cités, choisir trois catégories de magistrats, dont les uns, chargés des soins mentionnés à l'instant, s'appelleront astynomes ; les autres, commis à la bonne tenue du marché, agoranomes. En ce qui regarde les prêtres des sanctuaires, ceux ou celles qui détiennent un sacerdoce héréditaire, on n'y touchera pas ; mais si, comme il est naturel en pareille matière dans le cas d'une fondation nouvelle, aucun des temples n'a son clergé ou un petit nombre seulement, pour ceux qui n'en ont pas d'établis on établira des prêtres et des prêtresses, chargés d'entretenir les sanctuaires des dieux. De toutes ces charges qu'on installera, les unes doivent ▶

être électives, les autres tirées au sort : on mêlera ainsi, pour les rendre amies entre elles, les classes populaires et les autres dans chaque territoire ou cité, de façon qu'il y ait le plus d'union possible. Pour les sacerdoces, on laissera le dieu lui-même indiquer ses préférences en les tirant au sort, ce qui reviendra à s'en remettre à la fortune divine ; on vérifiera pour chacun des élus si tout d'abord il est physiquement intègre et de naissance légitime, ensuite si, autant que possible, il est né de maison sans souillure et s'il a vécu pur de meurtre et des crimes semblables qui offensent la divinité, lui et de même ses père et mère. On ira chercher à Delphes des lois pour tout le culte ; on constituera des interprètes pour les expliquer, et on les observera. Chacun des sacerdoces sera annuel et non pas plus long, et il faudra chez nous avoir au moins soixante ans pour prétendre accomplir dignement les rites divins selon les lois sacrées ; ces prescriptions s'appliqueront également aux prêtresses. Les interprètes seront élus, en trois élections, à raison de quatre par groupe de quatre tribus, un dans chacune ; les trois qui auront obtenu le plus de suffrages seront retenus après examen, et les neuf autres seront envoyés à Delphes, où le dieu en désignera un sur chaque groupe de trois ; leur examen et leur limite d'âge seront les mêmes que pour les prêtres. Ceux-là seront interprètes leur vie durant ; si l'un d'eux vient à disparaître, le groupe de quatre tribus d'où il sortait élira son remplaçant. Les intendants responsables des fonds sacrés pour chacun des sanctuaires, des enceintes, de leurs produits, de leurs locations seront élus dans la plus haute classe, au nombre de trois pour les plus grands sanctuaires, de deux pour les sanctuaires moins considérables, d'un seul pour les plus modestes ; leur élection et leur examen se feront comme ils se faisaient pour les stratèges. Voilà les dispositions qui concernent le culte. »

Platon, *Les Lois,* 759 a-760 a, trad. E. des Places, CUF.

Il existe aussi des sacerdoces liés à des familles *(genê)* particulières. Les prêtres qui les exercent sont choisis parmi les membres de ces familles, selon des règles plus ou moins compliquées, et, parfois, à vie. Mais, pour le reste, ils sont de simples citoyens, soumis comme tous les prêtres aux décrets du Conseil et de l'Assemblée. Les plus connues, parmi ces familles, sont, à Athènes, les *Étéoboutades,* qui fournissent les prêtres d'Athéna Polias et de Poséidon Érechteus ; les *Eumolpides* et les *Kérykes* à Éleusis. Les prêtres de Delphes étaient sans doute eux aussi nommés à vie, quoiqu'ils ne semblent se rattacher à aucune lignée patricienne.

▲ *Les fonctions des prêtres.* Nous avons rencontré leur *rôle liturgique* dans la description du déroulement du sacrifice. Assister aux sacrifices, publics ou privés, est en effet leur fonction la plus visible. Nous avons vu leur rôle dans la consécration des victimes, dans la prononciation des formules d'invocation et des prières. Le prêtre peut égorger lui-même la victime, mais il peut aussi déléguer ce rôle à un ou des sacrificateurs, c'est même une obligation pour les prêtresses, et nous avons vu par ailleurs qu'il n'est pas nécessaire d'être prêtre pour procéder à un sacrifice. On a même pu observer que chez Homère les prêtres ne sont jamais sacrificateurs, ils sont plutôt ceux qui assument la *fonction sacerdotale* auprès d'un dieu. Ils continuent à l'assumer prioritairement à l'époque classique, et, à ce titre, c'est eux qui dirigent les cérémonies cultuelles, tandis qu'à côté d'eux, on trouve, dans les grands sanctuaires, des sacrificateurs à demeure.

Le service intérieur du temple ou du sanctuaire auquel il est attaché constitue ainsi une des principales tâches du prêtre, assisté, dans les sanctuaires importants, d'un ou de plusieurs *néocores*. Il va du service et de l'entretien de la statue de culte, qui représente le dieu dans sa demeure, à l'entretien du ou des bâtiments. Il comprend aussi une activité administrative : assurer le fonctionnement du sanctuaire et sa police ; et une activité financière : assurer le contrôle des revenus et des dépenses. Cependant, dans ces deux fonctions, le prêtre est progressivement concurrencé par les fonctionnaires affectés par l'État (cf. p. 35) qui par ailleurs décident des frais à engager.

Enfin, les prêtres sont, le temps de leur mandat, les gardiens des lois sacrées. À ce titre, ils assurent le respect et la permanence de la tradition. Mais, là encore, c'est le peuple qui, par l'intermédiaire de la *Boulè,* légifère sur les cultes et prend les décrets.

2.3. *Les revenus des prêtres*

Ils sont d'abord constitués d'une part des bêtes sacrifiées dans le sanctuaire qui leur revient de droit. Si le prêtre reçoit, au même titre que tous les magistrats qui assistent au sacrifice, une part honorifique, un certain nombre de morceaux lui sont plus particulièrement réservés, avec quelques variantes selon les sanctuaires. Ainsi reçoit-il très régulièrement la cuisse, souvent aussi la tête de la victime. Enfin, les parts déposées sur les tables d'offrande ou parts des dieux *(théomoria)* leur reviennent en dernier lieu (d'où les sarcasmes des auteurs comiques).

Il s'ensuit que le statut économique des prêtres est bien différent selon l'importance du sanctuaire qu'ils desservent. Dans l'ensemble, leur rémunération semble avoir été modeste. À partir du IVe siècle cependant, en Asie Mineure, certaines prêtrises peuvent être achetées, et parfois leurs revenus sont considérables. Ce n'est pas le cas dans d'autres sanctuaires, ainsi dans le sanctuaire de Milet où un minimum est garanti par décret au prêtre : obligation y est faite à certains magistrats de faire, à date fixe, des sacrifices à Asclépios, si personne ne sacrifie, il faudra donner douze drachmes au prêtre. Par contre, dans un autre règlement cultuel de Milet, il est précisé que « à ceux qui ont acheté les prêtrises, reviendront toutes les parts des victimes offertes dans les sacrifices privés, sauf les peaux ». On voit ici l'origine des viandes sacerdotales, ces viandes de sacrifice vendues au marché et qui constituent pour certaines prêtrises un revenu important (voir p. 27).

Le prêtre est un personnage respecté pour son rôle d'intermédiaire entre la cité et les dieux. Les honneurs publics auxquels il a droit (part privilégiée dans les sacrifices, place au théâtre...) en témoignent. En même temps, dans la plupart des cas, sa fonction ne l'enferme pas dans un mode de vie qui le séparerait des autres : ainsi, le plus souvent, rien n'interdit au prêtre ou à la prêtresse d'être marié(e) — l'obligation de chasteté est, sauf cas particulier, temporaire et liée aux exigences immédiates du culte (périodes de fêtes par exemple). De même, les fonctions du prêtre ne lui imposent pas de résider dans le sanctuaire : s'il est parfois précisé qu'il y réside, ceci révèle justement que ce n'est pas la règle.

À travers le statut des prêtres apparaît un des aspects de l'originalité du religieux dans la cité : présent dans toutes les instances et à tous les moments de l'activité humaine, il est en même temps étroitement contrôlé par elle, au même titre que tous les autres domaines, politique, législatif ou judiciaire. Quant au pouvoir religieux, c'est le peuple, en dernière analyse, qui l'exerce à travers le contrôle des lois religieuses, l'institution des nouveaux cultes, le financement des sanctuaires et l'exercice de la justice religieuse (punition du sacrilège, etc.). Enfin nous avons vu qu'une évolution se dessinait vers une multiplication des contrôles et des personnages qui tendent à concurrencer les attributions non rigoureusement sacerdotales des prêtres.

Un dernier type de personnages en relation avec le domaine religieux pourrait être évoqué ici, auxquels la cité peut avoir affaire mais qui ne reçoivent d'elle aucune délégation : il s'agit des *exégètes* ou interprètes des lois sacrées. Ils semblent n'avoir existé sous une forme institutionnelle qu'à partir du Ve siècle. On fait appel à eux pour éclaircir des points de rituel ou fournir des règles de purification (dans les cas d'homicide par exemple). Ce sont des spécialistes, possédant une connaissance particulière des lois et, par conséquent, non soumis à l'élection.

Enfin, les *chresmologues* et *devins,* eux aussi définis par leur savoir technique (déterminé par exemple par la possession de livres ou de recueils), transmettent et interprètent les prophéties, oracles ou autres signes envoyés par les dieux. Ils peuvent être consultés par la cité comme ils le sont par des particuliers, et ils ont pu jouer à ce titre un rôle politique.

3. Les lieux de culte

3.1. *Le sanctuaire*

Tout endroit peut devenir un lieu de culte, un sanctuaire ou *hieron* (espace sacré). Il suffit que les Grecs lui reconnaissent un caractère sacré, caractère qui tient parfois à la majesté du paysage ou à la présence d'une tombe ou à tout autre signe de la manifestation du divin (des rochers, un arbre, une source...). Le terrain est alors délimité : il porte le nom de *téménos,* qui signifie : coupé (sous-entendu : de la terre qui n'est pas sacrée). Ses limites peuvent être matérialisées par des bornes *(horoi)* ou par un mur continu : le *péribole.* De nombreux sanctuaires grecs sont ainsi simplement des terrains entourés d'une clôture. Ils peuvent contenir un bois sacré, une source, une grotte, n'importe quel élément naturel, sans qu'il y ait de constructions autres que temporaires. Un bon exemple de ce qu'est un *téménos* est l'agora d'Athènes (voir plan de l'agora, p. 73) : un large espace dont les limites sont marquées par des bornes inscrites, qui est le lieu de multiples cultes funéraires, héroïques, divins et de constructions en rapport avec ces rituels (autels et chapelles de Déméter, de Zeus Phratrios, d'Athéna Phratria, d'Apollon Patroos, monument des héros éponymes...). Les bâtiments civiques sont, à l'époque classique, en dehors du *téménos* même, sur son pourtour.

Un *téménos* peut abriter les cultes de différents dieux ou être réservé à une seule divinité.

▲ *Les interdits.* Le caractère sacré du lieu explique les interdits qui le frappent : il est interdit d'accoucher, de faire l'amour, de mourir dans un sanctuaire. Toute personne porteuse d'une souillure en est exclue et à l'entrée des sanctuaires des vases sacrés remplis d'eau permettent à chacun de se purifier. En contrepartie, le sanctuaire est une terre inviolable. Il est *asulon,* ce qui signifie que nul n'a le droit de prise à l'intérieur de son enceinte. En conséquence, le sanctuaire peut devenir un refuge (un asile) pour des individus poursuivis, les esclaves en fuite ou les hommes politiques. Assassiner un homme qui a trouvé refuge dans un sanctuaire est un crime si grave qu'il peut déclencher un fléau (par exemple une épidémie) qui ravage toute la cité.

▲ *Leur emplacement.* Les sanctuaires sont dispersés sur tout le territoire des cités, ils sont autant ruraux qu'urbains. Les sanctuaires bâtis sur une acropole au centre de la ville, comme à Athènes, sont l'exception. Et ils ne jouent pas le rôle de centre des constructions urbaines comme l'était la cathédrale dans la ville au Moyen Âge. Les ruines actuelles, où les temples sont souvent les seuls édifices à être restés debout, donnent une image inexacte de ce qu'était un sanctuaire urbain : bien loin de dominer le paysage, il était englobé dans un enchevêtrement de bâtiments et de ruelles et on ne voyait guère ses constructions de loin.

▲ *L'histoire des sanctuaires* permet à la fois de souligner la permanence des lieux de culte (de l'époque préhellénique jusqu'à l'époque classique) et de remarquer combien la création de certains sanctuaires a été liée au développement de la cité. Des études récentes sur le territoire des cités archaïques ont souligné l'importance de la création de sanctuaires extra-urbains. Souvent placés aux limites du territoire cultivé de la cité, en bordure des forêts, montagnes et terres incultes, ils sont à la fois une frontière et un point de jonction entre les deux domaines constitutifs de toute cité, le monde cultivé et le monde sauvage. Mais leur fonction est aussi de nature politique : face au territoire de la cité voisine, ils marquent les limites du territoire de la cité. Enfin, ces sanctuaires sont parfois reliés au noyau urbain de la cité par des voies sacrées que suivent les grandes processions lors des fêtes et qui sont un moyen supplémentaire de marquer l'emprise religieuse et civique de la communauté sur un territoire.

Description d'un sanctuaire et des offrandes

Un sanctuaire d'Artémis à Scillonte : *description du site*

« Xénophon acheta des terres pour la déesse à l'endroit où Apollon l'avait prescrit. Ces terres étaient traversées par le Sélinonte. De même à Éphèse, le long du temple d'Artémis coule le Sélinonte. Dans les deux cours d'eau il y a aussi des poissons et des coquillages, mais dans le domaine de Scillonte se trouvent des terrains de chasse où l'on prend tous les gibiers. Xénophon éleva aussi un autel et un sanctuaire avec l'argent sacré ; dans la suite prélevant chaque année la dîme sur les productions de son domaine, il célébrait un sacrifice à la déesse. Tous les habitants de Scillonte et des environs, hommes et femmes participaient à la fête. La déesse fournissait aux convives de la farine d'orge, du pain, du vin, des fruits secs, une portion des victimes élevées dans les pâturages sacrés, du gibier. Pour cette fête en effet les fils de Xénophon et ceux des autres habitants faisaient une chasse : ceux qui le voulaient y participaient, même des hommes faits. Le gibier était pris soit sur le terrain sacré lui-même, soit sur celui de Pholoé : c'étaient des sangliers, des gazelles, des cerfs. Le lieu situé sur le chemin de Lacédémone à Olympie est à une vingtaine de stades du temple de Zeus. Dans l'enceinte sacrée il y a une prairie, des collines couvertes d'arbres, qui conviennent à l'élevage des porcs, des bœufs et aussi des chevaux, si bien que les attelages de ceux qui se rendaient à la fête y étaient abondamment nourris. Le sanctuaire est entouré d'un verger planté d'arbres fruitiers, qui donnent d'excellents fruits selon les saisons. Le sanctuaire est une reproduction, en petit, de celui d'Éphèse et la statue de bois ressemble à celle qui est à Éphèse, autant que du cyprès peut ressembler à de l'or. Une stèle est érigée le long du sanctuaire avec cette inscription : "Ce terrain est consacré à ▶

Artémis. À celui qui le possède, qui en a la jouissance, de lui offrir la dîme chaque année en sacrifice. Avec le surplus qu'il entretienne le sanctuaire. Si on y manque, la déesse y pourvoira". »

Xénophon, *Anabase,* V 3, 7-13, trad. P. Chambry, Garnier-Flammarion.

Les offrandes. Leur amoncellement dans le *mégaron* du temple d'Apollon à Delphes tel que le voit un personnage d'une comédie d'Épicharme *(Les Théores)* 1er quart du Ve s. :

« Des lyres, des trépieds, des chars,
des tables d'airain, des bassins, des patères,
des chaudrons de bronze, des cratères, des broches !
Ah ! si vous le vouliez,
avec ces ustensiles suspendus à leur clou,
quel beau charivari on ferait, oui un grand ! »

Épicharme, *Les Théores,* fr. 109, éd. Olivieri.

Si l'on se tourne de la campagne vers la ville, on remarque, à Athènes comme à Corinthe, que le processus d'urbanisation s'est fait autour du sanctuaire de la divinité principale (le sanctuaire d'Athéna sur l'Acropole à Athènes, la colline du sanctuaire d'Apollon à Corinthe) et que les édifices qui apparurent le plus tôt dans l'espace civique sont les monuments cultuels. Ce sont les lieux du culte qui progressivement attirèrent à eux les bâtiments administratifs, judiciaires et politiques, comme à Athènes autour de l'agora. Les sanctuaires et les bâtiments réservés au culte sont donc les éléments qui organisent le territoire et le centre urbain de la cité à ses débuts.

▲ *Les constructions dans les sanctuaires.* À l'intérieur de ces lieux sacrés se développe souvent un ensemble de constructions en rapport avec le culte et certains sanctuaires comme ceux de Delphes ou d'Olympie sont de véritables « villes ».

L'autel, ou *bômos*, est un élément essentiel pour le culte. Il est dans le *téménos*, mais non dans le temple. C'est le lieu du sacrifice : le sang de l'animal ruisselle sur l'autel. Sur le socle de pierre se trouve le foyer où l'on brûle les parts réservées aux dieux et où l'on rôtit les parts destinées aux hommes. L'autel n'est parfois matérialisé que par le tas de cendres et d'os brûlés qui demeure après les sacrifices, un tas qui devient un monticule imposant dans le cas de l'autel de Zeus dans le sanctuaire d'Olympie. Ce peut être un amas de pierres, un foyer auquel on accède par quelques degrés ou un monument de taille comme l'autel de pierre de l'Heraïon d'Argos (1,70 m × 2,40 m). Les participants au sacrifice forment en général un cercle ou un demi-cercle autour de l'autel qui, lorsqu'un temple existe, est situé devant la façade du temple. Le sacrificateur est tourné vers l'est et le rituel se passe entièrement autour de l'autel, sans lien cérémoniel avec le temple.

3.2. *Le temple ou* naos

▲ *Sa fonction.* Si le temple est le vestige le plus spectaculaire du monde grec, il n'est pas, du point de vue du culte, un élément indispensable. Nous l'avons dit : les rituels se déroulent le plus souvent en dehors du temple et non à l'intérieur. Il est même rare que les Grecs aient le droit d'entrer à l'intérieur du temple qui est fermé une grande partie de l'année. Le temple a une fonction précise : conserver la statue ou les statues du culte, et éventuellement d'autres biens appartenant à la divinité, donnés en offrandes. En cela il se rapproche des édifices plus petits que l'on trouve bâtis dans les sanctuaires : les trésors, qui sont remplis des offrandes faites aux dieux. Le Parthénon, par exemple, sur l'acropole d'Athènes, abrite la grande statue d'or et d'ivoire (chryséléphantine) d'Athéna Parthénos, œuvre du sculpteur Phidias, mais n'est pas utilisé pour les rituels. On trouve parfois dans le même sanctuaire deux temples dédiés à la même divinité : une des explications possibles de ce redoublement est la nécessité de conserver et exposer une nouvelle statue du dieu qui ne trouve pas place dans le temple précédent.

Toutefois, certains temples n'ont pas pour seule ou principale fonction d'être la maison de la statue du dieu. Ils sont, selon l'expression de G. Roux, des « temples sanctuaires », bâtis pour abriter un lieu sacré et les rituels qui s'y rapportaient. Par exemple, le temple d'Apollon Pythien à Delphes contient le foyer pythique, l'autel de Poséidon et dans son *adyton* la faille oraculaire (voir le chapitre sur Delphes). Dans ce cas, le temple est le foyer du dieu, et certains rites comme celui de la consultation oraculaire peuvent y avoir lieu.

▲ *Son histoire.* L'histoire du temple est étroitement liée à celle de la cité. Bien que les époques antérieures à la naissance de la cité aient eu des lieux de culte, la forme architecturale du temple apparaît au VIIIe siècle en relation avec la formation des premières communautés civiques. Les premiers temples étaient en briques crues avec une colonnade en bois, les constructions en pierre datent seulement de la fin du VIIe siècle.

▲ *Description architecturale du temple.* Le plan type est rectangulaire et comporte deux parties, l'une fermée : le *sékos,* l'autre ouverte : le *péristyle* ou colonnade extérieure. La partie fermée comprend au moins une pièce : le *naos* ou *cella,* où se trouve la statue du dieu. Souvent cette salle est précédée d'un vestibule ou *pronaos.* Une chambre arrière (*opisthodome)* complète le plan. L'*adyton,* ou lieu caché, est, dans certains temples, une seconde pièce communiquant avec la *cella.*

Un temple tout entouré de colonnes est dit *périptère* et, si la rangée de colonnes est double, *diptère.* Lorsqu'il n'a qu'une colonnade sur la façade, il est *prostyle.* Le nombre de colonnes en façade permet aussi de parler de temple *hexastyle, octostyle* (à 6, 8 colonnes)... Les dimensions du temple sont très variables. Un temple *hécatompédon* a cent pieds de long. L'emploi de ces termes donne une description de ce type : « C'était un temple périptère, hexastyle, hécatompédon », qui ne doit pas effrayer le lecteur mais qui doit être décodée !

▲ *L'élévation.* Le temple repose sur un soubassement à trois degrés : la *crépis.* Le dernier degré appelé *stylobate* porte la colonnade. Sur la coupe du temple, on voit des colonnes (base, fût et chapiteau), une architrave, une frise composée de métopes et de triglyphes, un fronton, un toit. Les parties qui peuvent être sculptées sont les métopes et les frontons, et parfois la frise qui court en haut du *sékos,* entre la colonnade et le corps du *naos* (comme la frise des Panathénées au Parthénon).

▲ *Les ordres.* Selon la forme des chapiteaux, on distingue trois ordres architecturaux différents, l'ordre dorique, ionique et corinthien.

▲ *La décoration.* Les parties sculptées sont les frontons, les métopes, la frise, mais les éléments d'architecture tels les acrotères, les sommets du toit, les triglyphes sont parties intégrantes du décor. Les temples sont peints de couleur vive ce que la blancheur de la pierre ne laisse guère deviner aujourd'hui.

▲ *Les tholos.* La plupart des temples ont un plan rectangulaire. Rares sont ceux qui ont un plan circulaire et entrent dans la catégorie des *tholos* : les tholos d'Épidaure et de Samothrace par exemple. Mais les tholos ont bien d'autres fonctions que celles d'être des lieux de culte : lieux d'assemblée comme la tholos d'Athènes, trésors comme celle de Delphes. Et la forme ronde n'est pas liée à un type de culte déterminé, le culte funéraire, comme on l'a longtemps écrit. D'une manière générale, les archéologues sont aujourd'hui plus attentifs à reconnaître la diversité des fonctions d'un même type d'édifices qu'à bâtir de grandes théories d'explications universelles.

▲ *Les autres constructions.* En dehors des autels et des temples, on trouve dans les sanctuaires diverses constructions liées à la vie cultuelle : les *trésors,* qui sont les lieux où sont entreposées les offrandes faites au dieu, eux-même consacrés comme offrandes, les *fontaines,* nécessaires en particulier pour les ablutions rituelles, différents bâtiments fonctionnels servant aux pèlerins et aux prêtres (salles de banquets ou de repos) et les lieux nécessaires au déroulement des concours quand le culte du dieu comporte de tels rituels (voir Olympie et Delphes par exemple).

Plans de temples

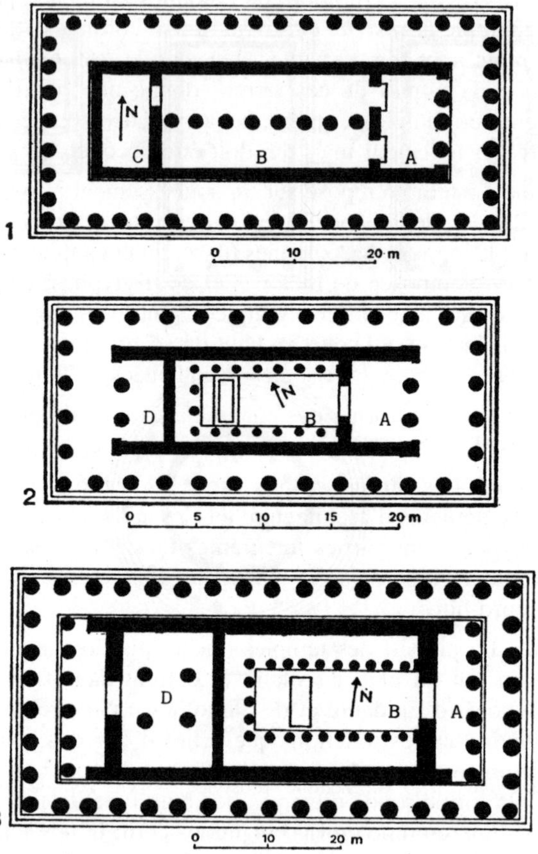

1. Temple d'Héra, dit la Basilique (Posidonia). — 2. Temple d'Héphaïstos et d'Athéna Héphaïstaia, dit le Théseion (Athènes). — 3. Parthénon (Athènes).
A : Pronaos ; B : Naos ; C : Adyton ; D : Opisthodome.
D'après H. Berve et G. Gruben, *Griechische Tempel und Heiligtümer,* Munich, Hirmer, 1961, pp. 200, 171 et 187.

Source : Claude Vial, *Lexique d'Antiquités grecques,* A. Colin, 1972.

▲ *Les offrandes.* Faire une offrande est un des gestes cultuels les plus fréquents et les sanctuaires regorgent d'offrandes de toutes sortes. Tout peut être objet d'offrande : depuis le plus modeste des vases jusqu'au butin rassemblé au cours d'une expédition guerrière par une cité. Un

Types de temples

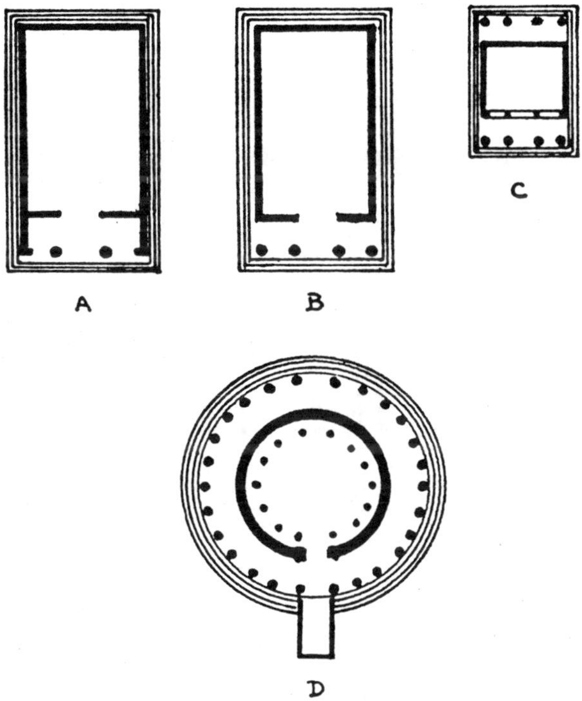

A. Temple *in antis.* — B. Temple prostyle. — C. Temple amphiprostyle. — D. *Tholos.*

Source : Claude Vial, *op. cit.,* 1972.

athlète vainqueur consacre sa couronne, un malade une représentation de la partie de son corps qui a été guérie, une cité un monument… Tout ceci nécessite des inventaires dressés par les trésoriers des sanctuaires, et de la place : il n'est pas rare que des bâtiments particuliers soient construits pour contenir les offrandes, ou que les offrandes anciennes soient enterrées dans des fosses dont la découverte fait la joie des archéologues. Pour réaliser ces offrandes, il faut imaginer le travail des ateliers d'artisans, des artistes : l'essentiel des œuvres d'art qui nous sont parvenues étaient des objets consacrés aux dieux.

En bordure des sanctuaires, si ce n'est dans le sanctuaire lui-même, il y a place aussi pour les activités profanes des marchands du temple et l'on

Façade dorique d'un temple

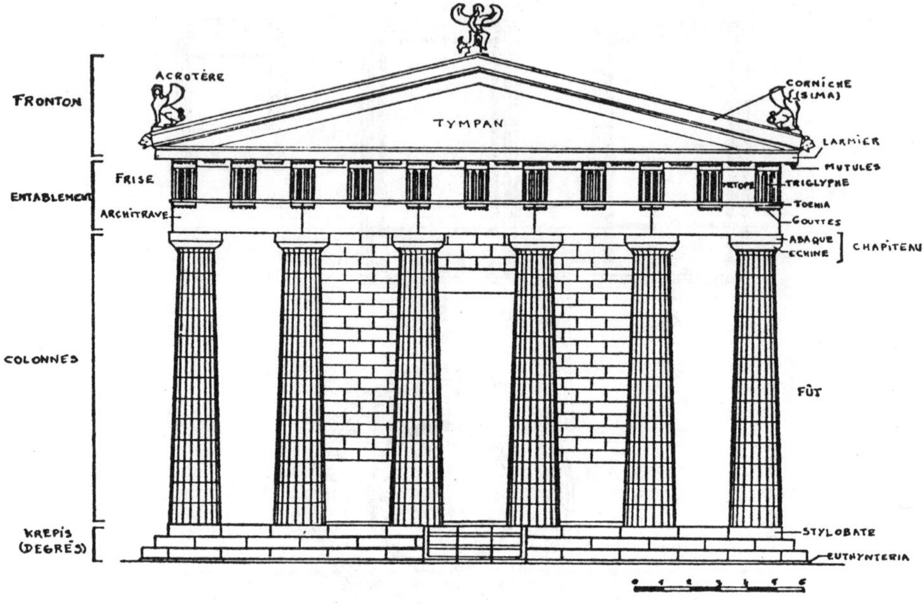

Source : Claude Vial, *Lexique d'Antiquités grecques,* A. Colin, 1972.

sait que chaque grande fête était l'occasion de marchés et de démonstrations de toutes sortes. Le sanctuaire est un lieu vivant, coloré, bruyant, où le pèlerin a parfois du mal à se frayer un passage ou seulement trouver une place pour admirer la procession et apercevoir la statue du dieu.

3.3. *Les images des dieux*

On ne peut parler des images des dieux sans toucher au problème compliqué de la représentation figurée en Grèce ancienne, de la valeur symbolique des « images » et en particulier de la figuration des dieux à l'image des hommes, ce que l'on appelle l'anthropomorphisme des Grecs (voir p. 167 sq.).

▲ *Les statues cultuelles.* Nous l'avons dit, le temple est bâti autour de la statue du dieu et tout sanctuaire, aussi petit soit-il, a sa représentation de la divinité, la statue de culte qui est au centre de la plupart des rituels.

Les statues de culte sont, la plupart du temps, enfermées dans les temples, on ne les sort et les manipule que lors des grandes fêtes.

Façade ionique d'un temple

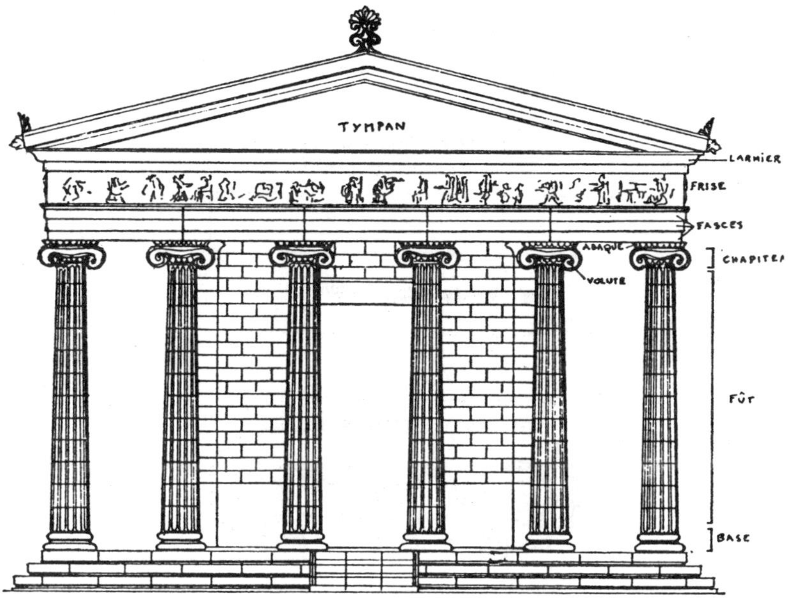

Source : Claude Vial, *op. cit.,* 1972.

▲ *Les autres statues.* En dehors des statues cultuelles dont nous avons peu d'exemples car la plupart étaient en bois et donc périssables, les figures divines peuplaient bien sûr les sanctuaires, offrandes aux dieux ou décoration des temples, statues, bas-reliefs, ronde-bosse. Leur rôle n'était pas de servir au cours de rituels mais de rappeler les attributs de la divinité, son histoire ainsi que celle des divinités qui lui étaient associées. L'espace des frontons permettait de larges compositions reprenant souvent des éléments du panthéon, les métopes et les frises offraient tous les épisodes de la vie des dieux aussi bien leurs luttes contre les Titans que leurs banquets et leurs querelles intestines. Partout où se portaient les yeux, les images des dieux rappelaient aux hommes, sous des formes d'apparence familière, l'extraordinaire distance entre le statut divin et la condition humaine.

Un texte d'Hérondas dépeint l'admiration de deux femmes qui, arrivées au sanctuaire d'Asclépios à Cos, contemplent et décrivent les peintures du temple :

Les ordres : dorique, ionique et corinthien

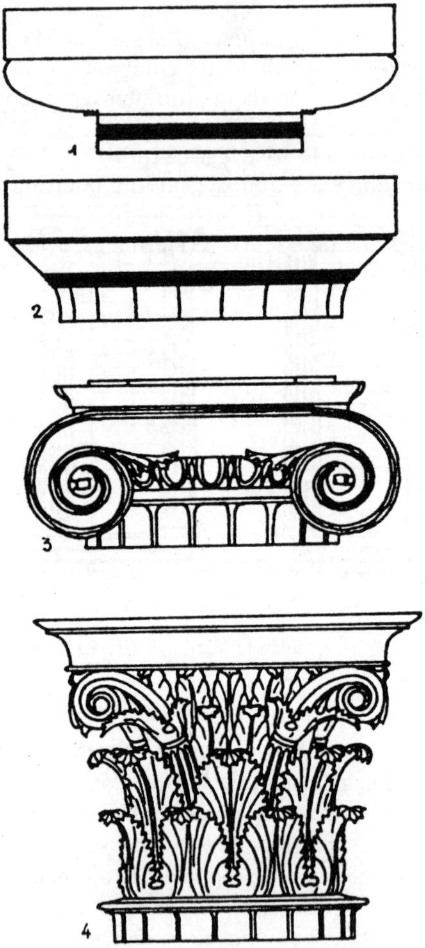

1. Chapiteau dorique archaïque. — 2. Chapiteau dorique hellénistique. — 3. Chapiteau ionique. — 4. Chapiteau corinthien.
D'après les dessins de J. DURET, dans R. MARTIN, *Monde grec,* Fribourg, Office du Livre, 1966, pp. 82, 84 et 86.

Source : Claude Vial, *Lexique d'Antiquités grecques,* A. Colin, 1972.

« Tu vois, n'est-ce pas. Cynno, quels ouvrages ! Tu vas dire qu'une nouvelle Athéna a façonné ces belles choses — respect à la déesse ! L'enfant là, l'enfant nu, si je le pince, il aura une marque n'est-ce pas Cynno ? Car on lui a mis des chairs qui semblent palpiter, chaudes, chaudes, dans le tableau ; et la pince d'argent, si Myellos ou Pataeciscos fils de Lamprion la voyait [deux célèbres voleurs], les yeux leur sortiraient de la tête, parce qu'ils la croiraient vraiment faite en argent. Le bœuf et l'homme qui le mène, la femme qui marche à côté, cet homme au nez crochu, et le frisé, est-ce qu'ils ne voient pas la lumière de la vie ? Si je ne craignais d'aller trop loin pour une femme, j'aurais jeté les hauts cris, de peur que le bœuf ne me fasse du mal, tant il a un œil, Cynno, qui regarde de travers. » (Hérondas, *Mimes,* trad. L. Laloy, CUF.)

Chapitre 2

Religion et vie civique

SOMMAIRE

1. Les rites de passage 53
1.1. La naissance 53
1.2. L'entrée dans le monde adulte et le monde civique 54
1.3. Le mariage 56
1.4. La mort 58
2. Les milieux de la vie religieuse 63
2.1. La maisonnée : l'*oikos* 63
2.2. Le dème en Attique 64
2.3. La tribu 67
2.4. La phratrie 67
2.5. Les associations cultuelles 69
3. Religion et vie politique 72
3.1. Divinité poliade et institutions politiques 72
3.2. L'Acropole d'Athènes 76
4. Le système des fêtes : l'exemple d'Athènes 81
4.1. Les calendriers sacrés 81
4.2. La procession 84
4.3. Le sacrifice 85
4.4. Les concours 86

1. Les rites de passage

Sous ce titre, nous regroupons les pratiques rituelles et les croyances qui ont trait à la naissance, à l'entrée dans le monde adulte, au mariage et à la mort. Les expressions habituellement usitées de « religion familiale ou domestique » et « religion populaire » ne nous paraissent pas satisfaisantes. « Religion domestique » : les rituels dont il va être question sont en effet tout autant civiques que domestiques et la coupure qui nous est familière entre le monde privé et le monde public n'a guère de sens lorsque l'on veut parler de rites matrimoniaux ou funéraires qui concernent en définitive l'ensemble de la communauté. « Religion populaire » : cette notion, qui a eu la faveur des historiens des religions au début de ce siècle et qui est de nouveau à la mode chez les auteurs anglo-saxons, est floue et ne correspond à aucune notion grecque. Si bien que l'on peut ou bien ranger sous une telle rubrique tout ce qui concerne la religion (comme le fait M. P. Nilsson) ou tenir pour « populaires » les gestes et rituels dits « spontanés », par opposition à une pensée religieuse qui serait celle des élites. Il va sans dire qu'une telle conception du phénomène religieux, forgée par des siècles de « christianocentrisme », n'a rien à voir avec notre approche. En choisissant le titre « rites de passage », nous faisons référence à l'œuvre de Van Gennep et aux tentatives faites pour appliquer des concepts nés de l'anthropologie au monde grec, méthode qui permet de souligner la logique qui est à l'œuvre dans des rites et croyances *a priori* différents.

Prenons comme fil directeur une vie humaine, de la naissance à la mort.

1.1. *La naissance*

Une fois l'enfant né, on accroche au-dessus de la porte un rameau d'olivier s'il s'agit d'un garçon, une bandelette de laine s'il s'agit d'une fille. Le 5ᵉ ou le 7ᵉ jour a lieu la cérémonie des *Amphidromies.* Le nouveau-né est promené en cercle autour du lieu où brûle le feu de la maison, siège d'Hestia, déesse protectrice du foyer familial, puis il est déposé par terre. Le rituel en inscrivant l'enfant dans l'espace de l'*oikos* (par la déambulation autour du feu et le contact direct avec le sol) le rattache au foyer dont il est issu. Il est l'occasion de la reconnaissance officielle du nouveau-né par son père et parfois de l'attribution d'un nom.

Ce rituel d'intégration à la maisonnée a une contrepartie : les rites d'exposition. Lorsque l'enfant n'est pas reconnu par le père, il est rejeté hors du foyer, de la maison, des terres cultivées et exposé dans un espace lointain que les Grecs pensent comme espace sauvage : l'*agros.* L'exposition de nouveau-nés dans de nombreux récits comme celui de la naissance d'Œdipe, se situe dans les terres en friche que parcourent les bergers aux limites de la cité. À Sparte, la décision de nourrir un enfant ou de l'exposer près du mont Taygète dans un précipice du nom d'Apothètes (le lieu des dépôts) n'appartient pas au père mais au conseil des anciens.

Après la naissance, la maisonnée est soumise à des rites de purification, et particulièrement la mère et toute personne qui a eu un rapport avec l'accouchement. Le sang versé est en effet considéré comme une souillure *(miasma) :* c'est pourquoi il est interdit d'accoucher dans un sanctuaire. Les cités réglementent souvent les purifications par des lois car la souillure d'une maison peut contaminer la cité tout entière. Parmi les rituels les plus fréquents, citons les aspersions d'eau lustrale, les bains de mer, le ruissellement du sang d'un porcelet, la combustion d'encens et de soufre.

Des offrandes sont faites aux divinités en rapport avec la naissance : Artémis, Illythie, Déméter Kourotrophe par exemple, consécrations des linges salis lors de l'accouchement et des ceintures portées par les mères.

Le 10e jour après la naissance, un sacrifice suivi d'un banquet réunit les membres de la famille et parfois l'enfant reçoit des cadeaux.

1.2. *L'entrée dans le monde adulte et le monde civique*

Cet événement ne revêt pas la même importance selon les sexes : seuls les garçons en effet accèdent à la citoyenneté. Les cérémonies qui marquent le passage de l'adolescence à l'âge adulte varient d'une cité à l'autre et, pour bien comprendre leur signification, il faut les replacer dans un ensemble de pratiques qui débordent le domaine religieux et que l'on appelle habituellement les rites d'initiation. Pour nous limiter aux aspects religieux de ces rites de passage, prenons l'exemple de la fête des *Apatouries.*

La fête des *Apatouries,* célébrée par de nombreuses cités ioniennes, rassemble « ceux qui ont le même père ». Elle est l'occasion de l'intégration de nouveaux membres dans la communauté. À Athènes, le déroulement de cette fête est assez bien connu. La fête avait pour cadre les phratries et durait trois jours au mois de Pyanopsion (octobre). Le premier jour appelé *Dorpia* avait lieu un repas entre les phratères ; le second jour, *Anarrhusis,* était le théâtre de nombreux sacrifices, en particulier en l'honneur de Zeus Phratrios et Athéna. Le troisième jour, ou *Kouréotis,* les jeunes gens étaient inscrits dans la phratrie et on faisait plusieurs sacrifices : le *koureion,* la *gamélia,* le *meion.* Les rituels de ce troisième jour ont tous un rapport avec le changement de statut des jeunes. Si l'on n'est pas sûr de la nature du sacrifice appelé *meion,* on sait que le sacrifice du *koureion* accompagne l'offrande que fait le jeune garçon de sa chevelure à Artémis au sortir de l'enfance. La *gamélia* désigne à la fois le sacrifice et le repas offert par l'Athénien désireux de faire connaître à ses phratères son récent mariage et donc son épouse. On voit bien ici le traitement différent dans le rite du jeune homme et de la jeune fille au seuil de la vie adulte, différence que l'on retrouve aussi dans les récits mythiques traitant de cet important passage.

Ainsi l'accès au monde des citoyens est marqué par des rituels qui, d'une part, séparent le jeune du monde de l'enfance (offrande des cheveux à Artémis par exemple) et d'autre part l'intègrent à la communauté en particulier par la participation aux banquets communs qui suivent certains de ces sacrifices. La phratrie joue le rôle de lieu intermédiaire entre le monde familial et celui de la communauté civique. Le premier geste du jeune garçon devenu éphèbe est de faire le tour des sanctuaires d'Athènes et le serment qu'il prête est exemplaire de l'insertion du religieux dans la vie civique.

▲ *Du côté des jeunes filles.* Nous l'avons dit : une comparaison terme à terme entre garçons et filles n'a aucun sens. Si tous les fils de citoyens deviennent citoyens à leur tour, aucune fille de citoyen ne devient citoyenne. Il n'est pas possible de parler de rites de passage pour l'ensemble des jeunes filles d'une cité. Tout au plus peut-on trouver, pour un très petit nombre d'entre elles, un engagement temporaire au service de divinités. C'est ce que décrit le texte célèbre d'Aristophane dans *Lysistrata.* Dans cette œuvre, les épouses des Athéniens s'octroient le pouvoir, décident de faire la grève de l'amour si la paix n'est pas conclue et pour justifier leur rôle déclarent : « Écoutez tous, gens de la ville, car nous abordons un sujet utile à la cité ; c'est naturel puisqu'elle m'a nourrie dans le luxe et l'éclat. Dès l'âge de sept ans j'étais *arréphore ;* à dix ans je broyais le grain pour notre patronne (Athéna) ; puis, revêtue de la *crocote,* je fus *ourse* aux Brauronies. Enfin, devenue grande et belle fille, je fus *canéphore* et portai un collier de figues sèches » (*Lysistrata,* v. 638-647). Ceci n'est pas un tableau d'initiations féminines à degrés pour plusieurs raisons :

– les jeunes filles ne seront jamais citoyennes ;

– la plupart d'entre elles ne seront jamais ni *ourses* (seules quelques jeunes filles sont choisies pour servir pendant un an Artémis au sanctuaire de Brauron), ni *canéphores* (les porteuses de corbeilles des processions), ni *arréphores* (petites filles chargées d'un rituel lors de la fête des Arréphories en l'honneur d'Athéna) ;

– ce sont des fonctions remplies au service de la cité qui ne marquent pas le franchissement d'une étape dans la vie de la fille. Ces rituels ne sont pas un parallèle aux rites de passage masculins. De tout autre importance est pour la fille la signification du mariage.

1.3. *Le mariage*

La cité grecque n'a pas une définition précise de l'institution matrimoniale. Elle privilégie certains types d'union et la frontière est souvent ténue entre l'état de mariage et le non-mariage. L'observance des rituels du *gamos* (terme qui désigne le jour du mariage) n'a en soi aucune valeur légale et ces rites ne sont en aucun cas un sacrement. Ces rituels marquent un changement de statut pour l'homme comme pour la femme, plus marqué toutefois pour la femme qui passe d'un foyer à l'autre, de l'*oikos* de son père à celui de son époux. Ces rites sont divers et sans hiérarchie les uns par rapport aux autres et s'adressent à un grand nombre de divinités, dont chacune remplit une fonction bien précise.

La veille du *gamos,* lors des *Proteleia,* on sacrifie aux divinités protectrices du mariage, en particulier à Zeus, Héra, Artémis, Apollon, Peithô. La jeune fille consacre à une divinité qui est le plus souvent Artémis les attributs de son enfance : jouets, objets personnels, boucles de cheveux. Ont lieu également des rites de purification : bains de la jeune fille et du jeune homme pour lesquels, à Athènes, on utilise l'eau d'une fontaine spéciale : la fontaine Callirhoé. Une des représentations favorites des peintres de vases attiques est la *loutrophorie* : le cortège des femmes à la fontaine peint sur les récipients qui servaient à porter l'eau du bain nuptial.

Le *gamos* est le jour de noces. Les maisons sont décorées de branches d'olivier et de laurier. Un sacrifice suivi d'un banquet a lieu dans la maison du père de la jeune fille. La jeune fille est voilée et porte une couronne. Elle est accompagnée d'une femme : la *nympheuteria,* tandis que le jeune homme a un *parochos* à ses côtés. La séparation entre hommes et femmes est de rigueur. Un jeune garçon appelé l'*amphitalès* (ce qui signifie que ses deux parents sont en vie) porte sur la tête une couronne de plantes épineuses entremêlées de glands. Il distribue à tous les invités les pains contenus dans une corbeille et prononce une formule : « J'ai fui le mal et j'ai trouvé le mieux. » La tragédie grecque reconnaît dans ce rituel le rappel du passage de la vie épineuse à la vie cultivée, de la vie sauvage à la vie au blé moulu, ce que rappellent aussi les instruments culinaires présents le jour du mariage. La jeune fille doit porter une poêle à griller l'orge, un enfant un crible, et un pilon à mortier est attaché devant la chambre nuptiale. Le repas est composé de mets traditionnels dont les gâteaux de sésame qui sont un gage de fécondité. On offre des cadeaux.

Le soir, un cortège s'ébranle de la maison du père de la jeune fille à celle de l'époux. Il comporte souvent un char attelé de mulets ou de bœufs. On marche à la lueur des flambeaux et au son des chants d'hyménée. À la porte de l'*oikos* du mari attendent le père et la mère de l'époux. La jeune fille reçoit aussi une part de gâteau fait de sésame et de miel, un coing ou une datte (signe de fécondité) et doit faire le tour du nouveau foyer. La femme est dans le mariage l'élément mobile : elle change de foyer en changeant d'*oikos* (à l'exception des filles épiclères qui ne quittent pas le foyer paternel). Le rite des *katakhusmata* consiste à conduire l'épousée auprès du feu familial et à répandre sur sa tête des noix et figues sèches. Par cette déambulation autour du foyer (qui rappelle celle de l'enfant lors des Amphidromies) et cette aspersion de friandises (le même rituel est utilisé lors de l'arrivée d'un nouvel esclave dans l'*oikos*), la jeune femme est intégrée dans ce nouveau foyer dont elle va assurer la continuité par la procréation d'enfants légitimes. Puis les époux gagnent le *thalamos,* la chambre nuptiale.

Le lendemain, de nouveaux sacrifices et banquets ont lieu, le couple reçoit des cadeaux. Enfin, nous l'avons vu, dans l'année qui suit, le mari peut offrir un sacrifice et un repas : la *gamélia* aux membres de sa phratrie lors de la fête des Apatouries, rendant publique l'arrivée d'une nouvelle épouse dans sa maison. La tenue de ce repas peut être invoquée comme preuve du mariage en cas de procès.

Selon les cités, les rituels du mariage peuvent varier. Un des exemples les plus intéressants est ce que rapporte Plutarque sur les rites qu'observent les jeunes filles spartiates : on leur coupe les cheveux, elles portent des habits d'hommes et attendent leur époux sur une paillasse sans la moindre lumière. C'est un très bel exemple de ce que les ethnologues appellent les rites d'inversion.

Les puissances divines en rapport avec le mariage sont fort nombreuses mais une logique fonctionnelle préside à leur choix. L'invocation de chaque divinité répond à un propos particulier. Ainsi pour Artémis : les jeunes époux quittent le monde « sauvage » de l'enfance et de l'adolescence qui est sous sa protection et offrent à la déesse des marques de leur reconnaissance. Les récits mythiques montrent qu'il est aussi dangereux de refuser de sortir du domaine d'Artémis que de faire preuve d'ingratitude envers la déesse. La place d'Aphrodite est d'être là où œuvre le désir ; sans elle l'union matrimoniale ne peut être totale, avec elle parfois la jouissance devient une force inquiétante qui peut menacer le mariage de l'intérieur et le transformer en une union débridée. Héra, souvent appelée *Téléia* (Accomplie), est l'image de la maturité qu'atteint la femme dans le mariage et de la légitimité de l'union. Héra est du côté du contrat et des engagements réciproques, elle protège le statut d'épouse légitime. On peut ainsi trouver en quoi chaque divinité, présente dans des rituels du mariage, est indispensable et ne saurait être remplacée par une autre, preuve de la logique qui prévaut à la constitution du panthéon des Grecs (voir p. 144).

Les rituels du mariage sont souvent considérés comme les véritables rites de passage des jeunes filles à l'âge adulte et d'elles seules, comme si le mariage était une affaire uniquement féminine. C'est inexact. Le mariage est, dans la cité grecque, une pièce maîtresse du système de reproduction de la citoyenneté : garçons et filles sont engagés dans ce processus rituel. Leur refus du mariage, un des thèmes favoris des récits mythiques qui mettent en scène les garçons comme les filles, mettrait en cause la survie de la communauté. La fin de l'initiation chez les jeunes Crétois par exemple se marquait par l'entrée dans la communauté civique et le mariage.

1.4. *La mort*

▲ *Les rituels funéraires.* Représentations figurées et textes permettent de connaître le détail des rituels. On procède d'abord à la toilette du mort. Il est oint d'essences parfumées, habillé de vêtements blancs, entouré de bandelettes et d'un linceul, le visage à découvert.

Puis a lieu la *prothêsis,* c'est-à-dire l'exposition du cadavre sur un lit d'apparat, un jour ou deux, dans le vestibule de la maison. Sur les scènes de vases peints, la tête du mort est posée sur un coussin. Les femmes, tout autour, font des gestes de lamentation : elles se griffent le visage, se tirent les cheveux, pleurent. Ce sont uniquement les parentes du mort. Un chant particulier : le *thrène* funèbre est chanté. Devant la porte de la maison, on pose un vase *(ardanion)* rempli d'eau lustrale.

L'*ekphora,* le cortège funèbre, prend place après la *prothêsis* et conduit le mort de sa maison au cimetière. Le mort est sur le lit de la *prothêsis,* il est porté à bras ou transporté sur un char. Le cortège comprend en tête une femme, puis les hommes, les autres femmes et des joueurs de hautbois ; à Athènes, il doit avoir lieu de nuit.

Le cimetière ou *nécropole* (ville des morts) est hors des murs de la cité. Le corps est soit inhumé, soit brûlé sur un bûcher ; les cendres sont alors recueillies dans un linge et placées dans une urne. Dans le tombeau et autour du tombeau des dépôts divers sont faits. Par leur qualité, leur quantité, leur disposition par rapport au cadavre, ils livrent des renseignements précieux dont l'interprétation n'est pas toujours aisée. Les archéologues ont depuis peu appris à faire parler le mobilier funéraire : l'âge, le sexe, les différences sociales, les regroupements familiaux sont les données habituelles que livrent les nécropoles.

Le tombeau est recouvert d'un tumulus de terre surmonté d'un grand vase ou d'une stèle portant souvent le nom du mort. À l'époque archaïque, à Athènes, quelques tombes ont une statue masculine *(kouros)* ou féminine *(koré)* ou une stèle sculptée. Le tombeau fixe la place du mort et son statut par rapport au monde des vivants. Il est le lieu des offrandes alimentaires ou ornementales (couronnes, bandelettes, vases à parfum), des libations, des sacrifices et du banquet les 3e, 9e, 30e jours après les funérailles.

Relevé d'une tombe du IVe siècle avant J.-C. trouvée près de Paestum (Italie). Tombe à chambre (construction en pierre, couverte, de 2,83 × 2,13 m). L'intérieur de la tombe est divisé en deux espaces séparés par des blocs de pierre. L'analyse des vases, des objets en fer et des terres cuites permet de distinguer une tombe masculine (cratère, skyphos, kylix, strigille, lance...) et une tombe féminine (hydrie, phiale, lébès gamikos, terres cuites miniatures). Le rituel de déposition renseigne aussi bien sur l'activité du mort que sur son appartenance sociale et permet parfois de mieux connaître la société des vivants.

Voir sur cette tombe l'analyse d'Angelo Bottini et Emmanuele Greco, « Tomba a camera dal territorio pestano : alcune considerazioni sulla posizione della donna », *Dialoghi di Archeologia,* VIII/2, 1974-1975, p. 231-274.

L'ensemble des pratiques funéraires fait l'objet de réglementations très précises édictées par les communautés civiques ou leurs subdivisions. Une des tâches des législateurs archaïques, comme Solon à Athènes, a été d'édicter des lois en cette matière. Là encore, l'imbrication entre ce qui relève de la famille et ce qui relève de la cité est grande.

Des rites de purification sont nécessaires pour effacer toute souillure de la maison du mort. Le feu est éteint et un nouveau feu est allumé.

À ce schéma général des rituels funéraires, il faut ajouter la diversité des coutumes locales. Mais les Grecs reconnaissent dans ce rituel leur manière grecque de traiter les morts. Aussi est-il possible de comparer certains récits de funérailles à ce déroulement canonique pour voir quels sont les points de différence et la signification de ces déviances. Ainsi, les funérailles de Patrocle dans l'*Iliade,* celles des rois de Sparte ou des Scythes dans les *Histoires* d'Hérodote paraissent très étranges.

Enfin, dans les cités mêmes, certaines funérailles revêtent une importance particulière : celles des citoyens morts à la guerre. Il faut lire pour Athènes la description que donne Thucydide, au livre II de l'*Histoire de la guerre du Péloponnèse,* des funérailles des morts lors de la première année de guerre (II, 34, 1-8) et la loi de Thasos sur le même sujet du milieu du IVe siècle.

En dehors de ces morts héroïques, le culte des morts est un élément central de la religion familiale et civique. Les pratiques en sont obligatoires et les cités ont chacune leurs fêtes des morts. La célébration des morts est en général une partie d'un ensemble de rituels complexes. Il y a, à Athènes par exemple, une fête très ancienne des morts : les *Génésia,* célébrées le 5 du mois Boédromion, fête commémorative des morts, fête publique organisée aux frais de la cité, mais les morts sont honorés aussi dans des fêtes qui ne leur sont pas exclusivement consacrées.

Les *Anthestéries* fournissent un exemple d'une fête des morts imbriquée dans un ensemble de rituels en l'honneur de Dionysos. Les *Anthestéries* avaient lieu les 11, 12 et 13 du mois d'Anthestérion, soit à la fin du mois de février. Le premier jour, ou *Pithoigia,* on ouvrait les tonneaux de vin qui fermentait depuis l'automne. Le second jour : *Choès,* était consacré à un grand concours de beuverie et à la célébration des noces de Dionysos et de la Reine (*basilina,* femme de l'archonte-roi) au Boukolion. Le troisième jour : *Chytroi,* une bouillie de diverses céréales, cuite dans des vases appelés *Chytroi* (d'où le nom de ce jour de fête) était offerte à Hermès Chthonios, appelé aussi Psychopompe, celui qui accompagne les morts. Ce jour-là, les esprits des morts pouvaient revenir dans le monde des vivants qui prenaient quelques précautions pour se prémunir contre eux. Les sanctuaires d'Athènes étaient fermés, les entrées des maisons étaient enduites de poix pour en interdire l'accès aux fantômes et, à la fin de la journée, les esprits des morts étaient congédiés par ces mots : « Dehors les Kères, les

Anthestéries sont finies ! » Une fête aussi complexe peut donner lieu à des interprétations diverses selon l'aspect qui est mis en avant et la plupart des explications proposées par les modernes sont réductrices (fête de fécondité, fête de la végétation...). Les *Anthestéries* n'avaient pas une signification unique et remplissaient sans doute plusieurs fonctions tant religieuses que sociales, le culte des morts n'étant qu'un élément d'un plus vaste ensemble où le renversement des rôles, par exemple, jouait également une fonction comme dans le Carnaval moderne.

La mort

Règlements concernant les funérailles à Delphes

« On ne mettra pas dans la tombe pour plus de trente-cinq drachmes, tant en achats qu'en objets pris à la maison. La couverture épaisse sera brune. Si l'on transgresse quelqu'une de ces dispositions, on paiera cinquante drachmes d'amende, à moins de jurer sur la tombe qu'on n'y a pas mis plus [que la valeur maximale prescrite]. On placera sous le mort un seul matelas et on ajoutera un seul oreiller. On portera le mort voilé, dans le silence ; on ne le déposera nulle part (aux tournants du chemin ?) et on ne fera pas de lamentations hors de la maison avant d'arriver au tombeau. Sur les tombeaux des morts plus anciens, on ne fera pas de thrène ni de lamentation : on rentrera chacun chez soi, excepté ceux qui vivaient au foyer du mort, ainsi que ses oncles paternels, beaux-parents, descendants et gendres. Ni le lendemain, ni le dixième jour, ni les jours anniversaires on ne gémira ni ne se lamentera. »

Delphes. *Inscriptions de la phratrie des Labyades,* début du IVe siècle. Traduction et commentaire : G. Rougemont, « Lois sacrées et règlements religieux », *Corpus des Inscriptions de Delphes,* I, Paris, École française d'Athènes, 1977, n° 9 et 9 bis, p. 26-88.

Les rites dus aux défunts à Athènes IVe siècle

« Tous les hommes à l'article de la mort prennent des mesures de prévoyance dans leur intérêt propre, afin que leur maison ne soit pas livrée à l'abandon, mais qu'il reste après eux quelqu'un pour accomplir les sacrifices funèbres et tous les rites dus aux défunts. Ainsi ceux qui n'ont pas d'enfants au moment de leur mort en adoptent-ils du moins pour les laisser après eux. Non seulement chaque particulier règle ainsi ses propres affaires, mais l'État a pris à ce sujet des mesures générales : en effet une loi institue l'archonte gardien des maisons familiales afin qu'elles ne soient pas désertées. »

Isée, *Sur la succession d'Apollodoros,* 30, trad. P. Roussel, CUF.

« Moi, le fils adoptif, j'ai soigné Ménéklès de son vivant, avec l'aide de ma femme ; j'ai donné son nom à mon petit garçon afin que ce nom de famille ne disparût point : à sa mort je lui ai fait des obsèques dignes de lui et de moi ; je lui ai élevé un beau monument ; j'ai célébré la cérémonie commémorative au troisième et au neuvième jour et les autres cérémonies funèbres, le tout de mon mieux, au point de mériter l'éloge unanime des gens du dème. »

Isée, *Sur la succession de Ménéklès,* 36, trad. P. Roussel, CUF.

Loi de Thasos sur les funérailles pour les soldats morts à la guerre (milieu du IVe siècle)

« Que l'agoranome ne néglige rien... le jour où on fera le cortège funèbre avant que ce cortège ait eu lieu. Que personne ne porte le deuil en aucune manière plus de cinq jours pour les héros morts à la guerre ; qu'il ne soit pas permis de leur rendre des devoirs funèbres sous peine d'impureté religieuse ; que les gynéconomes aussi bien que les archontes ou les polémarques ne fassent pas preuve de négligence et qu'ils soient habilités chacun à infliger les pénalités prévues par les lois ; en outre les polémarques et le secrétaire du conseil feront inscrire les noms avec leur patronyme dans la liste des héros morts à la guerre ; on invitera leurs pères et mères et leurs enfants chaque fois que la cité fera un sacrifice en l'honneur des héros morts à la guerre ; le receveur leur versera à chacun une indemnité égale à celle que l'on reçoit à titre de dignitaire ; on invitera aussi leurs pères et mères et leurs enfants aux places d'honneur dans les concours ; on leur réservera un emplacement et l'organisateur du concours fera placer un banc à leur intention ; pour tous ceux d'entre eux qui auront laissé des enfants, lorsque ceux-ci auront atteint la majorité, que les polémarques leur donnent si ce sont des garçons, à chacun des cnémides, une cuirasse, un poignard, un casque, un bouclier, une lance dont la valeur ne sera pas inférieure à trois mines ; on les leur donnera aux Héracléia lors des concours. Si ce sont des filles, pour leur dot... quand elles auront quatorze ans... »

Inscription : J. Pouilloux, *Recherches sur l'histoire et les cultes de Thasos,* École Française d'Athènes, I, p. 371, n° 141. Trad. *Nouveau Choix d'Inscriptions Grecques,* Institut F. Courby, Paris 1971, n° 19.

▲ *Les dieux de la mort. Thanatos,* fils de Nuit, est la mort par excellence mais il est moins souvent invoqué que d'autres divinités qui représentent divers aspects de la mort. *Hadès,* le souverain des morts, est celui qui règne sur le monde souterrain. Il est haï des hommes comme des dieux parce qu'inflexible et indomptable. À côté de lui, *Perséphone* ou *Coré,* fille de Déméter et de Zeus, est son épouse. *Hermès* doit à ses talents de passeur d'être invoqué lors de la mort comme celui qui permet la réussite de ce dernier passage en guidant les morts. Nombreuses sont les puissances redoutables qui ont partie liée avec la représentation grecque de la mort : les *Parques* tranchent le fil de la vie, les *Érinyes* poursuivent les hommes de leur vengeance, *Gorgô* sème la terreur et laisse voir à qui la contemple la mort en face, et tant d'autres dont le nom seul est synonyme de peur panique.

Un monde peuplé de puissances et un monde que l'on se représente : du *Tartare* qui est l'espace que l'on ne peut mesurer et le lieu de la confusion, au *Styx* ce fleuve qui marque la frontière du non-retour, en passant par les lieux plus riants des *Champs Élysées,* le monde des morts a sa géographie. Par leurs rites, leurs mythes, leurs puissances divines, les Grecs ont forgé non pas une mais des images de l'au-delà. Qu'ils aient cru à une vie future différente, meilleure ou pire que leur vie présente, qu'ils aient moralisé la mort et bâti un système où la valeur des vivants se reflète dans le sort après la mort est une tout autre question, que l'on ne pose aux Grecs que par référence au christianisme. La réponse à cette question est négative avec de légères nuances qu'il faut chercher du côté des croyances de certaines sectes philosophiques et de la pratique des mystères (voir p. 104 sq.). Tout système religieux porte en soi une cohérence et il est plus intéressant de décrire et comprendre le système de représentations de l'au-delà des Grecs que de réduire les Champs Élysées à l'image du Paradis et le Tartare à celle de l'Enfer, représentations de l'au-delà qui appartiennent à une autre culture et sont elles aussi des créations historiquement datées.

▲ *De la naissance à la mort,* les étapes importantes de la vie d'un citoyen grec sont soulignées par des rituels qui, sans jamais avoir force de loi, traduisent sur le plan symbolique les changements de statut de l'individu. Le cadre de ces rituels est à la fois la famille et la communauté civique. Leur étude permet de mettre au jour les fonctions précises remplies par les divinités et parfois le système des représentations qui supporte la croyance.

Le citoyen est membre de communautés de différents types qui organisent elles aussi leur rapport avec le monde divin. C'est en leur sein que le citoyen évolue quotidiennement, qu'il sacrifie, qu'il prie. Nous allons maintenant décrire ces différents milieux de la vie religieuse, de la maison à la cité.

2. Les milieux de la vie religieuse

2.1. *La maisonnée : l'*oikos

La notion de « maisonnée » rend mieux compte de la réalité grecque de l'*oikos* que celle de « famille » qui est pour nous synonyme de groupe réduit aux parents et aux enfants. L'*oikos* grec est tout autre. C'est un ensemble de personnes et de biens, liés par les liens du sang (parenté), de l'habitation et du travail en commun (l'*oikos* peut comprendre des étrangers à la famille et des esclaves qui vivent et travaillent dans la même unité).

Ce groupe a des cultes particuliers dont le cadre principal est celui de la maison. *Zeus Herkéios (herkéios :* protecteur de la clôture) a son autel dans la cour sur lequel on sacrifie. Protecteur de la maison, il est le garant de l'application des lois de l'hospitalité : la *xénia.* L'hospitalité est une institution fondamentale du monde grec qui régit les rapports entre maisonnées aussi bien que les rapports entre cités. *Zeus Ktésios* protège les biens matériels de la maison. Au cœur de la maison se trouve le foyer où brûle constamment le feu : il est le siège de la déesse *Hestia.* Autour d'Hestia se prend le repas qui marque la communauté des gens de l'*oikos* et se déroulent les rites d'admission des nouveaux venus (bébé, nouvelle épousée, esclave) dans l'*oikos* (voir p. 53 sq.). Les *Dioscures* et *Agathos Daimon* (le bon génie) font aussi partie des divinités tutélaires. Les marques du culte quotidien sont des libations, des prières, rarement des sacrifices et des rituels plus élaborés.

Tout *oikos* peut être sous la protection des divinités les plus diverses, aux endroits charnières de l'habitat comme de la propriété foncière. Aux portes de la maison, on trouve généralement *Apollon Agyieus, Hermès Propylaios* (représenté sous la forme d'un pilier) ou encore *Hécate.* Sorti de la maison, on peut saluer, en se rendant aux champs, *Hermès* à nouveau et ajouter une pierre au tas qui borde le chemin. Tout ruisseau, source, prairie, bois, champ cultivé est peuplé d'être divins qu'il est bon de se concilier : humaniser la nature, c'est lui donner aussi une identité divine. Ce qui ne veut pas dire que le Grec passait plus de temps à célébrer les divinités de ces lieux quotidiens que le paysan de l'âge moderne rencontrant, en allant aux champs, les croix des carrefours, les minuscules chapelles votives et les mille et une marques de la christianisation des campagnes.

La maisonnée est insérée dans un réseau de groupes, les uns officiels et obligatoires comme le *dème* à Athènes, les autres facultatifs comme les associations culturelles auxquelles certains membres de l'*oikos* peuvent appartenir.

2.2. *Le dème en Attique*

▲ *Qu'est-ce qu'un dème ?* Le dème est une division du corps des citoyens créée à Athènes par la réforme de Clisthène en 508/507. Du point de vue de la vie politique de l'ensemble de la cité, le dème est l'unité de base qui sert, entre autres, au recrutement des membres de l'assemblée et du conseil et des différentes magistratures. Mais le dème a également une organisation locale avec son assemblée, ses magistrats et bien évidemment sa vie cultuelle. Comparable pour l'étendue à nos communes modernes (avec un village et un territoire), les dèmes permettent de comprendre un peu mieux le déroulement de la vie civique dans un cadre quotidien.

▲ *Les calendriers des cultes.* Comment connaître la vie religieuse d'un dème ? Un type de document permet d'en avoir une vision concrète : le calendrier des cultes. Pour l'Attique, nous possédons des calendriers sacrés émanant de la Tétrapole de Marathon, d'Éleusis, de Teithras, d'Erchia, de Thorikos. Certains sont très fragmentaires comme ceux de Teithras et d'Éleusis. D'autres livrent des renseignements précis sur l'organisation des cultes dans le dème. Ces calendriers ont un modèle : le calendrier des cultes de la cité athénienne élaboré par Nikomachos et ses aides à la fin du Ve siècle (voir p. 81), et ils peuvent également organiser la vie cultuelle d'autres types de communautés comme le prouve le calendrier du *génos* des Salaminioi.

Les calendriers des dèmes ont des traits communs et des différences. Comment sont-ils bâtis ? Le *calendrier de Marathon* divise les sacrifices offerts dans le dème en sacrifices annuels et bi-annuels. Il mentionne les mois mais non les jours, énumère des divinités très anciennes et ne cite qu'un personnage : le démarque. Le *calendrier du dème de Thorikos* énumère mois après mois les activités cultuelles du dème. Pour le mois de septembre-octobre, on lit :

« En Boédromion, fête des Proérosia ; pour Zeus Polieus, un mouton sélectionné ; des femmes acclamant le dieu, un porcelet acheté à brûler entièrement ; à l'acolyte le prêtre assurera le déjeuner ; pour Thorikos, un mouton sélectionné ; pour les Héroïnes de Thorikos, un plateau ; à Sounion pour Poséidon un agneau sélectionné ; pour Apollon, un chevreau sélectionné ; pour Kourotrophos un porcelet femelle sélectionné ; pour Déméter une victime adulte, pour Zeus Herkéios une victime adulte, pour Kourotrophos un porcelet... ; à la Saline, pour Poséidon une victime adulte, pour Apollon un porcelet. » (G. Daux, *Antiquité Classique* 52 (1983) 150-174).

Il s'agit d'une liste des sacrifices à effectuer dans le cadre du dème, la nature des victimes étant soigneusement précisée pour chaque divinité. Le prix des victimes est parfois indiqué (ainsi dans le même calendrier pour le mois de Skirophorion : pour Képhalos, un bœuf de 40 à 50 drachmes, pour Poséidon un mouton de 10 à 20 drachmes). On est frappé par le nombre des sacrifices prévus, la diversité des divinités honorées, un grand nombre étant des héros locaux, mais aussi par le caractère allusif et donc énigmatique d'un tel document pour qui n'est pas citoyen du dème de Thorikos. Rien n'est dit sur les lieux, les procédures sacrificielles, les prêtres (à l'exception d'une allusion), le financement des sacrifices... Le document date de la première moitié du IVe siècle.

Mais le *calendrier* le plus exceptionnel est celui *du dème d'Erchia* (SEG XXI 541). Il est d'une grande précision : le mois, le jour, la divinité, le lieu du sacrifice, la victime, le prix, des prescriptions sur les rituels (par exemple interdiction d'emporter la viande du sacrifice) sont connus. Gravé sur cinq colonnes de plus de 60 lignes chacune, il énumère une quarantaine de divinités différentes (en tenant compte des épithètes particulières des dieux), plus de cinquante victimes animales, près d'une vingtaine de lieux de sacrifice pour la plupart dans le dème d'Erchia. Et pourtant ce n'est pas une liste complète des sacrifices offerts par le dème d'Erchia, mais seulement la « liste principale des sacrifices à célébrer sous l'autorité de la démarchie », c'est-à-dire du chef du dème, le démarque. L'éditeur du texte (S. Dow, cf. bibliographie p. 187) souligne que quantités d'autres sacrifices pouvaient être assurés par des familles, des associations, et d'autres magistrats ou collèges, civils ou religieux. Le texte date de la première moitié du IVe siècle.

▲ *Les raisons de ces réorganisations.* Grâce à ces documents, la vie cultuelle des dèmes s'anime, devient plus proche, même si les problèmes d'interprétation des cultes se multiplient. Il semble que, à une même époque, le début du IVe siècle, les dèmes attiques aient eu à cœur de réorganiser, peut-être d'ordonner, une masse de pratiques cultuelles qui s'étaient peu à peu accumulées dans les dèmes depuis l'époque archaïque. Pour parler de l'établissement d'un programme cohérent de fêtes, il faudrait connaître quel était l'état antérieur et il semble qu'il s'agisse davantage d'une mise à jour des sacrifices que d'une réforme véritable. La raison principale de la publication de ces calendriers est vraisemblablement financière. Les dèmes ont des difficultés à trouver l'argent nécessaire au financement des sacrifices. Les grandes familles qui traditionnellement pourvoyaient aux besoins du culte s'épuisent et le dème doit prendre en charge les frais des cultes. D'où les prescriptions détaillées sur le prix des victimes. Qui paye désormais ? Les gens du dème assurément, astreints à une sorte de liturgie — chacun recevant son lot de sacrifices à financer — comme l'étude du texte d'Erchia le suggère.

▲ *La participation aux cultes.* Des questions demeurent comme celle de la participation aux cultes, de leur plus ou moins grande ouverture. Mais nous savons par ailleurs que certains cultes ont acquis rapidement un caractère général, voire panhellénique comme les Mystères d'Éleusis, d'autres non. Tels quels, ces documents nous plongent dans le foisonnement d'une vie cultuelle locale qui vient s'ajouter au système des fêtes civiques que nous allons décrire.

▲ *Le rapport entre les cultes des dèmes et les cultes civiques.* Les dèmes célébraient-ils localement les fêtes communes à la cité ou les démotes se rendaient-ils à Athènes même pour participer à ces fêtes ? Les textes font une différence entre les cultes *démotélé* (qui relèvent du *démos,* c'est-à-dire de toute la cité) et les cultes *démotika* (qui relèvent des démotes et donc du dème). Il n'y a pas de trace de la célébration locale de nombreuses fêtes civiques parmi lesquelles les Panathénées, les Anthestéries, les Pyanopsies, les Thargélies, etc. Toutefois, d'autres fêtes apparaissent localement : les fêtes concernant la famille et célébrées par les femmes par exemple. Il n'y a donc pas de règle absolue, la participation du dème dépend de la nature de la fête.

Le dème procure à ses habitants un large éventail d'activités cultuelles et les sacrifices et les fêtes locales forment la part la plus régulière de la vie religieuse des Athéniens.

2.3. *La tribu*

Unité de répartition du corps civique, sa taille et sa fonction varient d'une cité à l'autre. L'activité religieuse des tribus créées par la réforme de Clisthène à Athènes consiste en la célébration du culte du héros éponyme (celui qui a donné son nom à la tribu) et de rituels en rapport avec l'obtention de la citoyenneté.

Tribu et dème sont des groupes voulus par les institutions de la cité athénienne et le fait qu'elles soient des divisions du corps civique est intimement lié à leurs pratiques cultuelles. Mais la cité connaît des lieux de pratique religieuse moins dépendants du fonctionnement politique, du moins à l'époque classique. Le nom générique souvent utilisé d'« associations religieuses » cache une grande diversité de groupes sinon de pratiques.

2.4. *La phratrie*

Ou association de ceux qui sont frères. Elle repose en grande partie sur les liens de parenté de gens qui se reconnaissent des ancêtres communs. Elle est à la fois dévouée au culte de ses ancêtres propres et aux cultes communs à toutes les phratries, en particulier ceux de *Zeus Phratrios* et *Athéna Phratria.* La fête des *Apatouries* par exemple est célébrée par toutes les phratries ioniennes. Cette fête marquait, par le biais de rituels divers, l'intégration des jeunes dans la communauté civique (voir p. 54). Nous avons une description précise des règles observées pour l'admission des jeunes dans la *phratrie des Démotionides* qui avait son foyer dans le dème de Décélie à Athènes grâce à une série de décrets pris par l'assemblée des phratères. Chaque phratrie a son statut *(nomos)*, ses magistrats religieux, en particulier le *phratriarque.* Son rôle, à l'époque classique, est surtout religieux car l'admission des citoyens est désormais l'affaire du dème.

Athènes, Agora, Monument des Héros éponymes

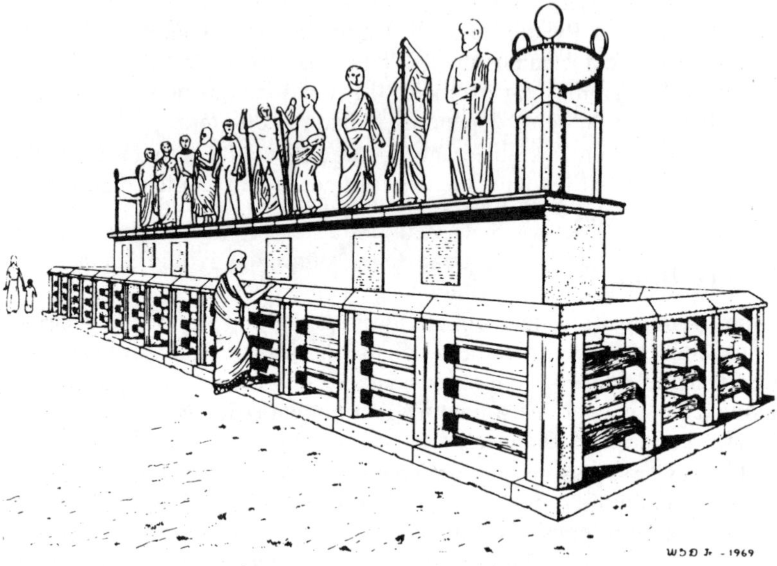

Dessin reconstituant l'élévation de ce monument sur lequel on apposait les avis officiels. Les héros sont ceux des dix tribus créées par Clisthène.
Source : J. M. Camp, *The Athenian Agora,* Londres, Thames and Hudson, 1986, p. 98.

LES HÉROS DES TRIBUS ATHÉNIENNES

Liste des héros éponymes des tribus créées par Clisthène. Leur autel se trouvait sur l'agora.

1. Érechthée : tribu Erechtheis
2. Égée : tribu Aigeïs
3. Pandion : tribu Pandionis
4. Léo : tribu Léontis
5. Acamas : tribu Acamantis
6. Oineus : tribu Oineis
7. Cécrops : tribu Cécropis
8. Hippothoon : tribu Hippothontis
9. Ajax : tribu Aiantis
10. Antiochos : tribu Antiochis

2.5. *Les associations cultuelles*

Ce sont des groupes qui se donnent comme finalité explicite le culte des héros, des dieux ou des morts. L'exemple développé est celui d'Athènes ;
– le *génos :* c'est une association constituée pour servir certains cultes attachés à des sanctuaires et des divinités particulières, les sacerdoces sont réservés aux membres des familles qui au départ ont fondé ces communautés cultuelles. Un exemple à Athènes : le *génos des Salaminioi* joue un rôle important dans l'organisation de la fête des Oschophories en l'honneur d'Athéna Skiras ;
– le *thiase :* ce terme désigne, à Athènes, à la fois un groupe à l'intérieur de la phratrie (les thiases de Zeus Phratrios et Athéna Phratria), une association cultuelle et le groupe de personnes qui évolue en dansant et chantant dans le cadre du rituel dionysiaque ;
– les associations d'*orgéons :* ce sont des groupes de gens (appelés *orgéones)* qui offrent des sacrifices à leurs propres frais sur les autels des dieux et des héros en Attique. Les lois de Solon en font déjà mention. Une douzaine d'associations d'*orgéones* est connue à partir de l'époque classique grâce à des décrets émanant des associations elles-mêmes. On peut ainsi distinguer deux catégories d'*orgéones :* ceux qui s'occupent du culte des héros et des héroïnes, et ceux qui s'occupent du culte de divinités, le plus souvent étrangères : cultes de Bendis, de la Mère des dieux, de Dionysos et de Hagnè Aphrodite.

Le fonctionnement interne de ces associations montre l'importance accordée aux sacrifices et à la répartition des viandes entre les membres. Le personnage responsable porte le nom d'*hestiator* (hôte), la portion de viande des hommes, des femmes, des fils et des filles, des servantes est fixée. D'autres textes précisent que la viande devait être rôtie et mangée sur place. La plupart de ces cultes sont célébrés par de petits groupes, mais des fêtes comme celles de Bendis, les *Bendideia* sont ouvertes à toute la cité ;

Athènes. Règlement de la phratrie des Démotionides

IVe siècle. Extraits.
(Stèle de) Zeus Phratrios.

Tarif des prélèvements

Le prêtre Théodoros fils d'Euphantidès a fait graver et ériger la stèle. Il sera donné au prêtre à titre de prélèvement : sur tout *meion,* une cuisse, une côte, une oreille, plus trois oboles d'argent : sur tout *koureion* une cuisse, une côte, une oreille, plus un pain d'une chénice, un demi-conge de vin et une drachme d'argent.

Décret d'Hiéroclès, 396-395

« Décret des phratères rendu sur proposition d'Hiéroclès, Phormion étant archonte à Athènes, Pantaclès d'Œon étant phratriarque.

Sur tous ceux qui n'ont pas encore été soumis au vote d'admission, conformément au statut des Démotionides, les phratères voteront immédiatement ; ils s'engageront au nom de Zeus Phratrios et prendront leur bulletin sur l'autel. S'il appert qu'une personne a été indûment introduite dans la phratrie, son nom sera rayé par le prêtre et le phratriarque du registre conservé chez les Démotionides et de la copie du dit registre, et celui qui aura introduit l'exclu devra cent drachmes qui seront consacrées à Zeus Phratrios. Le prêtre et le phratriarque recouvreront cette somme, sinon ils la devront eux-mêmes.

À l'avenir le vote d'admission aura lieu une année après l'offrande du *kouréion* à la fête des Apatouria, au jour dit Kouréotis, et le bulletin de vote sera pris sur l'autel. (...).

À l'avenir on amènera les victimes, *méia* et *kouréia,* à Décélie auprès de l'autel. Quiconque ne sacrifiera pas sur l'autel devra cinquante drachmes qui seront consacrées à Zeus Phratrios. Le prêtre recouvrera cette somme ; sinon il la devra lui-même (à moins qu'il ne survienne une peste ou une guerre). S'il survient quelque empêchement de ce genre on amènera les *méia* et les *kouréia* à l'endroit que le prêtre aura fait connaître par affiche. L'avis sera inscrit trois jours avant le Banquet, sur une tablette blanchie de la largeur d'un empan au moins, à l'endroit où les gens de Décélie se rencontrent dans la ville. Le prêtre fera graver à ses frais sur une stèle de marbre qui sera placée en avant de l'autel de Décélie le présent décret et le tarif des prélèvements. »

Inscription : *IG* II^2 1237. Trad. : *Inscriptions Juridiques Grecques,* p. 201 *sq.*

– l'*éranos :* une association cultuelle où les idées de réciprocité, de contribution égale et d'entraide entre les membres sont centrales (du repas partagé au prêt financier). Ses fonctions religieuses et sociales sont indissociables ;

– le *koinon :* c'est le terme grec générique pour désigner l'association. Il signifie exactement : ce qui est commun, la communauté. Chaque *koinon* a une spécificité : le culte de telle ou telle divinité dont le nom est précisé. Par exemple le *koinon* des fidèles du héros Asclépios.

Règlement cultuel des orgéons de Bendis

Pirée (Athènes) IVᵉ siècle.

« Si quelqu'un des orgéons qui ont droit au sanctuaire veut offrir un sacrifice à la déesse, il peut le faire gratuitement. Si quelque particulier offre un sacrifice à la déesse, il donnera à la prêtresse pour un animal de lait : une obole et demie, la peau et la cuisse droite entière ; pour un animal en pleine force : trois oboles, la peau et une cuisse dans les mêmes conditions ; pour un bœuf, une obole et demie et la peau. Les émoluments seront donnés à la prêtresse pour les animaux femelles, au prêtre pour les animaux mâles. Nul ne pourra sacrifier dans le sanctuaire à côté de l'autel ou il aura à payer cinquante drachmes.

Pour mettre en état le temple et l'habitation, les produits des loyers et de la vente de l'eau seront affectés à la mise en état du temple et ne pourront être employés à aucun autre usage, jusqu'à ce que l'aménagement du temple et de l'habitation soit achevé, à moins que les orgéons n'affectent par un vote une autre ressource pour les dépenses du temple. On laissera de l'eau pour les besoins de l'habitant. Si quelqu'un fait ou met aux voix une proposition contraire au présent règlement, il paiera cinquante drachmes à la déesse... Les épimélètes et le sacrificateur convoqueront l'assemblée dans le temple et réuniront la société pour délibérer sur les affaires communes, le deuxième jour de chaque mois. Chacun des orgéons qui participent au sanctuaire donnera aux sacrificateurs deux drachmes pour le sacrifice avant le seize Thargélion. Celui qui, se trouvant à Athènes et en bonne santé, n'aura pas acquitté cette redevance, devra payer une amende de deux drachmes qui seront consacrées à la déesse. Pour que les orgéons du temple soient le plus nombreux possible, il sera permis à qui le voudra d'avoir part au temple après avoir versé la somme de (...) drachmes et de se faire inscrire sur la stèle. »

Inscription, *IG* II^2 1361. Trad. P. Foucart modifiée, *Des Associations religieuses chez les Grecs*, Paris, 1873, p. 189-190.

Il est parfois difficile de saisir les nuances qui séparent ces groupes cultuels les uns des autres et du point de vue de leurs pratiques ces communautés se ressemblent tout à fait. Elles possèdent des terres, les louent, entretiennent des bâtiments, prennent des règlements internes et des décrets en l'honneur de leurs bienfaiteurs, veillent à l'égalité entre leurs membres. Elles sont des lieux de sociabilité autant que de cultes, et jouent un rôle capital dans la création et l'affermissement du lien social. Les citoyens pouvaient appartenir à plusieurs groupes différents et l'exception devait être de n'appartenir à aucun.

L'étude de ces associations cultuelles comme milieu vivant de la pratique religieuse grecque ne doit pas faire oublier les autres fonctions qui leur sont parfois attribuées et qui sont l'objet de débat. En effet, la plupart de ces groupes sont connus dès l'époque archaïque et paraissent avoir eu une fonction indissociablement politique et religieuse en ces temps de formation de la cité. Ceci ne veut pas dire que leur importance décline ensuite à l'époque classique dans la vie de tous les jours, mais seulement que l'appartenance à ces associations n'est plus une condition de la citoyenneté.

Du dème au *koinon*, nous avons vu les principales structures communautaires de la vie religieuse des Grecs. L'impression qui domine est celle d'un grand mimétisme. À tous les niveaux du village ou de la communauté familiale, l'organisation de ces groupes cultuels est calquée sur celle de la cité : assemblée, magistrats, membres, décrets, vote, la vie religieuse locale, voire de la parenté, est entièrement structurée dans des formes qui sont celles du fonctionnement de la cité. De ce point de vue, il n'est guère possible de parler d'autonomie des associations religieuses par rapport au culte civique et on peut même se demander si la notion de culte privé a encore quelque contenu.

Au-delà de l'*oikos,* du dème et de l'association, la communauté dans son ensemble, la cité, est l'ultime lieu de l'expression de la religion grecque. Dans son fonctionnement même, la cité témoigne de l'imbrication du religieux et du politique, et elle rassemble les citoyens dans de grands rituels, les fêtes religieuses, organisées en un système dont il faut rappeler la complexité.

3. Religion et vie politique

3.1. *Divinité poliade et institutions politiques*

Chaque cité est placée sous la protection d'une divinité : Poséidon à Corinthe, Héra à Argos, Athéna à Sparte, Zeus à Cos, Athéna à Tégée et à Athènes par exemple. Cette divinité est appelée « poliade » et les récits mythiques rapportent la compétition entre dieux voulant devenir la divinité tutélaire de la même cité. À Athènes par exemple, le conflit oppose Athéna à Poséidon.

Chaque cité a également ses héros, héros fondateurs, héros éponymes. Leurs cultes ont une individualité marquée de cité à cité et leurs mythes sont aussi une manière de penser les débuts de l'histoire de la cité (voir p. 142).

La religion fait plus que patronner la vie civique. Elle imprègne chacun de ses gestes. Une des caractéristiques de la cité grecque est, nous l'avons dit dès l'introduction, qu'elle ne connaît pas la séparation qui nous est familière entre le sacré et le profane, le domaine religieux et le domaine laïc. Ces distinctions n'ont pas de sens pour elle et la plupart des actes humains ont une dimension religieuse. C'est particulièrement vrai pour tous les gestes collectifs de la communauté des citoyens. En voici quelques exemples.

▲ *La fondation d'une cité.* Lorsque l'on peut suivre la fondation d'une cité (comme dans le cas des cités coloniales fondées à l'époque archaïque), on note que, avant de choisir un site, un oracle a été consulté, que le foyer de la nouvelle cité est une part du feu sacré de la cité dont proviennent les émigrants, que le tracé du plan de la ville est précédé de sacrifices et de prières et que la construction des principaux bâtiments donne lieu à des sacrifices.

Athènes, Plan de l'Agora aux IVe-IIIe siècles

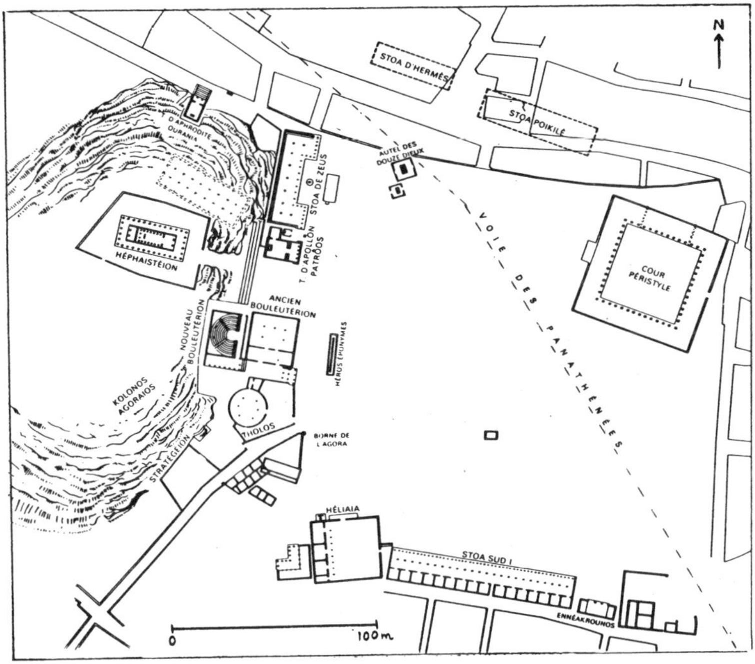

Source : J. Charbonneaux, R. Martin, F. Villard, *Grèce hellénistique*, Gallimard, l'Univers des Formes, Paris, 1970, p. 360, pl. 414.

▲ *Le foyer commun : hestia* est au centre de la cité comme il est au cœur de l'*oikos*. Siège du culte de la déesse Hestia, il est souvent installé dans le prytanée, le lieu de réunion des magistrats. La flamme qui brûle sur l'autel est le symbole de l'entité civique. Elle est périodiquement rallumée à la flamme des autels considérés par les Grecs comme les plus purs : celui d'Apollon à Delphes ou celui d'Apollon à Délos. Auprès du foyer commun la cité reçoit les étrangers de passage qui sont ses hôtes, par exemple les citoyens d'autres cités venus en ambassade auprès de l'assemblée. On leur offre le repas au prytanée. La cité nourrit aussi certains de ses propres citoyens, leur conférant ainsi un honneur suprême, le droit de *sitésis*.

▲ *Le fonctionnement des institutions*. La réunion des *assemblées* commence par un sacrifice. Les « affaires sacrées » relèvent des assemblées et sont examinées les premières, en présence des seuls citoyens. Parmi celles-ci : les consultations d'oracles, l'envoi d'ambassades

Athènes, Agora, Autel des douze dieux

Reconstitution dessinée. L'autel était le point d'Athènes à partir duquel toutes les distances étaient mesurées.

Source : J. M. Camp, *The Athenian Agora,* Londres, Thames and Hudson, 1986, p. 41

(théories) aux grandes fêtes, tous les problèmes relatifs à la gestion des sanctuaires, à l'organisation des fêtes, la prise ou la révision des lois sacrées (*hiéroi nomoi*)... Les tribunaux jugent les litiges à propos des biens sacrés (à Athènes par exemple de nombreux procès concernent les oliviers sacrés), devant eux se déroulent les procès intentés sur l'accusation d'impiété (Anaxagore, Alcibiade, Socrate).

▲ *Les magistrats.* Lors de la *dokimasie* (procédure d'examen des magistrats avant leur entrée en charge), on s'enquiert de la participation des futurs magistrats aux cultes (ils doivent participer aux cultes de Zeus Herkeios et Apollon Patroos). Ils prêtent serment *(horkos)* comme les simples citoyens en de nombreuses occasions (les éphèbes, les témoins dans un procès...). On jure sur les victimes d'un sacrifice en prononçant une formule qui prend les dieux à témoins et attire le châtiment sur celui qui serait parjure. Les attributions des magistrats sont en partie ou en totalité religieuses (voir les prêtres). Par exemple l'*archonte-roi,* à Athènes, s'occupe des mystères d'Éleusis, des Panathénées, dirige les sacrifices civiques, proclame l'interdit religieux contre les coupables d'impiété. Le *polémarque* s'occupe des sacrifices à Artémis, de concours funéraires. À leur sortie de charge, les magistrats font souvent des offrandes aux dieux.

▲ *Un trésor sacré.* Un bon exemple de l'imbrication du religieux et du civique est le statut du trésor à Athènes. La cité n'a pas, à proprement parler, de finances publiques. Le trésor est déposé dans le Parthénon : c'est le trésor d'Athéna et, d'une manière générale, la cité a le droit d'utiliser toutes les ressources des sanctuaires à des fins de tout ordre, le financement de la guerre par exemple. Au Ve siècle, Athènes consacre 1/60e du tribut payé par les cités alliées au trésor d'Athéna et finance les travaux de l'Acropole avec le surplus du même tribut.

▲ *Les liturgies.* La liturgie consiste à faire payer par quelques riches Athéniens des frais qui pourraient relever du financement de la cité. Par exemple, l'armement des bateaux de guerre (liturgie de la *triérarchie*). Or, les liturgies servent également à financer les cultes, en particulier l'organisation des concours dramatiques lors des Grandes Dionysies (liturgie de la *chorégie)* et la tenue des grands sacrifices et banquets lors des Panathénées et peut-être des Dionysies (liturgie de l'*hestiasis*).

Cet amalgame entre fonction politique et fonction religieuse est plus particulièrement perceptible en un lieu : l'*agora* (place publique) qui est le siège de nombreux cultes civiques et voit s'installer à son pourtour les bâtiments indispensables à la vie politique. L'*agora* est un sanctuaire avec ses enclos sacrés, ses autels, ses tombeaux de héros, ses fêtes, et en même temps le symbole de l'activité politique dans toute cité.

La pratique de gestes religieux est constante non seulement dans le fonctionnement des institutions mais dans celui de la vie politique elle-même. La *consultation des oracles,* comme celui de Delphes, avant toute décision importante de la cité, en est la manifestation la plus spectaculaire, mais quotidiennement la cité fait appel aux devins et aux chresmologues pour prévoir l'avenir ou simplement interpréter les lois sacrées ou rappeler les coutumes. Avant chaque campagne militaire et avant chaque bataille, les devins sont chargés d'examiner les entrailles des bêtes sacrifiées pour décider de la tenue du combat. Un épisode célèbre des guerres Médiques rapporte que les Lacédémoniens attendaient stoïquement sous une pluie de flèches perses que les présages soient enfin favorables et leur permettent de s'élancer contre leurs adversaires avec toutes les chances de succès.

Peut-on aller plus loin et parler d'une « religion patriotique », et d'une utilisation à des fins de propagande politique des cultes de la cité ? Cette question est posée au vu de plusieurs faits. Les cités rivalisent entre elles, nous l'avons vu, dans les sanctuaires par les constructions et les offrandes (l'allée des trésors à Delphes en est un bon exemple), dans les concours par l'intermédiaire de leurs vainqueurs : un vainqueur à un des concours panhelléniques reçoit à Athènes le droit de manger toute sa vie au prytanée, droit transmissible à ses descendants, ce qui est un honneur insigne (c'est la *sitésis* au prytanée). Elles tentent aussi de promouvoir certains de leurs cultes à un niveau panhellénique. C'est le cas d'Athènes, d'une part avec la renommée croissante des mystères d'Éleusis (voir p. 104), d'autre part avec l'attention portée à l'Acropole, à ses bâtiments et à ses cultes.

L'histoire de l'Acropole est de ce point de vue exemplaire.

3.2. *L'Acropole d'Athènes*

▲ *L'Acropole athénienne* est un lieu de culte et d'habitat très ancien, depuis l'époque mycénienne au moins. Mais l'aménagement des sanctuaires de l'Acropole date de l'époque archaïque et est attribué aux tyrans (Pisistrate et ses fils). Les mêmes tyrans auraient attaché des concours aux fêtes des Panathénées, les rendant célèbres dans tout le monde grec. Bref, la gloire d'Athènes semble liée à une politique des cultes dès le milieu du VIe siècle. Ceci est toutefois sujet à caution, les intentions prêtées aux tyrans par les historiens relevant plus de la construction idéologique que de l'exactitude historique. Les modifications apportées à l'Acropole par la démocratie athénienne sont, elles, indéniables. Quel est leur sens et quelle fut leur portée ?

L'Acropole fut détruite par les Perses en 480. Les Athéniens ne restaurèrent pas les bâtiments archaïques. Les édifices de l'époque classique qui demeurent aujourd'hui : le Parthénon, les Propylées, le temple d'Athéna Niké et l'Érechtheion, ont été conçus à l'époque de Périclès et construits durant la seconde moitié du Ve siècle.

« Ce qui causa le plus de plaisir aux Athéniens et contribua le plus à embellir leur ville, ce qui frappa le plus l'imagination des étrangers, ce qui seul atteste que cette puissance tant affirmée de la Grèce et son antique prospérité ne sont pas des mensonges, ce furent les monuments construits par Périclès » rappelle Plutarque (*Vie de Périclès,* 12-1). Quelles que soient les raisons profondes de cette politique de construction, « les monuments s'élevaient, d'une grandeur imposante, d'une beauté et d'une grâce inimitables ; les artistes s'efforçaient à l'envi de se surpasser par la perfection technique du travail... » (*Id.,* 13-1).

Décrivons le premier d'entre eux, le Parthénon.

▲ *Le Parthénon*

Le temple, dédié à Athéna Parthénos, fut construit de 447-6 à 433-2. Les architectes étaient Callicratès et Ictinos. Phidias sculpta la statue d'Athéna Parthénos.

L'Acropole d'Athènes

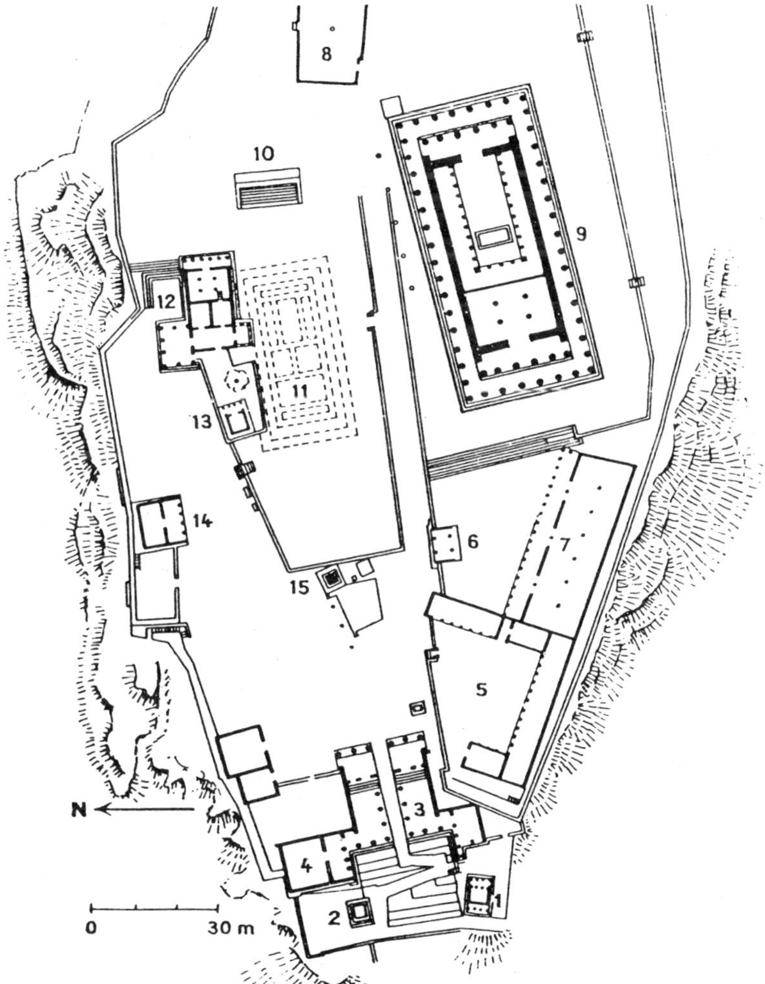

1. Temple d'Athéna Niké ; 2. Monument d'Agrippa ; 3. Propylées ; 4. Pinacothèque ; 5. Enclos d'Artémis Brauronia ; 6. Enclos d'Athéna Ergané ; 7. Chalcothèque ; 8. Enclos de Zeus Polieus ; 9. Parthénon ; 10. Autel d'Athéna ; 11. Vieux temple d'Athéna ; 12. Erechtheion ; 13. Pandroseion ; 14. Maison des Arréphores ; 15. Statue d'Athéna Promachos.

Source : R. Ginouvès, *L'Art grec,* PUF, 1964. p. 110.

▲ Description de l'Acropole par Pausanias

« L'Acropole n'a qu'une entrée : elle n'en présente pas d'autre parce qu'elle est entièrement abrupte et munie d'un solide rempart. Les Propylées ont un toit de marbre blanc, et de mon temps encore ils sont restés inégalés par l'appareil et les dimensions des blocs de pierre. Pour les statues de cavaliers je ne peux pas dire avec certitude si elles représentent les enfants de Xénophon, ou si elles ont été faites dans une simple intention décorative. À droite des Propylées se trouve le temple de Niké Aptéros (« Victoire sans ailes »). De là on voit très bien la mer, et c'est là que, selon la légende, Égée trouva la mort en se jetant en bas... À gauche des Propylées se trouve un bâtiment contenant des tableaux... À l'entrée même de l'Acropole se trouvent l'Hermès qu'on appelle Propylaios (« de l'entrée ») et les Charites, œuvre dit-on de Socrate fils de Sophronisque... [Pausanias décrit ensuite tout ce qu'il trouve sur son chemin en se rendant au Parthénon, de très nombreuses statues entre autres à propos desquelles il rappelle les mythes qui leur sont attachés].

Pour le temple qu'on appelle le Parthénon, tout ce qui se trouve dans le fronton, du côté de l'entrée a trait à la naissance d'Athéna, et le fronton de derrière représente la dispute de Poséidon et d'Athéna pour la possession du pays. La statue de culte est faite d'ivoire et d'or : au milieu du casque se trouve l'image d'une Sphinge (...) et sur les côtés sont figurés des griffons (...). Quant à la statue d'Athéna, elle est représentée debout vêtue d'une tunique qui descend jusqu'aux pieds et elle porte sur la poitrine une tête de Méduse sculptée dans l'ivoire ; Athéna tient une Victoire de quatre coudées environ et dans l'autre main une lance ; à ses pieds est posé un bouclier, et un serpent se trouve près de la lance : ce serpent serait Érichthonios. Sur la base de la statue est sculptée la naissance de Pandore. »

Pausanias, *Description de l'Attique,*
Livre I, trad. M. Yon, Maspéro, coll. Voix, 1972.

▲ *Le plan du temple* (voir p. 46, 77). Par les dimensions et le soin porté à l'architecture, le Parthénon était un monument exceptionnel. Il l'était aussi par l'ampleur de l'ornementation et en particulier des sculptures.

▲ *Les parties sculptées et leurs thèmes*

Les métopes. Elles courent tout autour de la façade extérieure du temple et sont au nombre de quatre-vingt-douze. Sur le côté est, on a représenté le combat des dieux contre les géants, côté ouest le combat des Grecs contre des peuples en habit oriental généralement reconnus comme les Perses, côté sud les Grecs contre les Centaures et, côté nord, le sac de Troie.

– *La frise* entoure le mur extérieur (*sékos*) de la cella. Elle a 1 m de haut et 160 m de long. Le sujet unique est la procession des Panathénées.

C'est la première fois qu'un sujet non mythologique est représenté sur un temple. Les sculptures sont parfois très bien conservées. Ce document est une pièce maîtresse pour l'étude de la sculpture grecque classique, mais il passionne aussi les historiens qui tentent d'y lire l'image qu'Athènes voulait donner d'elle-même (voir la fête des Panathénées).

– *Les frontons.* Le *fronton ouest* représente le conflit entre Athéna et Poséidon pour la possession de l'Attique, un mythe athénien. Athéna et Poséidon sont au centre de la composition ; Athéna offre l'olivier, tandis que Poséidon fait surgir une source du bout de son trident. Derrière eux, un couple de chevaux traînant les chars et du côté d'Athéna, Hermès, du côté de Poséidon, Iris, tous deux messagers des dieux. Les conducteurs des chars sont deux figures féminines ; Amphitrite et peut-être Niké, puis une série de figures divines dont Cécrops sur le côté gauche.

Le fronton est racontait la naissance d'Athéna. Il n'en reste que les sculptures des deux extrémités : le Soleil (*Hélios*) dont le char émerge à gauche, la Lune (*Séléné)* dont le char disparaît à droite, et d'autres figures divines. Rien ne subsiste de la scène centrale, on sait que, sur les vases, Athéna est figurée sortant toute armée du crâne de son père Zeus.

▲ *La statue d'Athéna Parthénos.* Œuvre du sculpteur Phidias, rien n'en subsiste, mais elle a été fréquemment décrite dans l'Antiquité. La déesse était debout, portant une longue robe, une tête de méduse en ivoire sur la poitrine, un casque sur la tête décoré d'un sphynx entre une paire de griffons. De la main droite, elle tenait une Niké de 1,60 m de haut, la main gauche serrait une lance et touchait un bouclier posé au sol, un serpent enroulé près de la lance. Sur le piédestal de la statue était représentée la création de Pandora. Une amazonomachie sur l'extérieur du bouclier, une gigantomachie à l'intérieur, le combat des Lapithes et des Centaures sur les sandales. La hauteur totale de la statue avec le piédestal était de 12 m. La face, les armes, les pieds étaient en ivoire, le vêtement était couvert de plaques d'or que l'on pouvait enlever au besoin. Le poids total de l'or était d'une tonne. La statue fut achevée en 438, et placée dans la cella du temple.

Cette longue description de l'ensemble des sculptures du Parthénon nous permet de comprendre à quel point ce programme iconographique fut celui des Athéniens de l'âge de Périclès. Du fronton aux métopes et à la frise, les thèmes propres à l'histoire mythique et réelle d'Athènes s'enchevêtrent avec les thèmes traditionnels de la mythologie. Mieux que pour d'autres cités pour lesquelles nous possédons des ensembles de sculptures semblables sans connaître aussi précisément le contexte historique, nous pouvons voir là l'empreinte d'une idéologie civique, comme nous la repérons dans les tragédies ou les comédies qui étaient représentées lors des fêtes de Dionysos.

Est-ce à dire que le Parthénon est « un monument à la gloire de l'impérialisme athénien » ? C'est un pas de trop qu'il faut se garder de franchir ; il n'est pas bon de surinterpréter les documents quels qu'ils soient et en particulier les représentations figurées qui ont aussi leur propre langage.

Le Parthénon n'est qu'un des aspects du programme architectural qui voit la réorganisation de l'Acropole au Ve siècle. Les *Propylées* sont bâtis entre 437 et 432 sur les plans de Mnésiclès, l'*Érechtheion,* commencé en 435, est interrompu par la guerre du Péloponnèse et n'est terminé qu'en 408-7, le *temple d'Athéna Niké* de 421 à la fin du siècle. Athènes a désormais un sanctuaire que toute la Grèce admire et qui, aux dires de Plutarque, agrée aussi à Athéna la déesse tutélaire : « Les Propylées de l'Acropole furent achevés en cinq ans par l'architecte Mnésiclès. Un événement merveilleux qui arriva pendant la construction, montra que la déesse, loin de s'en désintéresser, mettait elle aussi la main à l'œuvre et aidait à l'achever. Le plus actif et le plus zélé des ouvriers glissa et tomba du haut de l'édifice. Il était dans un état pitoyable et abandonné des médecins. Périclès se décourageait quand la déesse lui apparut en songe et lui prescrivit un remède dont il usa et qui guérit vite et facilement le blessé. C'est à cette occasion qu'il éleva, dit-on, la statue de bronze d'Athéna Hygie et la plaça sur l'Acropole, près de l'autel qui s'y trouvait déjà » (Plutarque, *Vie de Périclès,* 13-12).

Nous avons décrit certains aspects seulement de l'imbrication entre vie politique et cultes dans la cité. Bien d'autres domaines offrent des exemples supplémentaires : *la conduite de la guerre* ou les relations entre cités par exemple.

Les traités entre cités sont, en règle générale, garantis par le serment des différentes parties. Le serment *(horkos)* a une valeur sacrée et s'accompagne soit d'une libation, soit d'un sacrifice. Il a une force contraignante pour celui qui le prononce, les dieux étant garants de son respect. Les campagnes lors d'une guerre sont l'occasion de multiples rituels : interprétation des présages, consultation d'oracles, sacrifices, chants (péans). La victoire elle-même donne lieu à des rites dont l'élévation d'un trophée en l'honneur de Zeus Tropaios ou de Niké, la Victoire. D'abord simples armures accrochées aux arbres, les trophées ont pris la forme de monuments. Enfin, il n'est pas rare qu'une cité consacre dans un sanctuaire, en offrande au dieu, une partie du butin, une statue ou un édifice rappelant une victoire. Un exemple : le trésor des Athéniens à Delphes aurait été construit en remerciement de la victoire de Marathon remportée par les Athéniens sur les Perses en 490. Bref, la conception que les Grecs se font de la guerre est traversée par ce que nous appelons la religion.

Nous avons intitulé ce chapitre « religion et vie politique » et non « la religion civique » pour une raison simple : il nous paraît difficile de délimiter « des cultes civiques » dans la cité, d'isoler certaines pratiques cultuelles qui exprimeraient mieux que d'autres la communauté civique alors que nous tentons de montrer que le référent constant de toutes les attitudes religieuses est précisément la cité. L'expression « culte civique » est pour nous synonyme de l'ensemble des pratiques cultuelles de la cité.

De la même façon, il nous paraît hors de propos de porter un jugement sur le contenu spirituel de ces cultes. On lit souvent dans les histoires des religions que le culte civique est une armature dépourvue d'âme, qu'il n'est pas satisfaisant pour quiconque aspire à un lien intime avec le divin, qu'il a continué à tourner comme un engrenage bien rodé jusqu'à la fin de l'histoire des cités mais que se sont développées à ses côtés des formes plus vivantes de croyances et de pratiques religieuses. Écrire ceci suppose que l'on ait une certaine idée de ce qu'était le phénomène religieux pour les Grecs et plus précisément que l'on pense que les Grecs avaient un rapport au divin semblable à celui des fidèles d'une religion monothéiste et individuelle comme le fut plus tard le christianisme. Tout jugement de ce type sur « le culte civique » est le produit d'une histoire de « l'histoire des religions » et de telles affirmations n'aident guère à comprendre le fonctionnement et l'efficacité d'un système de cultes dans une société aussi différente de la nôtre que la société grecque.

4. Le système des fêtes : l'exemple d'Athènes

4.1. *Les calendriers sacrés*

Les fêtes en l'honneur des dieux ou *héortai* rythment la vie politique et quotidienne de la cité. Dans de nombreuses cités, la succession des fêtes dans l'année est fixée par des textes que l'on appelle communément des calendriers sacrés. Ce sont des listes de fêtes groupées selon les mois de l'année et les jours de chaque mois.

▲ *Le calendrier des fêtes athéniennes* date, pour la forme sous laquelle il est connu à l'époque classique, de l'époque de Solon (début du VIe siècle) et fait partie des lois attribuées à ce législateur archaïque. À la fin du Ve siècle, la cité chargea un dénommé Nikomachos de mettre de l'ordre dans le calendrier des sacrifices et le texte fut gravé et exposé sur l'agora dans la Stoa Basileia. Seuls des morceaux de cette inscription subsistent mais, en recoupant différentes sources, on peut dresser un calendrier complet des fêtes athéniennes mois après mois.

▲ *Les mois du calendrier :* ils sont au nombre de douze (voir le tableau) et leurs noms, calqués sur le nom de dieux ou de fêtes, varient selon les cités. Ce sont des mois lunaires. Dans le calendrier athénien, certaines fêtes se déroulent chaque mois. Ce sont :

Tableau des principales fêtes athéniennes

Fêtes	Mois et Jours	Divinités
Kronia	Hékatombaion 12	Kronos
Synoikia	Hékatombaion 15 et 16	Athéna
Panathénaia	Hékatombaion 28	Athéna
Éleusinia	Métageitnion (?) 4 j.	Déméter
Nikétéria	Boédromion 2	
Plataea	Boédromion 3	
Génésia	Boédromion 5	Gê
Artémis Agrotéra	Boédromion 6	Artémis
Démocratia	Boédromion 12	
Mystères d'Éleusis	Boédromion 15-17, 19-21	Déméter
Pyanopsia	Pyanopsion 7	Apollon
Théséia	Pyanopsion 8	Thésée
Sténia	Pyanopsion 9	Déméter
Thesmophoria in Halimus	Pyanopsion 10	Déméter
Thesmophoria	Pyanopsion 11 12 13	Déméter
Chalkéia	Pyanopsion 30	Athéna
Apatouria	Pyanopsion (?)	
Oschophoria	Pyanopsion (?) (Maimaktérion)	Athéna
Haloa	Posidéon 26	Déméter
Théogamia	Gamélion 2	Héra
Anthestéria	Anthestérion 11-13	Dionysos
Diasia	Anthestérion 23	Zeus
Asklépiéia	Élaphébolion 8	Asklépios
Dionysia (ville)	Élaphébolion 10-14	Dionysos
Delphinia	Mounichion 6	Artémis
Mounichia	Mounichion 16	Apollon
Olympieia	Mounichion 19	Zeus
Thargelia	Thargélion 6-7	Apollon
Bendideia	Thargélion 19	Bendis
Plyntéria	Thargélion 25	Athéna
Arrétophoria	Skirophorion 3	Athéna
Skira	Skirophorion 12	Déméter
Dipoléia ou Bouphonia	Skirophorion 14	Zeus

À ces jours, il faut ajouter les fêtes célébrées chaque mois, les 1, 2, 3, 4, 6 et 8e jours du mois (voir liste du mois Hécatombaion). On arrive à un total de 120 jours de fêtes.

La date exacte de certaines fêtes n'est pas connue. On sait par exemple que les Apatouria avaient lieu au mois de Pyanopsion. Cette incertitude est rendue sur le tableau par le signe (?).

Athènes : succession des fêtes durant le mois d'Hécatombaion

1. Nouménia.
2. Agathos Daimon.
3. Athéna.
4. Héraklès, Hermès, Aphrodite et Éros.
6. Artémis.
7. Jour des Hécatombaia, fête annuelle d'Apollon Hécatombaios.
8. Poséidon et Thésée.
11. Réunion de l'Ecclésia.
12. Jour de la fête des Kronia.
15. Sacrifice biennal.
16. Fête des Synoikia à Athènes. Sacrifice.
17 et 18. (Sacrifices attestés pour l'association des orgéons).
21. (Sacrifices à Kourotrophos et Artémis prescrits par le dème d'Erchia. Pas une fête de la cité entière).
22. Réunion de la Boulè.
23. Réunion d'une association privée.
28. Jour principal des Panathénaia : la fête de nuit, la procession depuis le Céramique, la présentation du péplos à la déesse, les sacrifices principaux. Problème de la durée exacte de la fête des Panathénées : neuf jours, du 21 au 29 H. ? ou jusqu'au 30 ?

– le 1er jour : *Nouménia,* le nouveau jour de la lune. Occasion d'un grand marché, de participer aux plaisirs de la palestre, et de faire des banquets selon Athénée ;
– le 2e jour : jour de l'*agathos daimon,* le bon génie ;
– le 3e jour : la naissance d'Athéna ;
– le 4e jour : jour consacré à Héraclès, Hermès, Aphrodite et Éros. C'est l'anniversaire de la naissance des trois premiers ;
– le 6e jour : la naissance d'Artémis ;
– le 7e jour : la naissance d'Apollon. Ce jour est d'ailleurs celui d'Apollon dans tout le monde grec ;
– le 8e jour : le jour de Poséidon et Thésée.

D'autres fêtes sont particulières à chacun des mois. La lecture du tableau des fêtes athéniennes permet de se rendre compte de la complexité et de la diversité des cultes civiques. Il n'est pas question de les étudier ici les uns après les autres, mais seulement d'en donner les caractères généraux en prenant quelques exemples précis de fêtes telles les *Panathénées* et les *Dionysies.*

Les moments principaux d'une fête sont : la procession ou *pompè,* le sacrifice et le repas qui le suit, les concours ou manifestations annexes.

4.2. *La procession*

La procession est souvent le premier temps de la fête. Elle se déploie à travers la cité, d'un point précis jusqu'au sanctuaire de la divinité qui est l'objet du culte, en suivant un parcours toujours identique. Son ordonnancement est prescrit et sa composition diffère selon les fêtes. Prenons deux exemples différents :

▲ *La* pompè *des Panathénées*

Son parcours : la procession partait des portes du Dipylon, traversait le Céramique, l'Agora, arrivait à l'Acropole par les Propylées, longeait le Parthénon pour arriver sur le côté est du temple devant le grand autel d'Athéna. Ce trajet lui permettait de traverser les points les plus importants de la cité, lieu de la vie politique (l'agora) ou cimetière (Céramique). *Sa composition.* La frise sculptée qui courait en haut du *sékos* (mur intérieur) du Parthénon donne une représentation de certaines séquences de cette procession ; document formidable pour l'art et pour l'histoire qui peut être complété par les données des sources littéraires. La *pompè* rassemblait des citoyens : des hommes jeunes sous les traits d'hoplites et de cavaliers, des hommes âgés, et des filles de citoyens : les *Ergastines* et les *Canéphores,* des métèques, leurs fils portant des plateaux d'offrandes et leurs filles portant des jarres d'eau, et peut-être d'autres habitants non libres de l'Attique. Mais également des étrangers : les Grecs des cités alliées et du bétail conduit pour le sacrifice. Le but de cette procession était de porter le nouveau *péplos* tissé par les *Ergastines* à l'archonte-roi qui devait à son tour en parer la statue de bois d'Athéna (le *xoanon)* dans l'Érechtheion. Le *péplos,* teint de safran, était brodé sur le thème des exploits d'Athéna contre les Géants. La *pompè* avait lieu tous les quatre ans le 28 du mois Hécatombaion (fin juillet, début août). Cette procession solennelle permettait à la cité athénienne de donner le spectacle à la fois de la hiérarchie de son organisation politique et de l'unité dans la diversité de sa population, un spectacle destiné tant au reste du peuple athénien, qu'aux cités alliées présentes et au monde grec.

▲ *La* pompè *des Grandes Dionysies.* Ou plus exactement, les processions. En effet, le premier jour, la statue de Dionysos était sortie du temple du dieu, proche du théâtre, et transportée en procession jusqu'au temple proche du gymnase de l'Académie. Le lendemain, la statue était rapportée de ce lieu jusqu'au sanctuaire sur le versant sud de l'Acropole. Enfin la statue était, en un nouveau cortège, portée de ce temple au milieu de l'*orchestra* dans le théâtre. La composition et le caractère de ces processions successives sont discutés. Mais il semble en tout cas que deux types de processions aient eu lieu : une *pompè* traditionnelle avec magistrats, représentants des différentes catégories de la cité, porteurs d'offrandes et chorèges paradant en costumes d'apparat, mais aussi transport de phallus (rituel présent aussi dans les Dionysies rurales), se terminait par des sacrifices dans le sanctuaire de Dionysos (240 victimes furent sans doute sacrifiées en 333 soit un sacrifice comparable à celui des Panathénées). Le parcours de cette procession n'est pas sûr. L'autre procession porte le nom de *komos,* semble moins formelle et prend place à la fin de la journée, peut-être après le banquet qui suivait les sacrifices. Des hommes s'éclairant de torches et accompagnés par des flûtistes vont dans les rues chantant et dansant, recréant à l'échelle de la cité les manifestations joyeuses bien connues après les banquets.

Quelles sont les fonctions du rituel de procession ? Une fonction de « publicité » et de rassemblement : la raison de la fête est rappelée à tous ceux qui sont sur le parcours du cortège et peuvent se joindre à lui pour participer au rituel. Un renouvellement, une réactivation des bienfaits, des vertus du dieu dont on promène parfois la statue. Une réaffirmation du caractère sacré des différents lieux où la foule fait halte (autels en particulier) et, d'une manière générale, une réappropriation symbolique de l'espace de la cité par la communauté. À ceci s'ajoutent des fonctions spécifiques à chaque procession : celle des Panathénées par exemple est l'image d'unité et de puissance que veut donner d'elle-même la cité athénienne classique. La procession est une manière d'inscrire la pratique cultuelle dans l'espace de la cité. Elle nous rappelle que toute fête est un système complexe de rituels difficilement réductible à une interprétation unique.

4.3. *Le sacrifice*

Le rituel du sacrifice a été décrit en détail précédemment et nous ne dirons rien de plus sur sa signification. C'est un temps fort de la fête présent dans toutes les fêtes du calendrier athénien. Le nombre des bêtes sacrifiées, connu par les comptes des trésoriers d'Athéna, permet de mesurer l'importance qu'avaient les festins qui suivaient ces sacrifices : un sacrifice de cent bêtes (ou *hécatombe*) était fréquent et les chiffres s'élèvent jusqu'à plus de deux cent cinquante bêtes sacrifiées pour la même fête. La cité prenait en charge les frais de ces sacrifices, soit directement, soit en désignant des liturges, hommes riches chargés de pourvoir aux dépenses des banquets. Cette liturgie dite de l'*hestiasis* (du banquet) est attestée pour les Panathénées et les Dionysies. Lors des Panathénées, la répartition des viandes se faisait au Céramique entre les membres des dèmes qui avaient pris part à la procession. Si l'on suit l'ordre du calendrier athénien, chaque mois voit revenir l'occasion d'une grande tueric de bêtes à l'exception du mois Maimakterion. Une cité en fête est aussi une ville qui regorge des odeurs du sang des victimes et du fumet des viandes rôties, une communauté qui mange de la viande, boit et se réjouit.

4.4. *Les concours*

Toutes les fêtes ne possèdent pas de concours mais quand un concours existe il fait toujours partie des rituels de la fête. C'est un point dont il faut se souvenir lorsque l'on décrit les concours gymniques, musicaux ou dramatiques. Deux exemples athéniens : les concours lors des Panathénées et les concours dramatiques des Grandes Dionysies.

▲ *Un concours.* La fête des Panathénées existait depuis longtemps quand, en 566, un concours ouvert à tous les Grecs (panhellénique) fut créé. Il avait lieu tous les quatre ans lors des Grandes Panathénées. Il comprenait un concours de *rhapsodes* (qui récitaient l'œuvre d'Homère), de musique de diverses sortes et un concours gymnique avec les épreuves habituelles (voir le chapitre sur les concours à Olympie) disputées par des athlètes répartis en trois groupes d'âge (enfants, jeunes et adultes). Les prix du concours gymnique étaient spécifiques à Athènes : de l'huile d'olive, provenant des oliviers sacrés de l'Attique, recueillie dans une amphore particulière, dite *amphore panathénaïque.* Sur une face, l'amphore portait une figure d'Athéna armée brandissant une lance et l'inscription : « des concours d'Athènes » : sur l'autre, une représentation de la compétition précise : course de chars, course à pied, etc. Le garçon qui était vainqueur à la course à pied recevait par exemple 50 amphores de cette sorte. Les concours comprenaient aussi une danse en armes (la *pyrrhique)* dont le premier prix était un bœuf et cent drachmes pour l'équipe, des courses de bateau, une course au flambeau...

Décret relatif à la célébration des petites Panathénées

IVe siècle

« ... Afin qu'avec piété (...) annuellement, et que la procession en l'honneur d'Athéna au nom du peuple athénien soit organisée le mieux possible chaque année, et que toutes les mesures d'administration nécessaires relatives à la fête célébrée en l'honneur de la déesse soient prises pour toujours par les hiéropes : que le peuple décrète selon l'avis du conseil ; les hiéropes offriront comme par le passé deux sacrifices, l'un à Athéna Hygiéia, l'autre dans l'ancien temple, ils distribueront aux prytanes cinq parts de viande, aux neuf archontes trois, aux trésoriers de la déesse une, aux hiéropes une, aux stratèges ▶

et aux taxiarques trois, aux Athéniens membres du cortège et aux canéphores comme d'habitude, le reste des viandes aux Athéniens ; après avoir avec les quarante et une mines provenant de la location nouvelle acheté de concert avec les préposés à cet achat les bœufs, les hiéropes une fois la procession conduite sacrifieront toutes ces bêtes près du grand autel d'Athéna, gardant l'une des plus belles pour l'autel d'Athéna Niké ; une fois faits les sacrifices à Athéna Polias et Athéna Niké, ils distribueront au peuple athénien au Céramique les viandes des bêtes achetées avec les quarante et une mines, comme lors des autres distributions de viandes, ils distribueront les parts par dèmes en proportion des habitants envoyés par chacun à la procession ; pour les dépenses de la procession, pour la cuisine, pour la parure du grand autel, pour les autres dépenses relatives à la fête et aux réjouissances nocturnes, il sera donné cinquante drachmes ; les hiéropes préposés aux Panathénées annuelles célébreront de la plus belle façon les fêtes nocturnes, en l'honneur de la déesse, ils feront partir la procession dès le lever du soleil, punissant conformément aux lois ceux qui n'obéiront pas aux ordres. »

Inscription : *IG* II[2] 334.

▲ *Fête et théâtre.* Lors des Grandes Dionysies, fête en l'honneur de Dionysos, au mois Élaphébolion (mars-avril), se déroulaient pendant trois jours des *concours dramatiques* qui, comme les concours des Panathénées, drainaient un public beaucoup plus large que le seul public athénien. Sans entrer dans les problèmes complexes que soulèvent les origines des représentations théâtrales, on peut remarquer que la représentation des pièces, ce que nous appelons « le théâtre », est placée sous le regard de Dionysos. Sa statue trône sur l'*orchestra* et le théâtre, qu'il soit de bois ou de pierre, est une partie de son sanctuaire, enfin les représentations dramatiques sont intégrées au rituel. Il n'est pas question d'étudier ici la fonction du théâtre à Athènes au Ve siècle, nous soulignons seulement quelques points essentiels qui montrent à quel point la religion était intégrée à la vie civique.

Des représentations dramatiques avaient lieu lors de deux autres fêtes de Dionysos : les Dionysies rustiques au mois de Poséidon (décembre-janvier) et les Lénéennes au mois de Gamélion (janvier-février), mais les Grandes Dionysies étaient l'occasion des plus importants concours, concours de comédie, de tragédie, de dithyrambe et de drame satyrique. L'*organisation des concours* est sous le regard de la cité. L'archonte-éponyme est responsable des Grandes Dionysies. Les dix chorèges (liturges qui feront les frais de la préparation des chœurs et du spectacle) sont désignés par la cité, ainsi que les poètes, les acteurs (protagonistes), les juges des concours.

▲ *Le déroulement des spectacles.* Les représentations commencent au lever du jour, les spectateurs sont en habit de fête, la tête couronnée, les personnages honorés par la cité au premier rang *(proèdrie)*, ainsi que les membres de la Boulè, les éphèbes, les juges des concours. On fait une lustration avec le sang d'un jeune porc et on tire au sort l'ordre de passage des concurrents. Les pièces se succèdent jusqu'au soir. À la fin du concours, trois prix sont décernés : au poète, au chorège, au protagoniste, dans chaque type d'épreuve. Une assemblée du peuple le surlendemain examine les comptes, vote les éloges, consigne les résultats.

L'imbrication du religieux dans le civique ne s'arrête pas à l'organisation des concours. Les pièces elles-mêmes, par les thèmes abordés et par la façon de les traiter, marquent l'absence de coupure entre la réflexion politique et la mise en scène des mythes et des dieux. Pour le dire d'une façon lapidaire, le héros Ajax, le roi mythique Œdipe, les Érinyes ou Athéna sont en scène, mais les questions qu'ils posent sont au cœur du débat politique de la cité démocratique d'Athènes.

Le système des fêtes à Athènes n'est qu'un exemple parmi d'autres d'organisation des cultes civiques. Il permet toutefois de voir de façon très concrète à la fois à quel point les rituels répondent à des fonctions précises et à quel point ils sont indissociables de la définition même de la vie en cité.

Chapitre 3

Les cultes panhelléniques

SOMMAIRE

1. Traits généraux 89
2. Olympie et les concours 92
3. Divination et oracles. Delphes 95
4. Épidaure, Asclépios et les guérisons 99
5. Les mystères d'Éleusis 104

1. Traits généraux

▲ *L'apparition des sanctuaires panhelléniques.* Nous avons jusqu'à présent mis l'accent sur le lien étroit entre la vie religieuse et la vie civique, et montré comment chaque citoyen était pris dans le réseau des fêtes et cérémonies qui l'intègrent à sa cité. Or, l'émergence de la cité est contemporaine d'un phénomène religieux tout à fait original et de grande conséquence : l'apparition et le développement en plusieurs points de la Grèce de sanctuaires dont l'influence et la fréquentation débordent le cadre de la cité et qui constituent des lieux de rencontres et d'échanges pour les Grecs venus des points les plus éloignés du monde grec. C'est à la même époque en effet, vers la fin du VIIIe siècle, que se produisent en même temps une première vague de fondation de colonies, principalement en Grande Grèce (Italie du Sud) et en Sicile, et un brusque accroissement des lieux où l'archéologie a permis de retrouver des dépôts d'objets à valeur d'offrande : d'abord poteries et figurines de terre cuite, puis objets de bronze, bijoux, enfin armes et armures. Comme si était désormais orientée vers les dieux une richesse auparavant réservée aux sépultures aristocratiques. Parmi les sites repérés : Olympie, Delphes, Dodone, Délos, autant de lieux destinés à connaître un rayonnement panhellénique. À cette même époque naît le sanctuaire. Ces sanctuaires et leurs cultes vont assurer, pour plusieurs siècles, une fonction de rassemblement autour d'une identité grecque qui se reconnaît à ses dieux autant qu'à sa langue.

▲ *Leur cadre architectural.* Ces sanctuaires sont d'abord de vastes ensembles architecturaux, extérieurs aux cités, où s'élèvent, autour des temples proprement dits et des autels, différents bâtiments tels les

« trésors », élevés par des cités ou des donateurs reconnaissants, les offrandes diverses, et les salles de banquet et de réunion destinées à recevoir les visiteurs. Un mur délimite l'enceinte. Au-delà s'étendent les lieux consacrés aux compétitions, stades, hippodromes, gymnases.

▲ *La panégyrie ou rassemblement.* Ces sanctuaires, qui ont en commun de s'ouvrir aux Grecs de l'ensemble du monde hellénique, ont des vocations diverses en fonction des cultes qui y sont rendus et des dieux qui y président. Plusieurs formes de vie cultuelle peuvent d'ailleurs y coexister. Durant la période des fêtes, une foule considérable s'y rassemble, venue des cités les plus lointaines, et du monde barbare. On considère que le stade d'Olympie, construit au VIe siècle, pouvait contenir quarante mille spectateurs. Et ce n'était qu'une partie de la population présente sur place pendant plusieurs jours : sept jours à Olympie à l'époque classique.

Le rassemblement est facilité par une trêve annoncée par des délégations (celles des *théores* delphiques ou des *spondophores* olympiques) chargées de parcourir le monde grec de cité en cité où elles sont accueillies en grande pompe. La trêve couvre le temps nécessaire pour se rendre au sanctuaire et en revenir.

La panégyrie est d'abord un rassemblement à caractère religieux, placé sous le signe du ou des dieux qui dominent le sanctuaire. La période de fête s'ouvre par une procession solennelle et par un ou des sacrifices qui resserrent la communauté des participants ; rituels et sacrifices scandent et ferment le rassemblement.

Le bon fonctionnement de l'ensemble est assuré par des collèges de prêtres locaux assistés par un personnel nombreux recruté pour la circonstance. Ces prêtres sont souvent choisis dans de grandes familles chez lesquelles la prêtrise se transmet par héritage. Malgré une histoire souvent orageuse et de nombreux conflits et tentatives de prise de contrôle (comme les luttes entre les Arcadiens et les Étoliens, puis entre Sparte et Élis autour d'Olympie, et les guerres sacrées à propos de Delphes), les sanctuaires panhelléniques ont gardé la plupart du temps leur autonomie. Dans certains sanctuaires comme à Delphes, une *amphictyonie,* groupement de cités établies « à l'entour du sanctuaire », en assure la gestion et l'entretien.

▲ *Les concours : agones*

Les compétitions qui rassemblent les Grecs à date régulière dans les stades et sur les hippodromes ont souvent été considérées comme un héritage des concours de l'époque homérique, tels qu'ils sont décrits dans l'*Iliade* (les jeux funèbres en l'honneur de Patrocle) ou dans l'*Odyssée* (les jeux donnés par Alcinoos en l'honneur de son hôte Ulysse). Les concours réinvestissent des valeurs aristocratiques et à leur occasion la cité tout entière s'identifie aux vainqueurs. Les *gymnasia* construits dans toutes les cités, dès le début du Ier siècle, les encouragements à l'entraînement des athlètes, l'accueil réservé au vainqueur témoignent de la place accordée à l'idéologie de la compétition dans la vie civique.

À Olympie, à Delphes, à Corinthe, à Némée, selon un calendrier cyclique, se réunissent concurrents et spectateurs dans le cadre de concours ou jeux que l'on appelle Olympiques, Pythiques, Isthmiques et Néméens, en l'honneur de Zeus (à Olympie et à Némée), d'Apollon Pythien (à Delphes), de Poséidon (à l'Isthme). Les Jeux Olympiques étaient célébrés tous les quatre ans en plein été (juillet-août), les Jeux Delphiques (ou Pythiques) avaient lieu la troisième année de chaque olympiade vers la fin de l'été (août-septembre), les Jeux Isthmiques et Néméens se tenaient tous les deux ans, en alternance avec ceux d'Olympie et de Delphes, c'est-à-dire la deuxième et la quatrième année de chaque olympiade, au printemps. Ainsi, les mêmes athlètes pouvaient-ils concourir successivement dans le cycle des quatre fêtes, et, parfois, remporter quatre fois la victoire. Théogène de Thasos connut ce triomphe suprême au début du Ve siècle, ce qui lui valut de nombreuses statues et une tradition légendaire : il fut promu après sa mort héros guérisseur.

La gloire promise aux vainqueurs est celle que chante Pindare poète de la première moitié du Ve s., dans les *Épinicies* (Odes triomphales) où il allie le nom de ses commanditaires à celui des héros et des dieux dont il rappelle à cette occasion les histoires. Ces recueils ont reçu depuis l'Antiquité le nom des principaux concours célébrés : *Olympiques, Pythiques, Isthmiques, Néméennes.* Sur les douze odes pythiques, pour prendre cet exemple, les sept premières sont consacrées à chanter la victoire de grands personnages vainqueurs aux courses de chars, l'épreuve la plus prestigieuse. La premièrc place revient à Hiéron, le tyran de Syracuse, dont le quadrige l'avait emporté en 470 à Delphes, après deux autres victoires aux Jeux Pythiques et une victoire de son étalon Phérénicos à Olympie. Panégyrique du tyran alors à son apogée, l'ode est en même temps un morceau d'éloquence morale et religieuse, proposant un modèle pour le souverain et pour la ville d'Aitna qu'il venait de fonder en Sicile.

« Le bruit de la renommée qu'on laisse après soi révèle seul aux orateurs et aux poètes comment vécurent ceux qui ne sont plus » (*Première Pythique,* v. 93-95).

Dans les cinq dernières odes sont chantés des vainqueurs socialement plus modestes. Le concours met à la portée de tous, au moins en théorie, la gloire promise à un roi. La *Onzième Pythique* est dédiée au jeune Thébain Thrasydée, vainqueur au stade dans les épreuves réservées aux jeunes garçons, en 474. Pindare fait, de son père et de lui, les représentants des citoyens de condition moyenne :

« Puissé-je n'aimer que les biens qui nous viennent des dieux, et borner mes désirs à ce que chacun peut selon son âge ! Quand j'observe que, dans la ville, les citoyens de condition modeste jouissent du bonheur le

Plan de l'Altis, enceinte sacrée de Zeus à Olympie, vers la fin du IVe siècle avant J.-C.

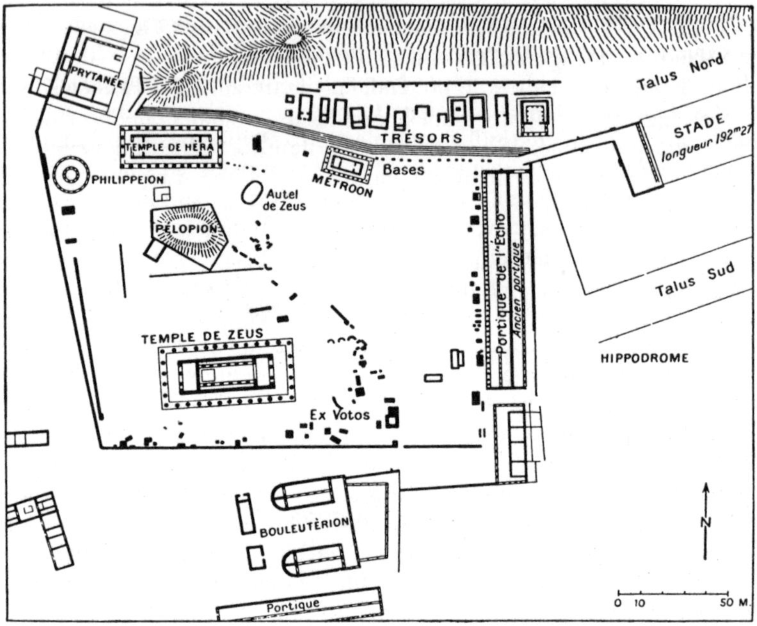

Source : Histoire générale des Civilisations, tome I, PUF, 1961.

plus durable, je prends en dégoût le destin des tyrans, et je n'aspire plus qu'aux vertus communes » (*Onzième Pythique,* v. 52-54).

2. Olympie et les concours

Le site d'Olympie est celui d'une plaine fertile à l'ouest du Péloponnèse, en Élide, traversée par le fleuve Alphée et parsemée de collines ; le sanctuaire est au pied de l'une d'elles : le Cronion. Ce site a été occupé depuis le milieu du deuxième millénaire mais le sanctuaire est une création des âges obscurs, sans doute du Xe s. Le sanctuaire, ou *hiéron,* s'appelle l'*Altis,* nom qui évoque celui du bois sacré. Plusieurs divinités y sont honorées, le culte des déesses comme celui d'Héra coexistant avec celui de Zeus. Les nombreuses offrandes des époques géométrique et archaïque attestent la vitalité du sanctuaire dont la célébrité s'accroît avec l'organisation des concours. Chaque génération voit la construction de nouveaux édifices, la complexité du sanctuaire apparaît bien sur le plan présenté ici (p. 92).

▲ *Les mythes de fondation du sanctuaire et des concours.* Deux ensembles de mythes se dégagent, l'un autour d'Œnomaos, roi de Pise, de sa fille Hippodamie et de Pélops le prétendant, l'autre autour d'Héraclès.

Œnomaos imposait aux jeunes hommes qui voulaient épouser sa fille une épreuve de course de chars dont il sortait toujours vainqueur grâce aux chevaux divins que lui avait donnés son père Arès. Le prétendant était tué. Pélops triompha grâce à l'amour d'Hippodamie et à l'aide du cocher du roi, du nom de Myrtilos, qui sabota l'essieu du char d'Œnomaos provoquant la mort du roi. Pélops épousa Hippodamie et devint roi de Pise.

Héraclès pour sa part aurait délimité l'enceinte du sanctuaire et fondé les concours après avoir accompli un de ses travaux célèbres, nettoyer les écuries d'Augias, roi d'Élide, en détournant le cours du fleuve, l'Alphée.

▲ *Les concours ou Olympiades* sont organisés ou réorganisés en 776. Ils ont ensuite lieu tous les quatre ans. Les Grecs bien plus tard (à l'initiative de Timée de Taormine, en 260) utilisèrent cette date comme point de départ d'une ère pour mesurer le temps et situer les événements : 776 est la première année de la première Olympiade, 775 la deuxième année de la première Olympiade, etc. Les concours se poursuivirent de quatre ans en quatre ans jusqu'à leur abolition en 394 après J.-C. par un décret de Théodose Ier. Selon les historiens et les théories du moment, on donne à ces concours des origines funéraires (les concours étant, dans l'épopée et l'âge héroïque, un des éléments des cérémonies des funérailles, comme dans l'*Iliade* les concours lors des funérailles de Patrocle), agraires ou initiatiques. Quelle est leur organisation à l'époque classique ?

Avant la fête proprement dite a lieu une longue période préparatoire qui ne se déroule pas uniquement à Olympie. Dans les cités grecques, les athlètes, citoyens grecs, s'entraînent, puis ils viennent à Olympie où leur préparation se fait sous la surveillance des dix *Hellanodices,* juges des concours, chargés de faire respecter le règlement. La trêve sacrée est annoncée partout dans le monde grec par les *théores,* elle permet aux pèlerins de se déplacer sans craindre d'être victimes du « droit de représailles ». Peu à peu, les délégations religieuses, *les théories,* arrivent des cités, ainsi que les spectateurs qui peuvent être des non-Grecs et des esclaves.

La fête dure six jours. Le premier est consacré à divers rituels, dont des sacrifices à l'autel de Zeus (un autel qui est un conglomérat des cendres des victimes sacrifiées mêlées aux eaux de l'Alphée et atteint 7 m de haut à l'époque de Pausanias), et devant d'autres autels du sanctuaire. Les athlètes prêtent serment de se conduire avec honneur, les Hellanodices proclament l'ouverture des concours.

Les journées suivantes ont lieu les différentes épreuves, au nombre de treize. Dix sont réservées aux hommes adultes : stade ou course simple, course double, course longue, course en armes, lutte, pugilat, pancrace, pentathle (combinaison de cinq épreuves : saut, disque, javelot, course, lutte), course de chevaux montés, course de quadriges. Trois concernent les enfants : stade, lutte et pugilat. L'épreuve la plus ancienne est celle de la course à pied simple. Son vainqueur est l'*Olympionique,* il donne son nom à l'Olympiade qui suit. Le jugement sacré des Hellanodices n'est jamais contesté.

Le sixième et dernier jour, on remet les récompenses aux vainqueurs, une couronne de feuillage d'olivier orné de bandelettes. Les vainqueurs et les prêtres vont en procession devant les autels, chantent et sacrifient. Un grand banquet leur est offert au prytanée. La fête est officiellement terminée mais d'autres cérémonies attendent les vainqueurs.

▲ *Les honneurs des vainqueurs.* À Olympie même, ils peuvent recevoir le droit d'ériger une statue. (Ces commandes vont permettre aux sculpteurs de faire d'importants progrès dans l'étude et le rendu des corps.) Ils consacrent leur couronne au temple de Zeus, sacrifient à Héra. Leur cité d'origine organise parfois pour eux un triomphe : le vainqueur vêtu de pourpre traverse la cité sur un quadrige et la cité lui vote le droit d'avoir une statue sur l'agora ou dans un sanctuaire. À Athènes, la cité leur offre la *sitésis* au prytanée, c'est-à-dire le droit de manger leur vie durant au prytanée aux frais de la cité. C'est un des plus grands honneurs à Athènes.

L'importance de ces honneurs a plusieurs origines. La victoire est un don des dieux. Celui qui a gagné est donc un être aimé des dieux et il a en lui des qualités particulières. De plus, la victoire d'un citoyen rejaillit sur sa cité tout entière et les cités grecques rivalisent entre elles dans les concours par candidats interposés. Le concours, l'*agon,* est la manière la plus prisée de se mesurer aux autres, parce que sanctionné par les dieux.

C'est en lisant Pindare, que l'on prend le mieux conscience de toutes ces valeurs. Pindare a rédigé un grand nombre d'*épinicies,* odes composées en l'honneur des vainqueurs aux différents concours panhelléniques. Tiré des *Olympiques,* voici ce qu'il dit à propos de la victoire d'Alcimédon d'Égine, vainqueur à la lutte, au concours des enfants :

« Mère des Jeux où se décernent les couronnes aussi précieuses que l'or, Olympie, reine de Vérité, où les devins en interrogeant la flamme des sacrifices, demandent à Zeus, le maître de la foudre étincelante, s'il veut favoriser les hommes dont le cœur brûle du désir d'obtenir une grande victoire et le réconfort de leurs labeurs !

Et la piété fait exaucer les prières ! Allons, enceinte sacrée de Pise, rives de l'Alphée, ombragées de beaux arbres, accueillez cette procession triomphale ! Grande est éternellement la célébrité de qui reçoit votre éclatante récompense. Les biens se partagent diversement entre les hommes et il y a, les dieux aidant, plus d'une voie de la félicité…

Au pied de la colline de Cronos, Zeus a donné à Alcimédon la victoire olympique. La beauté d'Alcimédon a excité l'admiration, et ses exploits n'ont pas démenti sa beauté. Vainqueur à la lutte, il a fait proclamer le nom de sa patrie, Égine aux longues rames, où l'assistante de Zeus hospitalier, Thémis Salutaire, est honorée. » (Pindare, *Olympiques,* VIII, trad. A. Puech, CUF).

3. Divination et oracles. Delphes

Delphes, centre des Jeux Pythiques, avait pour première originalité, par rapport à Olympie, d'organiser à côté des Jeux athlétiques des concours musicaux d'une tradition très ancienne et d'une grande réputation. Mais alors qu'Olympie, en dehors de la période des Jeux, vivait en demi-sommeil, le sanctuaire d'Apollon devait à son oracle une fréquentation permanente. À côté des Concours, la présence d'un oracle est en effet un autre privilège qui peut donner à un sanctuaire une dimension panhellénique. L'oracle de Delphes n'est pas le seul à drainer de loin des consultants privés ou des ambassadeurs de cités. Hérodote à lui seul cite 18 sanctuaires et 96 réponses d'oracles dont 53 viennent de Delphes.

Le recours à la divination *(la mantique)* est, en Grèce ancienne, une pratique répandue qui est à la fois le fait des individus et des cités. Les techniques divinatoires, extrêmement variées, ressortissent cependant à deux ensembles de prestige inégal. D'un côté, les manipulations diverses d'objets et l'observation des signes : interprétation des signes célestes (le tonnerre...), interprétation du vol des oiseaux (selon sa direction ou sa nature) ou des entrailles des victimes (en particulier le foie), enfin, *cléromantie* (ou divination par les sorts, du mot *kléros :* petits cailloux ou morceaux de bois qu'on agitait avant de les tirer hors d'un vase ou d'un bassin). Toutes ces pratiques supposent un savoir technique, apparenté à un métier, celui du devin.

L'autre forme de divination, *la mantique orale,* qui consiste à recueillir et transmettre la parole du dieu, jouit d'un prestige tout particulier. Il existe des recueils d'oracles et des *chresmologues,* qui interprètent ces oracles et qui ont pu à certains moments jouer un rôle dans la cité. Mais surtout il existe des sanctuaires réputés pour leur fonction oraculaire, où officient, selon les modalités différentes en chaque lieu, des prêtres et des prêtresses interprètes du dieu. Nous citerons, parmi les plus illustres dans l'Antiquité, le sanctuaire d'Amphiaraos, à Oropos, celui de Trophonios, à Lébadée en Béotie, celui d'Apollon au Didymeion près de Milet, enfin celui de Zeus à Dodone.

Delphes, le sanctuaire d'Apollon

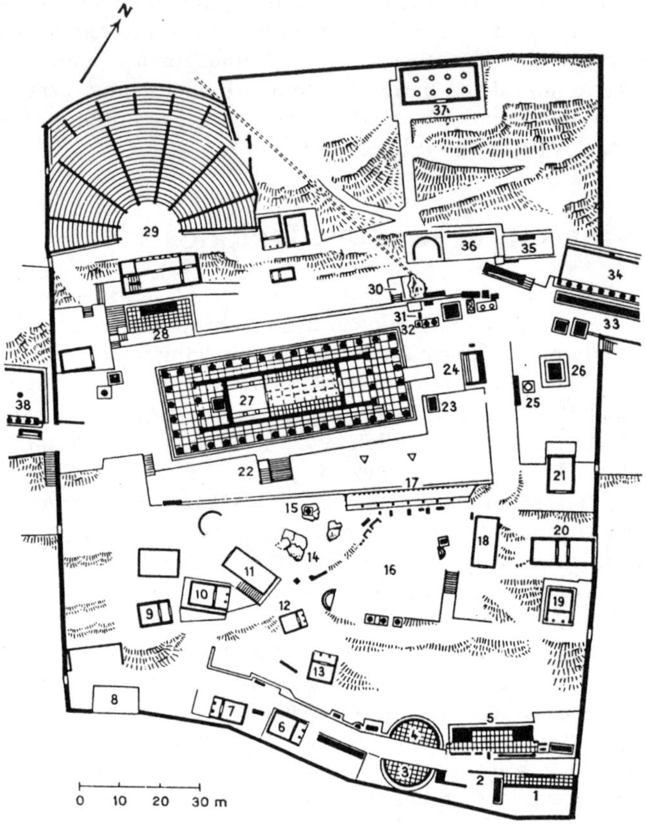

1. Les Navarques, ex-voto des Lacédémoniens ; 2. Ex-voto des Athéniens ; 3. Les Épigones, ex-voto des Argiens ; 4. Les Rois, ex-voto des Argiens ; 5. Niche hellénistique anonyme ; 6. Trésor de Sicyone ; 7. Trésor de Siphnos ; 8. Trésor de Thèbes ; 9. Trésor de Potidée (?) ; 10. Trésor des Athéniens ; 11. Bouleutérion ; 12. Trésor de Cnide (?) ; 13. Trésor éolique anonyme ; 14. Rocher de la Sibylle ; 15. Sphinx des Naxiens ; 16. L'Aire ; 17. Portique des Athéniens ; 18. Trésor de Corinthe ; 19. Trésor de Cyrène ; 20. Prytanée (?) ; 21. Trésor de Brasidas et d'Acanthos ; 22. Fontaine ; 23. Pilier de Paul-Émile ; 24. Autel de Chios ; 25. Trépied de Platées ; 26. Char des Rhodiens ; 27. Temple d'Apollon ; 28. Offrande de Cratéros ; 29. Théâtre ; 30. Fontaine Cassotis ; 31. Pilier de Prusias ; 32. Palmier de l'Eurymédon ; 33. Base monumentale d'Attale Ier ; 34. Portique d'Attale Ier ; 35. Enclos de Néoptolème ; 36. Ex-voto thessalien de Daochos ; 37. *Leschè* des Cnidiens ; 38. Portique Ouest.

Source : R. Ginouvès, *L'Art grec,* PUF, 1964, p. 86.

Nous allons trouver une illustration de ce statut de la parole divine en étudiant le fonctionnement de l'*oracle de Delphes,* le plus fameux, et celui qui joua pour les Grecs le rôle le plus important. Plusieurs fois reconstruit au cours de son histoire, le temple d'Apollon, cœur du sanctuaire, était à l'époque classique environné de 27 trésors, témoignant de la reconnaissance des cités. Mais sa réputation s'étendait au-delà, comme en témoignaient les offrandes des souverains barbares, tel le fameux cratère de Crésus, évoqué par Hérodote et qui pouvait contenir, selon son témoignage, 600 amphores, ou encore la contribution du Pharaon philhellène Amasis, qui participa à la reconstruction au VIe siècle. Le rôle de l'oracle s'affirma et se développa à l'occasion de la caution qu'il apporta aux entreprises de colonisation lancées dès le VIIIe siècle en direction de la Grande Grèce et de la Sicile et qui valut à Apollon l'épithète d'*archégète* (le fondateur).

▲ *La tradition oraculaire.* Plusieurs milliers d'oracles nous ont été transmis par la tradition. Beaucoup relèvent de la prolifération tardive d'un véritable « genre » littéraire qui s'explique par le succès même de l'oracle et témoigne à lui seul du prestige du sanctuaire. D'autres sont attestés par des inscriptions ou cités par des orateurs. Ce sont les seuls dont l'authenticité ne paraît pas discutable. Cependant nous accueillerons ici les oracles rapportés par la tradition littéraire comme significatifs de la façon dont l'esprit des Grecs a travaillé sur la notion de parole divine.

Retenons que les oracles considérés comme authentiques se présentent sous une forme simple et non ambiguë, qu'ils ne contiennent pas de prédiction ni de prophétie mais des prescriptions religieuses : « Ils réglementent des offrandes, des contributions sacrées, ou la gestion des domaines divins ; ils ordonnent des sacrifices, des dédicaces ; ils fondent des cultes ; ils envoient assister à des jeux, "héroïsent" un mort, accordent des privilèges, prescrivent des honneurs pour une divinité, homologuent tout ce qui intéresse les dieux. » Les législations attribuées au dieu sont en fait approuvées par lui, mais rien n'indique que Delphes ait un rôle dans leur élaboration (cf. la législation de Locride occidentale au Ve siècle et la loi de Cyrène au début du IIIe siècle).

Quant aux oracles rapportés par la tradition littéraire, ils relèvent à leur tour de deux types différents. Les uns que l'on pourrait appeler « prédictifs » annoncent un avenir qui est destin — tels les oracles mythiques qui scellent le destin de Troie ou d'Œdipe. Les autres renvoient à une pratique oraculaire qui paraît fonctionner le plus souvent à l'époque classique comme « technique adjuvante de décision », selon une formule de J.-P. Vernant. Très souvent, en effet, le dieu est consulté par l'intermédiaire d'une question qui propose à son choix deux options contraires. Tantôt la réponse de l'oracle tranche entre les deux possibles, tantôt elle se présente elle-même comme ambiguë ou obscure et appelle à son tour une délibération. Nous retiendrons deux exemples de cet usage de l'oracle. Le premier concerne un particulier. Il est rapporté par Xénophon qui consulte l'oracle de Delphes sur l'opportunité de son engagement dans l'armée de Cyrus. « Socrate ayant conseillé à Xénophon d'aller à Delphes consulter le dieu sur son voyage, Xénophon y alla et demanda à Apollon à quel dieu il devait offrir un sacrifice et des prières pour aborder dans les meilleures conditions le voyage qu'il avait l'intention d'entreprendre... ». La forme même de la question révèle que pour Xénophon, la parole du dieu est ici une simple caution à une décision préalablement prise (Anabase III, 1, 20). Notre deuxième exemple sera celui de la double consultation de la délégation athénienne à Delphes au moment de Salamine (voir p. 100). Les *théores* athéniens, chargés de demander l'avis du dieu sur l'attitude à adopter en face de l'invasion perse, refusent de se contenter des prévisions catastrophiques de la Pythie et obtiennent une deuxième consultation. Les termes de cette seconde consultation avec leur référence ambiguë au « mur de bois » seront longuement pesés à l'Assemblée avant que Thémistocle et son projet de combat maritime l'emportent, contre l'avis des chresmologues. La décision sera prise en dernière instance par les citoyens, et l'on voit bien ici comment la parole du dieu rencontre la pratique quotidienne de la parole à l'Assemblée et sur la place publique. De ce fait, la parole du dieu apparaît non pas comme une prédiction mais comme une caution de l'action humaine, fruit elle-même d'une délibération. La divination semble ici « attirée dans le champ de la nouvelle rationalité du discours », celle qui débouche sur les progrès de la pensée politique et scientifique.

▲ *Modalités de la consultation.* Différents modes de consultation ont sans doute coexisté dans le sanctuaire de Delphes (*incubation, cléromancie*) tous effacés par le prestige de la parole de la *Pythie.* À l'origine, une femme du pays, une vierge, prophétisait une fois par an, le 7 du mois de Bysios, jour anniversaire de la naissance d'Apollon. À l'époque classique, les consultations solennelles ont lieu une fois par mois, toujours le 7. Il y eut, dit-on, jusqu'à trois Pythies, deux en titres et une suppléante, prophétisant à tour de rôle pour répondre à l'affluence des consultants. Les procédures préliminaires accomplies sous le contrôle des prêtres (ablutions, acquittement d'un droit de consultation, sacrifice), on pénétrait dans le temple où avait lieu un second sacrifice, avant d'avoir accès enfin à l'*adyton,* où se tenait la Pythie. Sur le lieu luimême et sur la procédure exacte suivie alors, nous n'avons que des hypothèses, parfois contradictoires. Le lieu où la Pythie descendait pour prophétiser aurait été un espace non dallé à un mètre environ au-dessous du niveau du sol du temple. Là se dressait le trépied sur lequel elle prenait place, au bord d'une sorte de puits creusé dans le sol. C'est du moins la reconstitution que propose G. Roux pour concilier la tradition d'une fissure de la terre par où se serait exhalé le souffle *(pneuma)* divin, et l'absence de toute béance naturelle dans le sol telle qu'archéologues et géologues ont pu l'examiner. La Pythie, cachée aux yeux des consultants qui lui posaient leur question à haute voix, prophétisait alors, pénétrée par le souffle d'Apollon ; les prêtres, présents à la consultation remettaient ensuite au consultant une réponse écrite..

Centre religieux du monde grec (l'*adyton* contenait, à côté du trépied, l'*omphalos,* pierre brute où les Grecs voyaient, entre autres choses, l'ombilic du monde), lieu de la parole d'Apollon, Delphes dut peut-être la durée et l'ampleur de son prestige au fait même que son pouvoir, immense dans l'ordre moral et religieux, fut limité, dans l'ordre politique. Compte tenu du statut de la divination dans la cité, tel que nous l'avons défini plus haut, il se contente en effet le plus souvent de légitimer des lois établies en dehors de lui et de ne répondre qu'à des sollicitations bien précises, définies dans le cadre de délibérations également extérieures à lui. C'est aussi ce que suggèrent, *a contrario,* les menaces de discrédit qui l'atteignirent chaque fois qu'il fut soupçonné de « médiser » ou de « laconiser », c'est-à-dire d'empiéter sur le domaine du politique proprement dit, en prenant le parti des Mèdes ou des Laconiens.

4. Épidaure, Asclépios et les guérisons

Le sanctuaire se trouve à l'intérieur des terres, sur le territoire de la cité d'Épidaure en Argolide (au nord-est du Péloponnèse). Le site est celui d'un vallon entouré de montagnes. Deux lieux de culte existent. Le premier, sur les pentes du Kynortion, est fréquenté dès l'époque mycénienne. Dans la deuxième moitié du VIIe siècle, s'y implante un culte d'Apollon Maléatas qui continue d'exister quand entre en activité le second lieu de culte au débouché de la plaine, consacré à Asclépios (fin du VIe siècle). C'est là que va progressivement s'édifier le sanctuaire connu de tout le monde grec.

▲ *Asclépios.* Asclépios est d'abord un héros, fils d'une mortelle, Coronis, et d'un dieu, Apollon. Coronis doit se marier sur l'ordre de son père, le roi Phlégyas. Apollon tue l'époux d'une flèche, Artémis tue de même Coronis, mais Asclépios, retiré du ventre de sa mère, est sauvé par Apollon. Élevé par le centaure Chiron, il devient un guérisseur habile. « Tous ceux qui venaient à lui porteurs d'ulcères nés en leur chair, blessés en quelque endroit par l'airain luisant ou la pierre de jet, le corps ravagé par l'ardeur de l'été ou le froid de l'hiver, il les délivrait chacun de son mal, tantôt en les guérissant par de doux charmes, tantôt en leur donnant des potions bienfaisantes, tantôt en appliquant à leurs membres toutes sortes de remèdes ; tantôt enfin il les remettait droits, par des

Débat à propos d'un oracle

Les Athéniens hésitent sur la conduite à tenir en face de l'expédition de Xerxès, dirigée contre leur ville en 480.

« Ils avaient envoyé une mission à Delphes et attendaient la réponse de l'oracle ; après les cérémonies habituelles avant d'entrer dans le temple, leurs délégués prenaient place dans le sanctuaire lorsque la Pythie, nommé Aristonicé, prononça cet oracle :

"Infortunés, que faites-vous ici ? Fuis au bout du monde,
Fuis ta maison, la circulaire enceinte de ta ville et ses hautes crêtes !
Plus rien ne subsiste, ni la tête ni le corps,
Rien de ses extrémités, pieds ou mains, rien du milieu non plus,
Tout est désolé : l'incendie fait rage,
Et le féroce Arès pousse son char syrien ;
Tes remparts ne périront pas seuls, il en ruinera bien d'autres aussi ;
À la flamme furieuse il livrera bien des temples,
Où les images des Immortels se dressent aujourd'hui couvertes de sueur,
Tremblantes d'effroi, et du haut des toits
Ruisselle un sang noir, présage du désastre fatal.
Allons, quittez mon sanctuaire, élevez votre courage plus haut que vos malheurs."

En entendant ces mots les envoyés d'Athènes furent accablés par le désespoir. Ils se jugeaient perdus, à l'annonce des maux qui les attendaient ; mais un Delphien des plus distingués, Timon fils d'Androboulos, leur conseilla de se présenter devant l'oracle une seconde fois, avec en mains les rameaux d'olivier des suppliants, et de le consulter en cette qualité. Les Athéniens l'écoutèrent et dirent au dieu : « Donne-nous, dieu souverain, pour notre patrie un oracle moins cruel ; considère ces rameaux suppliants que nous apportons devant toi ; sinon, nous ne quitterons point ton sanctuaire, et nous resterons ici, jusqu'à notre dernier moment ». En réponse, la Pythie leur fit une deuxième prédiction, que voici :

"Non, Pallas ne peut fléchir Zeus l'Olympien,
Malgré bien des prières et des sages conseils.
Mais je vais de nouveau t'annoncer ma décision : elle est d'un acier invincible.
Quand l'ennemi tiendra tout ce qu'enferment les frontières de Cécrops
Et les antres du Cithéron divin,
Alors à Tritogénie Zeus à la voix immense accorde une muraille de bois
Pour te protéger, toi et tes enfants, défense unique, inexpugnable.
Et toi, n'attends pas les cavaliers, n'attends pas les hordes
Qui viendront du continent, ne reste pas en repos :
Tourne le dos, retire-toi, il viendra encore, le jour où tu feras face.
Mais par toi, ô divine Salamine, les femmes verront périr leurs enfants,
À l'heure où Déméter sème, ou bien à l'heure où elle récolte."

La réponse était plus favorable que la précédente, et les envoyés d'Athènes la prirent pour telle ; ils la consignèrent et s'en revinrent chez eux. Sitôt arrivés, ils la transmirent à leurs citoyens qui en proposèrent diverses interprétations, et principalement celles-ci, de sens contraire : pour un certain nombre des citoyens les plus âgés, le dieu dans sa réponse leur signifiait que l'Acropole tiendrait bon ; car l'Acropole d'Athènes était jadis entourée d'une palissade, et cette clôture était pour eux la "muraille de bois" en question. Pour les autres le dieu voulait parler de navires, et ils invitaient leurs concitoyens à tout abandonner pour s'occuper uniquement de leur flotte. Cependant les partisans de la seconde interprétation se trouvaient arrêtés par les deux derniers éléments de la réponse de la Pythie : "Par toi, ô divine Salamine, les femmes verront périr leurs enfants, à l'heure où Déméter sème, ou bien à l'heure où elle récolte". Ces mots s'opposaient à l'opinion qui faisait des navires la "muraille de bois", car les chresmologues y voyaient l'annonce d'un désastre inévitable dans les eaux de Salamine, si les Athéniens entreprenaient de livrer sur mer une bataille.

Thémistocle. Il y avait alors dans Athènes un homme qui venait d'accéder au premier rang ; il se nommait Thémistocle, on l'appelait fils de Néoclès. Ce Thémistocle déclara que l'interprétation des chresmologues n'était pas entièrement juste ; il en proposait lui-même une autre : si les mots en question s'adressaient vraiment aux Athéniens, le dieu, pensait-il, n'aurait pas employé de formule si favorable ; il aurait annoncé : "Funeste Salamine !" et non : "Divine Salamine !" si les gens de l'île devaient périr dans ses parages. Donc, en bonne interprétation, l'oracle ne visait pas les Athéniens, mais l'ennemi. Il conseillait donc à ses concitoyens de se préparer à combattre sur leurs vaisseaux, "la muraille de bois" de l'oracle. Les Athéniens adoptèrent son interprétation qu'ils jugeaient bien préférable à celle des chresmologues, car ceux-ci leur déconseillaient de livrer bataille sur mer, et même de tenter la moindre résistance, et proposaient d'abandonner Athènes pour aller s'installer ailleurs. »

Hérodote, *Histoires,* VII, 140-143,
trad. A. Barguet, Gallimard, La Pléiade.

incisions » (Pindare, *Troisième Pythique,* v. 47-53, trad. A. Puech, CUF). Si habile qu'il ressuscite les morts et pour cette raison Zeus le foudroye. Asclépios est désormais honoré comme un dieu.

Les mythes concernant Asclépios situent son histoire en Thessalie. Mais le clergé d'Épidaure colporte des versions du mythe qui mettent Asclépios en relation avec Épidaure. Et c'est de là que son culte essaime, dès le Ve siècle, dans d'autres cités grecques. En 420-419, Athènes, par exemple, fait venir la statue du dieu d'Épidaure.

▲ *Des rituels de guérison.* Les Grecs viennent consulter Asclépios pour connaître les moyens de guérir leurs maux. Mais le sanctuaire est aussi, tous les quatre ans, le théâtre de grandes fêtes, les *Asclépiéia,* comparables aux autres fêtes panhelléniques, d'où la présence de constructions telles que théâtre, stade, gymnase, hôtelleries dans le sanctuaire....

L'originalité du sanctuaire réside dans les rituels que les prêtres faisaient observer aux pèlerins venus chercher auprès d'Asclépios la guérison. Tout commence par des purifications rituelles, sacrifices et ablutions avec l'eau des fontaines sacrées. Ne peuvent entrer dans le sanctuaire que des êtres sans souillure, souillure physique (l'abstinence de relations sexuelles

Épidaure. Sanctuaire d'Asclépios

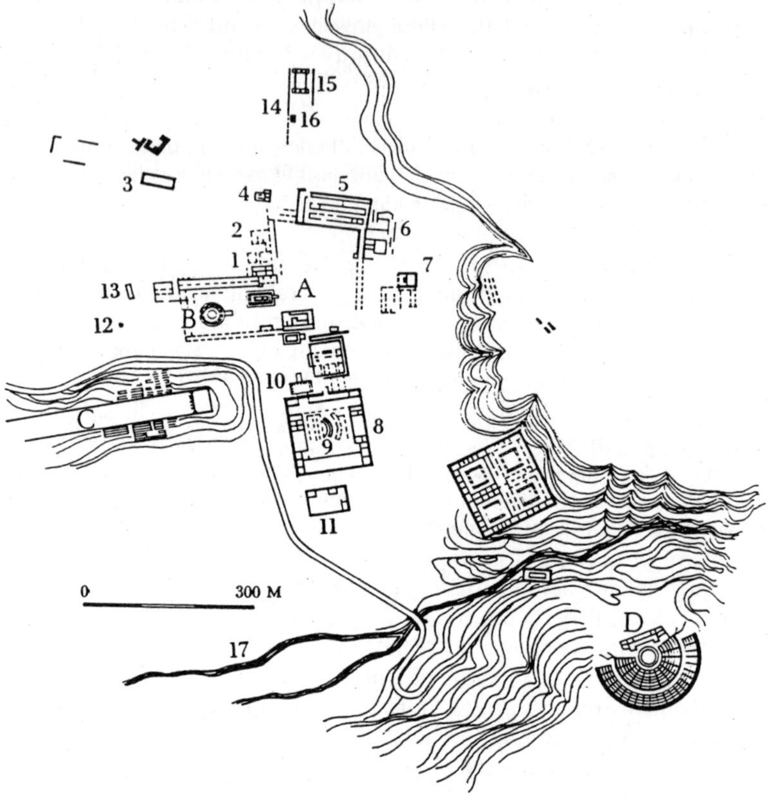

A. *Temple d'Asclépios.* B. *Tholos.* C. *Stade.* D. *Théatre.*
1. *Bains d'Asclépios.* 2. *Bibliothèque.* 3. *Citerne.* 4. *Temple d'Aphrodite.* 5. *Portique.* 6. *Thermes (Akoé).* 7. *Temple d'Apolion et d'Asclépios.* 8. *Gymnase.* 9. Odéon. 10. *Propylées.* 11. *Bain grec.* 12. *Palestre.* 13. *Citerne de la palestre.* 14. *Voie Sacrée.* 15. *Propylées du Sanctuaire.* 16. *Puits.* 17. *Torrent.*

Source : K. Papaioannou, *L'Art grec,* Éd. Mazenod, 1972.

par exemple est requise) ou souillure morale. Comme au sanctuaire d'Apollon à Délos, il est interdit de mourir et d'accoucher dans l'enceinte du sanctuaire. Puis le pèlerin se rend sous un portique où il va passer la nuit : l'*encoimétérion.* C'est un *abaton,* c'est-à-dire un lieu interdit à ceux qui ne sont pas purs.

Là a lieu une procédure oraculaire : l'*incubation.* Pendant le sommeil du consultant, le dieu, dans un songe, va lui indiquer le remède à apporter à son mal. Des guérisons nous avons des témoignages de plusieurs sortes : les ex-voto qui encombrent le temple représentent les parties du corps malades et guéries, des stèles dressées à l'intérieur du sanctuaire et où, selon Pausanias, « se trouvent gravés le nom des hommes et des femmes qui ont été guéris par Asclépios et la maladie dont chacun avait souffert et les moyens de guérison » (II, 27, 3).

En voici un exemple : « Ambrosia d'Athènes, borgne. Cette femme vint en suppliante chez le dieu. Se promenant dans le sanctuaire elle se moquait de certaines de ces guérisons, prétendant qu'il était incroyable que des boiteux et des aveugles recouvrent leur santé pour avoir eu seulement un songe. Elle s'endormit dans le sanctuaire et fit un rêve : il lui semblait que le dieu, tout près d'elle, lui disait qu'il la guérirait, mais qu'elle devait pour s'acquitter, consacrer dans le sanctuaire un porc d'argent en souvenir de sa sottise. Ayant dit ainsi, il incisa son œil malade et y versa un remède. Le lendemain elle sortit guérie » (Sylloge 3, 1168, 33-41).

La guérison est soit instantanée comme dans ce cas, soit différée quand le dieu se contente de donner des conseils qu'interprètent les prêtres du sanctuaire devenus de véritables médecins (tenus, dès l'Antiquité, pour des charlatans par les détenteurs de la science hippocratique). Ce sont ces guérisons et l'habile propagande qui en fut faite qui firent le succès du sanctuaire jusqu'au IVe siècle après J.-C. Saint Jérôme fustige encore ceux qui vont au « temple d'Esculape dormir sur les peaux étendues des victimes et demander à des songes le secret de l'avenir ».

Le sanctuaire comporte un grand nombre d'édifices, plusieurs fois rebâtis et agrandis. La fonction de l'un d'entre eux est une énigme, celle d'un bâtiment rond ou *tholos,* dont le sous-sol en forme de labyrinthe a suscité l'imagination des archéologues qui l'ont interprété comme la demeure des serpents sacrés, le tombeau du héros ou encore comme la représentation d'une taupinière, lieu de culte d'un dieu-taupe... La célébrité et l'afflux des pèlerins transforment peu à peu le sanctuaire d'un lieu oraculaire où se pratique l'incubation en un grand complexe de cures et de bains où les prêtres d'Asclépios font fructifier leur art.

Les sanctuaires d'Asclépios se multiplient à l'époque hellénistique et atteignent parfois la célébrité de celui d'Épidaure, comme l'*Asclépieion* de Cos. C'est dans son enceinte que se passe la scène que raconte Hérondas dans le *Mime* : « Les femmes au temple d'Asclépios pour l'ex-voto et le sacrifice » et dont le début est un exemple très vivant des pratiques cultuelles. Asclépios est ici appelé « seigneur Péan », épithète fréquente également d'Apollon. Deux femmes, Coccalé et Cynno, arrivent au sanctuaire. Cynno a la parole :

« Salut, seigneur Péan qui règnes sur Tricca, résides dans Cos la douce ainsi qu'à Épidaure ; et avec toi, salut à Coronis qui t'enfanta, et au dieu Apollon, à Hygie que tu touches de ta main droite, à ceux qui ont ici leurs autels vénérés, Panacé, Épio, Iéso ; salut à ceux qui ont détruit la maison et les murs de Laomédon, aux guérisseurs des maladies violentes, Podalire et Machaon ; salut à tous les dieux, à toutes les déesses qui habitent ta demeure, vénérable Péan ; venez ici avec bienveillance accepter la dînette de ce coq que j'immole, héraut juché aux murs de la maison. Notre source n'est pas abondante, ni toujours à notre disposition, sans quoi c'est bien un bœuf ou une truie lourde de lard, au lieu d'un coq, que nous aurions offert pour la guérison des maladies que tu as enlevées, seigneur, par l'imposition de tes douces mains. Place le tableau (il s'agit d'un ex-voto), Coccalé, à la droite d'Hygie. » (Hérondas. *Mimes,* trad. L. Laloy, CUF).

5. Les mystères d'Éleusis

Dernier exemple de sanctuaire panhellénique que nous retiendrons, le sanctuaire d'Éleusis présente l'originalité d'être à la fois un lieu de culte officiel étroitement dépendant de la cité d'Athènes et un lieu d'expression de la piété individuelle ouvert à tous les hommes de langue grecque.

D'abord indépendante, la riche cité d'Éleusis fut intégrée à l'État athénien dès le début du VIe siècle ou même la fin du VIIe. Du même coup, le sanctuaire des deux Déesses et les Mystères qui s'y déroulaient passèrent sous le contrôle d'Athènes, plus précisément sous celui de l'archonte-roi *(basileus)* qui supervisait l'ensemble des cultes traditionnels. Le maintien des privilèges des deux familles des *Kérikes* et des *Eumolpides* au sein desquelles étaient recrutés les principaux prêtres du culte n'empêche en effet pas Athènes d'exercer une influence de plus en plus directe sur la vie du sanctuaire et l'organisation du culte. (C'est ainsi que, dès l'époque de Solon, la Boulè se réunissait le lendemain des Mystères pour juger des infractions éventuelles (cf. encadré p. 106). Dès la fin du VIe ou le début du Ve siècle, l'État athénien contrôlait les émoluments des prêtres d'Éleusis et fixait les règles de certains sacrifices ; il est ainsi fort probable que le hiérophante recevait de l'État athénien une contribution financière. Enfin, au cours du troisième quart du Ve siècle un groupe d'épistates était appointé pour veiller aux biens des Deux Déesses. D'autres documents montrent tout au long du Ve puis du IVe siècle l'intérêt particulier d'Athènes pour le sanctuaire d'Éleusis.

Selon la tradition de l'*Hymne homérique à Déméter,* que l'on fait remonter en général avant l'annexion d'Éleusis à l'Attique, les Mystères avaient été fondés par Déméter elle-même lorsque, à la recherche de sa fille Koré, elle s'était arrêtée à Éleusis chez le roi Céléos. Pour elle, les gens d'Éleusis avaient élevé un grand sanctuaire, et Déméter leur avait enseigné les rites sacrés destinés à apaiser son deuil et à célébrer sa puissance (voir encadré p. 107).

Le principal prêtre du culte était l'*hiérophante*, du *génos* des Eumolpides. Comme son nom l'indique, sa principale fonction était de « montrer les objets sacrés », les *hiéra*, point culminant de l'initiation, dont il présidait par ailleurs les moments les plus solennels. C'est lui en particulier qui prononçait la formule ouvrant les Mystères à tous les Grecs et les interdisant aux « meurtriers et aux non-Grecs ». À ses côtés, la prêtresse de Déméter, du *génos* des Philléides était peut-être le plus ancien personnage du culte et restait le plus important après l'hiérophante, lui disputant même la prérogative pour certains sacrifices. Le *dadouque*, le « porteur de torche », choisi parmi les membres du *génos* des Kérikes accompagnait l'hiérophante à l'ouverture des Mystères. Le « prêtre de l'autel », choisi dans le même *génos*, le quatrième grand dignitaire, surveillait l'accomplissement du rituel. Ces prêtres et prêtresses étaient choisis à vie ainsi que quelques-uns de ceux qui les entouraient. D'importants privilèges (comme la *proédrie*, le droit à une place d'honneur au théâtre), et revenus accompagnaient leur charge, en rapport avec le rayonnement des Mystères qui ne cesse de grandir au cours des Vᵉ et IVᵉ siècles..

Les Mystères se déroulaient selon un cérémonial complexe, en plusieurs étapes réparties sur plusieurs lieux et occupaient deux moments différents de l'année. Tout homme de langue grecque, pourvu que « ses mains ne soient pas souillées » c'est-à-dire qu'il ne soit ni criminel, ni sacrilège, ni meurtrier, comme le proclamait la formule d'ouverture, pouvait devenir *myste :* candidat à l'initiation. Il entrait alors, sous la conduite des *mystagogues* et la surveillance des *épimélètes* des Mystères, dans une longue préparation consistant en une multiplicité de pratiques, de jeûnes, de retraites collectives, sous les encouragements des *mystes* des années précédentes et le regard des participants aux fêtes.

Au mois d'Anthestérion, au printemps, avait lieu la première étape, *les Petits Mystères*, institués au moment où Éleusis était tombée sous le contrôle d'Athènes. Ils représentaient un premier degré de l'initiation indispensable pour se présenter aux *Grands Mystères*. Ils avaient lieu à Agra, près d'Athènes. Présidés par l'*archonte-roi* assisté du personnel religieux d'Éleusis et des familles sacerdotales, ils culminaient avec un sacrifice solennel aux deux Déesses (expression qui désigne traditionnellement le couple Déméter-Koré), accompagnant les ablutions purificatrices des *mystes* dans l'Ilissos.

Les Grands Mystères avaient lieu six mois plus tard, au mois de Boédromion. Ils duraient dix jours. Une procession, partie d'Éleusis, accompagnait en grande cérémonie les « objets sacrés », transportés dans des corbeilles (les *cistes)* qui les dérobaient aux regards, jusqu'à l'Éleusinion d'Athènes, au pied de l'Acropole. Cette première procession, escortée par les éphèbes, datait elle aussi de la mainmise d'Athènes et marquait nettement l'infléchissement imposé au culte. L'arrivée des

Un procès en impiété

Cet extrait du discours d'Andocide (orateur athénien de la fin du Ve *siècle)* Sur les Mystères *montre en action le contrôle exercé par l'archonte-roi et par le Conseil athénien sur le déroulement des Mystères. Il illustre aussi, à travers le personnage d'Hipponocos, l'existence et le rôle des exégètes. Andocide est accusé d'avoir déposé un rameau de suppliant dans l'Éleusinion pendant la période des Mystères.*

« Nous revenions d'Éleusis ; l'*endeixis* avait eu lieu. À ce moment l'Archonte-Roi se présente, comme c'est la coutume, devant les Prytanes pour faire son rapport sur ce qui s'est passé à Éleusis pendant les cérémonies. Les Prytanes déclarent alors qu'ils l'introduiront devant le Conseil et l'invitent à nous convoquer, Képhisios et moi, dans l'Éleusinion. Car c'était là que le Conseil devait siéger suivant la loi de Solon qui veut que le lendemain des Mystères on siège dans l'Éleusinion. Nous y comparaissons suivant l'ordre reçu. Quand le Conseil est au complet, Callias, fils d'Hipponicos, se lève en costume sacerdotal : il déclare qu'un rameau de suppliant a été placé sur l'autel et le montre à tous. Le héraut demande alors qui a déposé ce rameau : personne ne répond. J'étais là, cependant, et Képhisios me voyait. Personne n'ayant répondu, Euclès que voilà rentre, l'interpellation faite. — Appelle-le-moi. Eh bien sur ces faits d'abord, dis-je la vérité ? Donnes-en témoignage, Euclès.

Témoignage

J'ai dit la vérité : on vient de l'attester. Et la réalité des choses est toute contraire aux affirmations de mes accusateurs. Ils ont dit, si vous vous en souvenez, que les Déesses elles-mêmes, égarant mon esprit, m'avaient poussé à déposer le rameau, par ignorance de la loi, pour être ici châtié par vous. Mais pour moi, Citoyens, en admettant que mes accusateurs disent aussi vrai qu'il se puisse, je prétends que c'est aux Déesses elles-mêmes que je dois mon salut. Car si j'ai déposé le rameau et n'ai pas répondu, n'est-il pas vrai que m'étant perdu moi-même par mon acte de suppliant, j'étais, en gardant le silence, sauvé par une heureuse fortune, c'est-à-dire, évidemment, par l'inspiration des deux Déesses ? En effet, si elles avaient voulu me perdre, il aurait fallu, ce me semble, que, sans avoir déposé le rameau, j'en fisse l'aveu. Mais je n'ai rien avoué ni rien déposé. Lors donc qu'Euclès eut dit au Conseil que personne ne répondait, Callias, se levant de nouveau, dit qu'une loi de nos aïeux condamnait à mort sans jugement celui qui [pendant les mystères] aurait déposé un rameau de suppliant dans l'Éleusinion, que cette loi avait été jadis interprétée aux Athéniens par son père Hipponicos, et qu'il avait entendu dire que le rameau déposé l'avait été par moi. Aussitôt Képhalos que voici s'élance et dit : "Ô Callias, le plus impie de tous les hommes, d'abord tu proposes une interprétation de la loi, et cela t'est défendu, puisque tu es de la famille des Kéryces ; ensuite tu nous parles d'une loi de nos ancêtres ; mais la stèle près de laquelle tu te tiens condamne à une amende de mille drachmes celui qui aura déposé un rameau de suppliant dans l'Éleusinion. Et puis de qui tiens-tu que ce rameau a été déposé par Andocide ? Cite ce témoin [devant le Conseil] pour que nous l'entendions nous aussi." On lut donc l'inscription de la stèle, et Callias n'ayant pu nommer l'homme dont il disait tenir ce propos, il fut bien évident pour le Conseil qu'il avait lui-même déposé le rameau. »

Andocide, *Sur les Mystères*,
§ 111-116, trad. G. Dalmeyda, CUF.

La fondation des mystères par Déméter

L'hymne à Déméter, que l'on fait remonter avant l'annexion d'Éleusis à l'Attique, raconte la longue errance de Déméter à la recherche de sa fille Koré :

« Déchirante, la douleur s'empara de son cœur ; de ses mains elle arracha ses deux bandeaux sur sa chevelure divine, jeta sur ses épaules un voile sombre et s'élança, comme un oiseau, par les terres et les mers, à sa recherche. Or, personne, homme mortel ni Dieu, ne voulait lui dire la vérité et nul oiseau véridique ne vint lui apporter de message. Dès lors, pendant neuf jours, la noble Déô ne cessa de parcourir la terre, ayant en mains des torches ardentes : dans sa douleur, elle ne goûta point à l'ambroisie ni au doux breuvage du nectar, et ne plongea pas son corps dans un bain. »

Le Soleil lui apprend enfin qu'Hadès a enlevé Koré, avec l'assentiment de Zeus. Accueillie dans la maison de Métanire, elle se voit confier l'enfant royal, Démophon, qu'elle entreprend de rendre immortel en le frottant d'ambroisie et en le cachant dans le feu. Mais elle est surprise par la reine qui rompt le charme :

« Irritée contre elle, Déméter aux belles couronnes arracha hors du feu, de ses mains immortelles, le fils inespéré que Métanire avait enfanté dans son palais, et le déposa à terre, loin d'elle. Le cœur plein d'un terrible courroux, elle dit en même temps à Métanire à la belle ceinture :

"Hommes ignorants, insensés, qui ne savez pas voir venir votre destin d'heur ni de malheur ! Voilà que ta folie t'a entraînée à la faute la plus grave ! J'en atteste l'onde implacable du Styx, sur quoi jurent les Dieux : j'aurais fait de ton fils un être exempt à tout jamais de vieillesse et de mort, je lui aurais donné un privilège impérissable : mais maintenant il n'est plus possible qu'il échappe aux destins de la mort. Du moins, un privilège impérissable lui sera à jamais attaché, parce qu'il est monté sur nos genoux et qu'il a dormi dans nos bras. Quand avec les heures auront tourné les cycles de ses années, les fils d'Éleusis déploieront les uns contre les autres des combats et d'horribles luttes — sans interruption et à jamais. Je suis Déméter que l'on honore, la plus grande source de richesse et de joie qui soit aux immortels et aux hommes mortels. Mais allons ! Que le peuple entier m'élève un vaste temple et, au-dessous, un autel, au pied de l'acropole et de sa haute muraille, plus haut que le Callichoros, sur le saillant de la colline. Je fonderai moi-même des Mystères, afin qu'ensuite vous tâchiez de vous rendre mon cœur propice en les célébrant pieusement."

À ces mots la Déesse, rejetant la vieillesse, prit une haute et noble taille. Des effluves de beauté flottaient tout autour d'elle, et un parfum délicieux s'exhalait de ses voiles odorants ; le corps immortel de la déesse répandait au loin sa clarté ; ses blonds cheveux descendirent sur ses épaules, et la forte demeure s'illumina, comme l'eût fait un éclair. »

Le lendemain, Céléos convoque son peuple :

« Alors, convoquant sur la place la foule de son peuple, il lui ordonna d'élever à Déméter aux beaux cheveux un temple opulent et un autel, sur le saillant de la colline. Ils s'empressèrent de lui obéir et d'écouter sa voix ; ils bâtirent, suivant ses ordres, le temple qui grandissait selon la volonté divine. Après l'avoir achevé et s'être acquittés de leur lourde tâche, ils s'en furent chacun chez eux : la blonde Déméter vint s'y installer, loin de tous les Dieux bienheureux ; elle restait là, consumée par le regret de sa fille à la large ceinture. Ce fut une année affreuse entre toutes qu'elles donna aux hommes qui vivent sur le sol nourricier, une année vraiment cruelle : la terre ne faisait pas lever le grain ; car Déméter Couronnée l'y tenait caché. Bien des fois, les bœufs traînèrent en vain dans les labours le soc courbe des charrues ; bien des fois l'orge pâle tomba sans effet sur la terre. Elle aurait sans doute anéanti dans une triste famine la race tout entière des hommes qui ont un langage, et frustré les habitants de l'Olympe de l'hommage glorieux des offrandes et des sacrifices, si Zeus n'y avait songé, et réfléchi dans son esprit. »

Dès lors, Zeus va s'entremettre pour obtenir le retour de Koré auprès de sa mère une partie de l'année. Elle passera le reste aux Enfers, auprès de son époux.

Hymnes homériques, v. 40-50, v. 251-280,
v. 296-314,
trad. J. Humbert, CUF.

hiéra était solennellement notifiée à la prêtresse d'Athéna devant les magistrats réunis et les prêtres, au milieu d'une grande affluence.

La fête proprement dite commençait le lendemain avec la pleine lune. Ce jour s'appelait *agurmos* (rassemblement des *mystes*) ou *prorrhésis* (proclamation) parce que c'était ce jour-là que le *hiérophante,* assisté du *dadouque,* procédait à l'ouverture solennelle. Ceux qui étaient admis pénétraient alors dans l'Éleusinion après s'être purifiés. Le lendemain portait le nom *(Halade mustai* : « À la mer, les mystes ») du cri qui accompagnait la principale cérémonie : la marche des *mystes* vers la mer. Chacun d'eux sacrifiait sur le rivage de Phalère un porc, chargé de les débarrasser de leurs souillures, et dont les chairs étaient brûlées et les cendres dispersées. Les *mystes*, eux-mêmes purifiés dans la mer, habillés de vêtements neufs et couronnés de myrte, remontaient alors en procession vers la ville où ils participaient à un sacrifice purificatoire.

Le 19 de Boedromion avait lieu le retour des *hiéra* à Éleusis. C'était la journée la plus solennelle. La procession qui les accompagnait s'étirait sur les 20 km qui séparent les deux cités. En tête la statue de *Iacchos* (une des formes prises par Dionysos), puis le chariot qui portait les *hiéra,* le personnel sacerdotal, les *mystes,* les citoyens rangés par tribus et par dèmes derrière les magistrats, l'Aréopage et le Conseil des Cinq Cents, enfin, la foule de tous ceux qu'avait attirés la réputation de la fête. Le terme de la procession était le *Télestérion,* la salle d'initiation qui, au ve siècle, pouvait accueillir jusqu'à 3 000 personnes sur ses gradins. C'est là qu'avaient lieu les *mustéria* proprement dits : les cérémonies accessibles aux seuls *mustai,* dûment préparés. Elles duraient trois jours.

Elles commençaient par un sacrifice solennel à Déméter et Koré auquel seuls étaient admis, dans l'enceinte du *péribole,* les initiés de l'année précédente et les candidats à l'initiation, qui consommaient ensemble sur place les chairs des bêtes sacrifiées. Une formule, rapportée par Clément d'Alexandrie, marque pour les *mystes* l'entrée dans le Télestérion : « J'ai jeûné, j'ai bu le *cycéon,* j'ai pris dans la *ciste* (le panier) et après avoir travaillé j'ai remis dans le *calathos* (la corbeille), j'ai repris dans le *calathos* et remis dans la *ciste.* »

Le *cycéon,* c'est le mélange d'eau, de grains d'orge et de menthe que Déméter a accepté de boire chez Céléos pour rompre son jeûne. Derrière cette formule énigmatique, de nombreux interprètes ont voulu voir la manipulation d'organes génitaux. Si l'on suit Théophraste, il s'agirait plutôt du moulin, symbole des bienfaits apportés par Déméter qui a permis aux hommes de connaître la vie « au blé moulu ». Avec l'entrée dans le *Télestérion* commence la partie des cérémonies sur lesquelles portait le secret exigé des *mystes* et scrupuleusement gardé par les Anciens. Tout ce que l'on a tenté de reconstituer repose sur les indiscrétions calculées des chrétiens ou sur les formules allusives ou métaphoriques de philosophes comme Platon. Peut-être la présentation de drames liturgiques mettant en scène Déméter, Koré et Zeus précédait-elle l'*époptie,* la cérémonie finale consistant en la révélation aux *mystes* arrivés au terme de leur initiation, des *hiéra* enfermés jusque-là dans *l'anaktoron,* sorte de chapelle située dans le *Télestérion* lui-même et montrées aux initiés par l'hiérophante. La nature des *hiéra* a, elle aussi, fait couler beaucoup d'encre. Objets en rapport avec le « don » de Déméter, l'épi de blé ? simulacres à signification sexuelle ? *xoana* (nom de vieilles idoles en bois conservées dans certains temples) ? Malgré l'ingéniosité des hypothèses et des reconstitutions, nous ne le saurons sans doute jamais. Le lendemain, la fête prenait fin sur une dernière panégyrie.

La valeur de l'initiation aux yeux des Grecs, autant que dans la signification de chacune de ses étapes, résidait sans doute dans sa longue préparation et dans la progression qui conduisait aux révélations finales du *Télestérion,* composées à la fois de visions et d'un enseignement oral, commentaires ou instructions prononcés par l'hiérophante et qui constituaient ensemble *ta aporrhéta* : ce qu'il est interdit de répéter.

Quel genre de « révélation » comportait cette initiation secrète ? L'hymne à Déméter s'achève sur l'affirmation d'un destin différent réservé après la mort aux initiés :

« Heureux, parmi les hommes de la terre, celui qui a vu ces Mystères.

Celui qui n'est pas initié aux rites sacrés et qui n'y participe pas, n'a pas semblable destin, une fois mort, dans les ténèbres humides » (v. 479-483).

Mais Aristote affirme : « Ceux que l'on initie ne doivent pas apprendre quelque chose mais éprouver des émotions et être mis dans certaines dispositions ». Pas d'enseignement dogmatique donc, mais une transformation intérieure fondée sur l'émotion d'une rencontre avec le divin et la promesse de connaître après la mort une vie plus heureuse que les non-initiés.

En même temps qu'elles s'adressaient à chacun, les révélations concernaient l'ensemble de la communauté des *mystes* rassemblés dans le *Télestérion* et unis par leur parcours commun, mais aussi rattachés à la communauté plus vaste de tous ceux qui avaient déjà été initiés. D'autre part, c'est l'ensemble de la population des deux cités, réunies en corps constitués, et tous ceux qui depuis d'autres cités étaient venus assister aux fêtes, qui soutenaient par leur présence l'exaltation des nouveaux initiés. Ainsi, l'initiation ne séparait pas les nouveaux *mystes* du corps social, mais était soutenue et valorisée par lui. Ni le secret, qui a tant contribué au prestige d'Éleusis, ni la notion même de mystères, c'est-à-dire l'accès à des révélations cachées aux non-initiés, ne sont uniques dans la tradition grecque. Il existe d'autres rites couverts par le secret et d'autres Mystères (comme ceux de Dionysos et ceux de la Grande Mère). La dimension mystique de la rencontre personnelle avec le dieu et les révélations qu'elle apporte peuvent être rapprochées de l'expérience religieuse liée au dionysisme d'une part (p. 156), à l'orphisme d'autre part (p. 29 et 137), même si ces trois modes d'approche du divin n'ont par ailleurs ni le même statut ni la même finalité. Le prestige d'Éleusis tenait sans doute aussi bien à l'importance du culte de Déméter, à son ancienneté et à l'éclat donné par Athènes aux fêtes qui le célébraient, qu'à l'expérience mystique elle-même et à l'émotion, aussi bien collective qu'individuelle qu'elle mettait à la portée de chacun.

Il faut garder à l'esprit ce contexte civique pour ne pas déformer le sens et la valeur, pour les Grecs, des cultes à mystères, et éviter d'en faire une « autre » religion que la religion civique, d'une spiritualité supérieure, parce qu'ils ressemblent plus, vus depuis la civilisation occidentale moderne, aux attentes qui seront celles des pratiquants des cultes monothéistes. C'est cette perspective qui a souvent faussé les interprétations des Mystères d'Éleusis, comme d'autres aspects de la religion grecque.

DEUXIÈME PARTIE

Les systèmes de représentation du divin

Chapitre 4
Mythes et mythologie

SOMMAIRE

1. Lectures de la mythologie 115
2. Cosmogonies et théogonies 121
2.1. La *Théogonie* d'Hésiode 122
2.2. Les théogonies orphiques 123
3. Le mythe des races 126
4. Les mythes du sacrifice 130
4.1. Le mythe prométhéen du sacrifice 130
4.2. De la mise à mort des animaux 133
4.3. Autour de Dionysos 137

Ce qu'on appelle mythe, dans le domaine grec, peut se présenter sous les formes les plus diverses depuis les récits des mythographes, ou les fragments épars recueillis dans les gloses des lexicographes par exemple, jusqu'aux transpositions littéraires telles qu'on peut les retrouver dans l'épopée, la tragédie ou la poésie lyrique, et aux compositions à visée explicitement théologique comme les théogonies. C'est cet ensemble de discours disparates que les mythologues modernes se sont attachés à déchiffrer, selon des procédures diverses.

La notion de mythe nous est transmise par la tradition grecque elle-même. Dans un premier temps, le mot *muthos* désigne une « parole formulée » et appartient donc à l'ordre du *logos* (« ce qui est dit »).

Mais, progressivement, à mesure que le *logos* ne désigne plus seulement « ce qui est dit », mais la parole capable de convaincre en s'adressant à l'intelligence rationnelle et se référant à ce titre au « vrai », une opposition se dessine entre ces deux notions. D'un côté le *logos,* la parole rationnelle, de l'autre le *muthos,* renvoyant à ce qui n'est pas réel d'une part, à ce qui n'est pas rationnel, de l'autre.

L'émergence de l'écriture précipite cette opposition. Avec le passage de la tradition orale à divers types de littérature écrite, une pensée nouvelle se met en place, et s'affirme, à partir du dernier quart du Ve s. à travers les traités médicaux, les récits historiques, les plaidoyers d'orateurs, les dissertations philosophiques. Dans ces différents types de discours, le *logos,* devenu synonyme de rationalité démonstrative, s'affirme précisément contre le mythe pour triompher dans l'Athènes classique. Pour Thucydide, le *muthôdes,* c'est le merveilleux, que refuse l'historien soucieux avant tout du vrai (II, 22, 4). La même opposition se retrouve chez Platon entre le *muthôdes,* le « merveilleux » propre aux genres poétiques et l'*aléthinos logos,* le « discours véridique » (*République,* 522 a 8).

Pourtant, dans le même temps, les récits mythiques eux-mêmes, objets à l'origine d'une tradition orale, se sont inscrits dans des œuvres littéraires. Homère et Hésiode fixent les premiers une sorte de « répertoire canonique des récits mettant en scène les Puissances de l'au-delà » (J.-P. Vernant, « Raisons du mythe », *Mythe et société en Grèce ancienne,* 1974, p. 203). C'est dans ce répertoire que puisent librement poètes élégiaques, lyriques et tragiques, attribuant au récit traditionnel une fonction et une signification nouvelles, comme Pindare, qui donne au récit mythique une valeur de « paradigme » par rapport auquel pourra être situé et compris l'exploit célébré dans son chant. Les Tragiques, quant à eux, s'ils utilisent le passé mythique, c'est pour le confronter au présent et introduire ainsi, par le biais des protagonistes sur la scène de théâtre, l'occasion d'un débat auquel est conviée la cité. Chacun de leurs drames met en question, sous forme de problème, tel ou tel aspect du statut de l'homme. Les héros mythiques cessent d'être des « modèles », comme ils l'étaient encore chez Pindare, pour devenir objets de contestation, supports d'une interrogation sans cesse renouvelée, d'un drame à l'autre. C'est Œdipe, l'homme double, image même de l'homme à la recherche de lui-même (Sophocle, *Œdipe-Roi*). C'est le débat sur le droit et la loi, à travers le personnage d'Oreste dont l'histoire convoque et interpelle les divinités anciennes et nouvelles (Eschyle, l'*Orestie*), c'est le débat sur les rapports entre le pouvoir et la justice dans l'*Antigone* de Sophocle.

D'autres récits, à la même époque, rassemblent les versions multiples de ces mythes, véhiculés par la tradition orale, dans une forme qui se veut simple transcription. C'est ce travail qui aboutira, à l'époque hellénistique, à la composition de véritables recueils mythographiques, telle la *Bibliothèque* du Pseudo-Apollodore.

Quant au terme de *mythologie,* on le réservera pour désigner, à côté de ces différentes formes prises par les récits mythiques, un « ensemble narratif unifié représentant un système de pensée original » (J.-P. Vernant. *op. cit.*). La *Théogonie* d'Hésiode (cf. encadré p. 123), qui propose de l'univers divin et humain une vision générale ordonnée, ou encore le *mythe des races* (encadré p. 128), répondent par exemple à cette définition. L'analyse de l'organisation narrative du récit et des relations sémantiques et symboliques qui le constituent doit permettre au mythologue d'en déchiffrer les significations. À la fois enracinée dans la poésie orale et création originale et savante, la *Théogonie* est présentée, par Hésiode lui-même, comme une révélation inspirée des Muses qui fait de lui une sorte de prophète et de son œuvre un véritable « enseignement théologique » (cf. infra p. 121 et 123 une analyse de cette œuvre).

D'autres théogonies que celle d'Hésiode ont existé en Grèce, dont il ne nous reste que des fragments. Ils nous permettent au moins de deviner les contours d'un vaste continent constitué des versions multiples qui se répondent et parfois se contredisent, instaurant une sorte de « dialogue de la pensée mythique ». Nous en donnerons pour exemple la théologie orphique, attestée à la fois par des récits tardifs sur la genèse des dieux et des hommes, et par un commentaire, rédigé dans la seconde moitié du IVe siècle et retrouvé dans une tombe à Derveni en Macédoine (cf. infra p. 125).

1. Lectures de la mythologie

Une lecture philologique de ces différents discours mythiques (on pense par exemple à l'école de philologie historique illustrée au début du siècle par l'œuvre considérable de M. P. Nilsson) a eu tendance à y voir une accumulation d'éléments disparates et discontinus, simple réservoir d'explications pour éclairer tel ou tel rite, en rapport avec des éléments historiques ou géographiques. Depuis, le souci s'est fait jour de mettre en place des procédures de déchiffrement qui rendent compte de leur cohérence, et, à travers leur variété et leur complexité, donnent accès aux réseaux de signification dont ils sont porteurs et qui éclairent pour nous le système mental auquel ils se réfèrent. C'est à quoi se sont efforcés, selon des perspectives différentes, tout au long du XXe siècle, des chercheurs venus d'horizons divers. En évoquant brièvement leurs

Lecture des mythes

Texte de Claude Lévi-Strauss

« Plutôt que d'entreprendre des comparaisons hâtives et de se lancer dans des spéculations sur les origines, mieux vaut cependant procéder à l'analyse méthodique des mythes, en définissant chacun par l'ensemble de ses variantes attestées, et en écartant toute idée préconçue. Ainsi seulement, peut-on espérer parvenir à un stade où l'homme et ses œuvres prendront place au rang d'objets passibles d'une connaissance positive. Mais, pour ce faire, il convient d'appliquer une méthode très stricte, qui se ramène à trois règles :

1) Un mythe ne doit jamais être interprété à un seul niveau. Il n'existe pas d'explication privilégiée, car tout mythe consiste dans une mise en rapport de plusieurs niveaux d'explication.

2) Un mythe ne doit jamais être interprété seul, mais dans son rapport avec d'autres mythes qui, pris ensemble, constituent un groupe de transformations.

3) Un groupe de mythes ne doit jamais être interprété seul, mais par référence : a) à d'autres groupes de mythes, b) à l'ethnographie des sociétés dont ils proviennent. Car si les mythes se transforment mutuellement, une relation du même type unit, sur un axe transversal au leur, les différents plans entre lesquels évolue toute vie sociale, depuis les formes d'activité techno-économique jusqu'aux systèmes de représentations, en passant par les échanges économiques, les structures politiques et familiales, les manifestations esthétiques, les pratiques rituelles et les croyances religieuses.

On atteint ainsi des structures relativement simples, dont les transformations engendrent les mythes de divers types. Par ce biais l'anthropologie collabore modestement à l'élaboration de cette logique du concret qui semble être un des soucis majeurs de la pensée moderne et qui nous rapproche, plus qu'elle ne nous éloigne, de formes de pensée en apparence très étrangères à la nôtre.

Celles-ci ne peuvent plus être décrites comme prélogiques. Elles sont autrement logiques, mais seulement dans la mesure où la pensée occidentale a été longtemps dominée par une logique trop étroite. »

Claude Lévi-Strauss « Religions comparées des peuples sans écriture », *Annuaire de L'ÉPHÉ,* Paris, 1961, p. 5.

Texte de Marcel Detienne

La double écriture de la mythologie

« La "mythologie" n'est pas chose simple. En Grèce et ailleurs, *l'Odyssée* donne le ton avec l'air de savoir qu'il est très ennuyeux d'entendre toujours les mêmes histoires. Et il y a place pour toutes les opinions. Démosthène, drapé dans l'oraison funèbre, peut annoncer aux Athéniens qu'ils entrent par leurs exploits dans le mythe et tout le monde en est fort aise. Un siècle plus tôt, Hérodote, dans ses vêtements tout neufs d'enquêteur ionien, jette le *mythe* aux orties, mais ne renonce à aucun récit de la tradition non plus qu'aux généalogies des puissances divines. Mais il y a davantage. Et le modèle très régional de la double écriture de la mythologie y conduit. Depuis Lévi-Strauss et Georges Dumézil (quoi qu'il en ait), il y a essentiellement deux manières de percevoir la mythologie et donc de l'analyser. Ou bien comme un genre narratif, un domaine organisé par certains modes de narration. Ou bien comme un système de représentation qui excède toujours le genre narratif d'un aspect singulier de la mythologie. En somme Lévi-Strauss et Dumézil font le même choix que Platon : la mythologie est fondamentalement une structure de pensée, une *cosa mentale* au-delà de sa vêture narrative du moment. Il est même probable que le philosophe du *Timée* se serait intéressé à la théorie, très linguistique, d'A.-J. Greimas, pour qui la mythologie est un code sémantique capable de "générer" l'ensemble des récits mythiques, quelle que soit leur forme. Ce qui est plus sûr, c'est qu'en Grèce, indépendamment du projet philosophique de Platon, il y a simultanément une mythologie-cadre et une mythologie-savoir. D'une part, un système de pensée qui fonctionne comme un englobant, plus ou moins serré et d'un bout à l'autre de la culture grecque. Ce qui invite à lire l'ensemble de la culture avec ses croyances, ses savoirs, ses pratiques, ses différents types de récits, et à les lire en correspondance, dans leurs modes de relation, avec leurs catégories, leurs modes d'organisation logique, de manière unitaire, sans se laisser impressionner par la chronologie courte et ses contraintes souvent fausses. Et, par ailleurs, — il faudrait dire : *au-dedans* de la mythologie-cadre de pensée —, il y a une mythologie-savoir, avec les différents lieux d'exercice de ce savoir : Ulysse, les Atthidographes, les philosophes, et les "mythographes", les vrais lexicalement, ceux qu'évoque Diodore venu de Sicile. Mythologie-savoir habitée et longtemps par une histoire-mémoire avec des formes narratives comme "l'archéologie", l'oraison funèbre, les discours de fondation et, pour finir, investie par des gens qui se disent des professionnels de la "graphie des mythes". Donc une manière indigène de penser la mythologie. Avec la seule différence que ces indigènes-là sont nos répondants, en l'occurrence. Une manière grecque que l'analyse des mythes, la nôtre, se doit de prendre en compte et d'intégrer dans sa propre lecture. »

M. Detienne, « La double écriture de la mythologie », *L'Écriture d'Orphée,* Paris, Gallimard, 1989, p. 185-186.

apports, nous essaierons de montrer comment s'est constituée peu à peu, à travers leurs différentes lectures, une véritable technique de l'analyse des mythes.

À la fin du XIXe siècle, prenant le relais d'une ébauche de « science des mythes » qui s'amorce dès la fin du XVIIIe siècle, de grandes théories mythologiques à ambition universaliste voient le jour. Dans le cadre de l'école anthropologique anglaise (cf. E. B. Tylor et Andrew Lang), J. G. Frazer propose une lecture fondée sur le comparatisme avec les civilisations dites primitives, qui aboutit à expliquer les mythes par le recours aux forces naturelles comme la vie et la mort de la végétation.

En réaction à ces généralisations, l'école de philologie historique allemande, dominée par L. Deubner et M. P. Nilsson, s'est attachée, entre les deux guerres, à la collecte et au classement des données, fournissant, par ce rassemblement, des instruments de travail indispensables, même si elle tend à réduire la mythologie à une accumulation de récits divers. Parallèlement, une autre direction de recherches portait sur les racines lointaines de la mythologie et de la religion grecques. Cette perspective inspire aujourd'hui les études de W. Burkert qui s'attache aux origines paléolithiques des mythes et rituels sacrificiels, tandis que d'autres recherches se tournent vers le passé égéen ou mycénien, par exemple les travaux de P. Lévêque. Même si la mythologie et la religion grecques constituent un cas à part, pour l'essentiel en marge de l'ensemble indo-européen, elles ont bénéficié cependant des recherches de G. Dumézil sur la tripartition fonctionnelle (cf. un exemple dans l'analyse du *Mythe des races,* p. 128), dont il a retrouvé des éléments

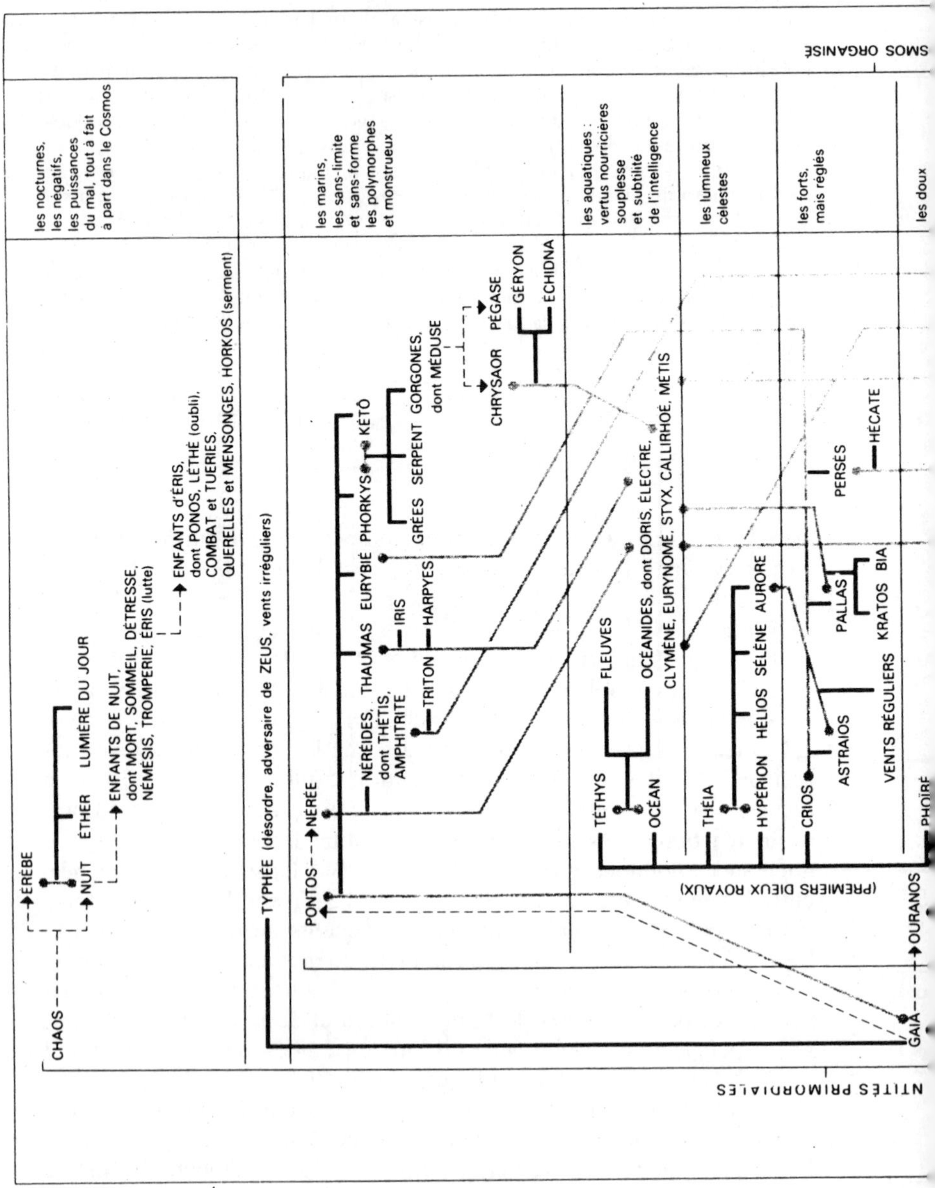
SMOS ORGANISÉ
NTITÉS PRIMORDIALES
les nocturnes, les négatifs, les puissances du mal, tout à fait à part dans le Cosmos
les marins, les sans-limite et sans-forme les polymorphes et monstrueux
les aquatiques : vertus nourricières souplesse et subtilité de l'intelligence
les lumineux célestes
les forts, mais réglés
les doux
CHAOS
ÉRÈBE
NUIT
ÉTHER
LUMIÈRE DU JOUR
ENFANTS DE NUIT, dont MORT, SOMMEIL, DÉTRESSE, NÉMÉSIS, TROMPERIE, ÉRIS (lutte)
ENFANTS d'ÉRIS, dont PONOS, LÉTHÉ (oubli), COMBAT et TUERIES, QUERELLES et MENSONGES, HORKOS (serment)
TYPHÉE (désordre, adversaire de ZEUS, vents irréguliers)
PONTOS
NÉRÉE
NÉRÉIDES, dont THÉTIS, AMPHITRITE
THAUMAS
EURYBIÉ
PHORKYS
KÉTÔ
TRITON
IRIS
HARPYES
GRÉES
SERPENT
GORGONES, dont MÉDUSE
CHRYSAOR
PÉGASE
GÉRYON
ÉCHIDNA
TÉTHYS
OCÉAN
FLEUVES
OCÉANIDES, dont DORIS, ÉLECTRE, CLYMÈNE, EURYNOMÉ, STYX, CALLIRHOÉ, MÉTIS
THÉIA
HYPÉRION
HÉLIOS
SÉLÈNE
AURORE
CRIOS
ASTRAIOS
VENTS RÉGULIERS
PALLAS
KRATOS
BIA
PERSÈS
HÉCATE
(PREMIERS DIEUX ROYAUX)
GAIA
OURANOS

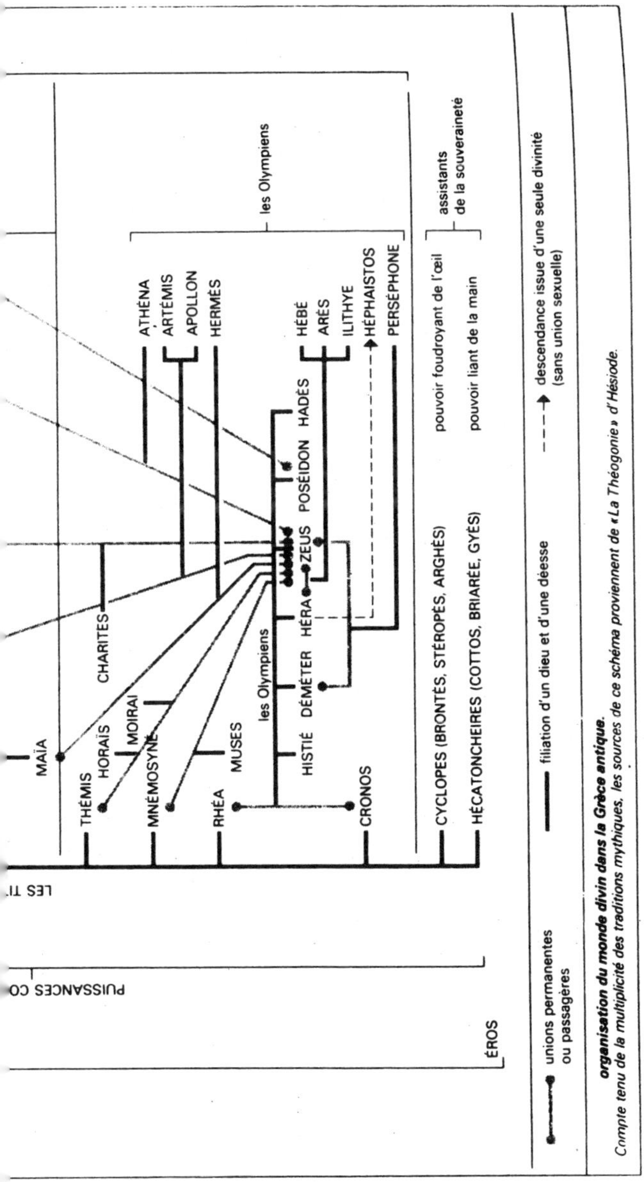

La généalogie des dieux selon Hésiode

Source : Extrait du Thesaurus, *Encyclopaedia universalis.*

dans certains cycles et rituels grecs, par exemple dans la légende d'Héraklès ou dans la théologie d'Apollon (cf. p. 152).

Ces vingt dernières années, l'accent a été mis, d'une part autour de J.-P. Vernant et M. Detienne, par J. Rudhardt d'autre part, sur la mythologie et la religion grecques de l'époque historique, archaïque et classique. Cette recherche a été impulsée et nourrie par les travaux de la sociologie française et de l'anthropologie, marqués en particulier par l'œuvre de M. Mauss et, pour le domaine grec, de L. Gernet. Ici encore, la contribution de G. Dumézil est tout à fait décisive. Derrière les différents systèmes religieux des peuples indo-européens, il met en évidence des analogies structurelles profondes. Son comparatisme fait apparaître, à travers l'analyse des mythes, des structures d'ordre mental qui concernent les modes de représentation de l'univers et d'organisation de la société. Le mythe apparaît dans ce contexte, comme un système symbolique « qui véhicule des façons de classer, de coordonner, de grouper et opposer les faits, de sentir à la fois ressemblances et dissemblances, en bref, d'organiser l'expérience » (J.-P. Vernant, Raisons du mythe, p. 233, *in : Mythe et société en Grèce ancienne*). Complétant et étendant ces recherches, Cl. Lévi-Strauss proposait une nouvelle méthode d'analyse, inspirée à l'origine de la linguistique, qui mettait en évidence la « logique du concret » à l'œuvre dans les mythes, en même temps que le rapport des mythes à leur contexte culturel et ethnographique (voir encadré p. 115). L'application au domaine grec de ces procédures a conduit à mettre au point des types de lectures adaptées aux différentes formes de discours mythiques, d'où l'établissement de corpus où sont confrontées toutes les versions et variantes des mythes apparentés, quelles que soient leurs sources et leur époque, en y intégrant les indications tirées d'autres domaines de la culture grecque. Ainsi, à travers leurs recherches sur la *mètis* : la catégorie mentale de « l'intelligence rusée », J.-P. Vernant et M. Detienne ont mis en évidence le mode d'action d'un certain type de divinités (*Les Ruses de l'intelligence. La mètis des Grecs,* 1977). Autre exemple : au moyen du rituel et de la figure d'Adonis, M. Detienne a mis en place les grandes catégories qui traversent l'univers mythique des Grecs, les codes alimentaires, sexuel, agricole, le sacrifice, le mariage, l'agriculture (*Les Jardins d'Adonis. La mythologie des aromates en Grèce,* 1972). Appliquée à des œuvres littéraires déterminées, cette méthode a conduit à en déchiffrer les contenus mythiques sous-jacents. C'est à ce travail que s'est par exemple livré J.-P. Vernant dans « Structures du mythe » *(Mythe et pensée chez les Grecs),* à propos du mythe des races chez Hésiode. Dans « Chasse et sacrifice dans l'*Orestie* d'Eschyle » *(Mythe et tragédie en Grèce ancienne),* P. Vidal-Naquet étudie, selon les mêmes procédures, les métaphores du sacrifice corrompu.

Cette méthodologie peu à peu constituée a été étendue avec profit, au-delà des textes littéraires, à différents thèmes qui orientent les recherches de ces dernières années sur les mythes, aussi bien en France qu'à l'étranger. Une vaste enquête, menée à la fois sur les mythes et sur les pratiques sacrificielles grecques, a montré la place centrale du sacrifice aussi bien dans la cité grecque que dans l'imaginaire des Grecs (*La Cuisine du sacrifice en pays grec,* M. Detienne et J.-P. Vernant éds., Gallimard). D'autres études, que nous ne pouvons toutes citer ici (cf. bibliographie) ont exploré, à travers les mythes, le thème du mariage et de la condition féminine, le thème des jeunes et de leurs modes d'accès à la vie civique, le thème de la mort. Autant de recherches qui renvoient au rapport du mythe et du politique d'une part, à celui du mythe et de l'histoire d'autre part, vastes questions que nous ne pouvons qu'indiquer ici. En même temps, d'autres travaux étaient consacrés à l'étude des structures du système polythéiste et des grandes divinités, s'efforçant, pour chacune, de dégager, à travers l'ensemble des mythes la concernant, la structure complexe qui permet de comprendre ses différents modes d'action. Parallèlement se poursuivait une recherche sur la notion même de mythe et de mythologie, à partir de ses origines grecques jusqu'aux théories modernes qui en ont renouvelé la conception

Nous emprunterons la conclusion de cette brève mise au point à P. Ellinger (cf. bibliographie) : « Tout au long de ces recherches, le mythe aura cessé d'être cet incompréhensible venu du fond des âges, ou cette chose chargée d'un pouvoir mystérieux que parfois on se plaît à évoquer, pour constituer les catégories et les grandes articulations d'un imaginaire qui permettait aux Grecs de penser la réalité dans le quotidien comme dans l'événement... On aura cessé de s'intéresser aux mythes pour eux-mêmes et en eux-mêmes... pour prendre pour objet les problèmes qui se posent à travers eux, les pensées implicites qui s'y développent, les articulations dominantes d'un système d'imaginaire collectif, ce ciment mental très structuré... qui tient ensemble à la fois des récits très variés et des phénomènes sociaux. »

2. Cosmogonies et théogonies

Les Grecs ont connu plusieurs mythes cosmogoniques, récits des origines du *cosmos,* c'est-à-dire du monde, qui sont des récits d'émergence progressive du monde ordonné. Mais de la plupart de ces mythes nous ne conservons que des traditions fragmentaires. L'une par exemple attribue aux puissances aquatiques, le couple Okéanos et Thétys, la qualité de divinités primordiales, au tout début du monde. Une autre donne à Nux, la Nuit, ce rôle. Ou encore dans un poème cosmogonique, Alcman, au VIIe siècle, liait le thème des eaux primordiales à celui de la Nuit originelle.

2.1. *La* Théogonie *d'Hésiode*

Le plus ancien texte systématique et complet de mise en ordre du monde qui nous soit parvenu est la *Théogonie* d'Hésiode.

Hésiode vivait en Boétie et composa deux longs poèmes : la *Théogonie* et *Les Travaux et les Jours,* au milieu du VIIe siècle. Il se dit inspiré par les Muses qui lui révèlent la Vérité, c'est-à-dire « ce qui a été, ce qui est et ce qui sera ».

La Théogonie : ce texte, à la composition rigoureuse, dresse l'histoire des générations de dieux et présente leur lutte pour la souveraineté. Mais avant, il décrit le temps des dieux primordiaux et il est en cela une véritable cosmogonie.

1. Le premier temps de la cosmogonie est celui de *Chaos* (la Béance), de *Gaia* (Terre) et d'*Éros* (la puissance du renouvellement). Chaos et Gaia donnent chacun naissance à des puissances sans qu'il soit question de leur union. Par exemple, de Chaos naissent *Érèbe* et *Nuit,* de Gaia *Ouranos* (Ciel) et *Pontos* (Flot marin) … Le second temps de la cosmogonie est celui d'une union entre Gaia et Ouranos, union qui engendre les douze *Titans* et *Titanes* (dont le plus jeune est *Kronos*), les trois *Cyclopes* et les trois *Cent-Bras.* Mais Ouranos empêche ses enfants de voir le jour, car il couvre constamment Gaia, l'obligeant à enfouir les enfants au plus profond d'elle-même. Gaia alors médite une ruse, crée une serpe qu'elle confie au plus jeune des Titans : Kronos, et celui-ci châtre son père. Désormais Ouranos, séparé de Gaia, est fixé à sa place au sommet du monde, la génération des êtres primordiaux est terminée et le monde peut s'organiser.

L'acte de Kronos a d'autres conséquences :

– la naissance d'*Aphrodite :* le sexe tranché d'Ouranos tombe dans *Pontos* et se mêle à l'écume marine, il en naît Aphrodite,

– les gouttes de sang d'Ouranos tombent sur Gaia et la fécondent. Trois groupes de puissances divines en naissent : les *Érinyes* (divinités de la vengeance), les *Géants* et les *Nymphes des frênes (Meliai).*

Avec la mutilation d'Ouranos, la lutte et la violence d'une part, la persuasion et l'amour de l'autre, trouvent place dans un monde où le temps est débloqué, où peut commencer la lutte pour le pouvoir entre les dieux.

2. Rappelons qu'entre les créations des divinités primordiales et la mise en place de la dernière génération des dieux se situe un épisode de toute première importance : l'apparition du héros *Prométhée,* l'institution du sacrifice sanglant et la définition du statut de l'homme. Ce récit est comme la clef de voûte de l'ensemble du texte (voir pour son analyse le paragraphe sur les mythes sacrificiels, p. 129).

3. Les luttes des dieux pour le pouvoir. Les enfants d'Ouranos et de Gaia entrent en scène. Ils forment des couples de frères et sœurs qui engendrent à leur tour des puissances divines. Parmi ces couples de Titans, celui de *Rheia* et de *Kronos,* qui règne sur les autres dieux. Pour éviter qu'un de ses enfants ne devienne roi à son tour, Kronos avale ses enfants dès leur naissance *: Histiè, Déméter, Héra, Hadès, Poséidon.* Le dernier, *Zeus,* lui échappe, Rhéia lui ayant fait avaler à la place une pierre. L'intelligence rusée, la *mètis* dont Rhéia puis Zeus font preuve dans cette affaire, est l'élément essentiel du succès. Zeus grandit et force Kronos à vomir ses enfants.

Avant de conquérir définitivement le pouvoir, Zeus et la génération de ses « frères » auront à combattre les Titans qui finiront foudroyés, puis le monstre *Typhon* précipité au Tartare. Les dieux olympiens confient la royauté à Zeus qui répartit entre eux tous les honneurs et inaugure un règne de paix et de justice. Des traditions plus tardives que le texte d'Hésiode narrent d'autres rebondissements encore.

Zeus épouse alors *Mètis,* l'intelligence rusée faite déesse et, pour éviter qu'un fils futur ne le détrône, il avale son épouse enceinte d'*Athéna* et détient ainsi toute la *mètis* nécessaire à l'exercice de la souveraineté. À l'issue de la *Théogonie,* le cosmos, le monde des dieux et le monde des hommes sont définitivement établis.

La *Théogonie* d'Hésiode peut être rapprochée de récits cosmogoniques aux thèmes analogues connus dans le Proche-Orient. Une de ses particularités est d'insister moins sur la genèse du monde que sur la mise en place d'une hiérarchie des puissances divines, phénomène que l'on doit rapprocher des luttes pour le pouvoir royal qui ont dû marquer la société des hommes au moment où étaient créés ces grands récits. Toute étude de la création d'un système symbolique tel que les cosmogonies et théogonies doit bien évidemment tenir compte du contexte historique qui a entouré son élaboration.

2.2. *Les théogonies orphiques*

Elles constituent un ensemble de récits ou de fragments de récits, dont le plus important consiste en un rouleau de papyrus, retrouvé en 1962 près d'une tombe de Derveni, aux environs de Thessalonique, long texte philosophico-religieux qui date du début du IVe siècle. Mais c'est au moins au VIe siècle qu'il faut faire remonter les éléments d'une « pensée » orphique, attestée par l'existence de dévots d'Orphée, pratiquant ce qu'ils appellent eux-mêmes le *bios orphikos :* le mode de vie orphique. Trois tablettes en os datées du début du Ve siècle et découvertes en 1978 à Olbia, sur les bords de la mer Noire, en apportent le témoignage.

La théologie orphique se construit en opposition au récit hésiodique et à son ambition fondatrice. Elle sert d'appui aux renonçants qui se réclament

La *Théogonie* d'Hésiode

Les premiers dieux

« Donc avant tout fut Abîme (Chaos) ; puis Terre (Gaia) aux larges flancs, assise sûre à jamais offerte à tous les vivants, et Amour (Éros), le plus beau parmi les dieux immortels, celui qui rompt les membres et qui, dans la poitrine de tout dieu comme de tout homme, dompte le cœur et le sage vouloir.

D'Abîme naquirent Érèbe et la noire Nuit (Nux). Et de Nuit à son tour, sortirent Éther et Lumière du Jour (Hémerè). Terre, elle, d'abord enfanta un être égal à elle-même, capable de la couvrir tout entière, Ciel Étoilé (Ouranos), qui devait offrir aux dieux bienheureux une assise sûre à jamais. Elle mit aussi au monde les hautes Montagnes, plaisant séjour des déesses, les Nymphes, habitantes des monts vallonnés. Elle enfanta aussi la mer inféconde aux furieux gonflements, Flot (Pontos) — sans l'aide du tendre amour. Mais ensuite, des embrasements de Ciel, elle enfanta Océan (Océanos) aux tourbillons profonds, — Coios, Crios, Hypérion, Japet — Théia, Rhéia, Thémis et Mnémosyne, — Phoibè, couronnée d'or, et l'aimable Thétys. Le plus jeune après eux, vint au monde Cronos, le dieu aux pensers fourbes, le plus redoutable de tous ses enfants ; et Cronos prit en haine son père florissant.

Elle mit aussi au monde les Cyclopes au cœur violent, Brontès, Stéropès, Arghès à l'âme brutale, en tout pareil aux dieux, si ce n'est qu'un seul œil était placé au milieu de leur front. Vigueur, force et adresse étaient dans tous leurs actes.

D'autres fils naquirent encore de Ciel et Terre, trois fils grands et forts, qu'à peine on ose nommer. Cottos, Briarée, Gyès, enfants pleins d'orgueil. Ceux-là avaient chacun cent bras, qui jaillissaient terribles de leurs épaules, ainsi que cinquante têtes, attachées sur l'épaule à leurs corps vigoureux. Et redoutable était la puissante vigueur qui complétait leur énorme stature.

Car c'étaient de terribles fils que ceux qui étaient nés de Terre et de Ciel, et leur père les avait en haine dès le premier jour. À peine étaient-ils nés qu'au lieu de les laisser monter à la lumière, il les cachait tous dans le sein de Terre, et, tandis que Ciel se complaisait à cette œuvre mauvaise, l'énorme Terre en ses profondeurs gémissait, étouffant. Elle imagine alors une ruse perfide et cruelle. Vite elle crée le blanc métal acier ; elle en fait une grande serpe, puis s'adresse à ses enfants, et, pour exciter leur courage, leur dit, le cœur indigné : "Fils issus de moi et d'un furieux, si vous voulez m'en croire, nous châtierons l'outrage criminel d'un père, tout votre père qu'il soit, puisqu'il a le premier conçu œuvres infâmes."

Elle dit, la terreur les prit tous, et nul d'entre eux ne dit mot. Seul, sans trembler, le grand Cronos aux pensers fourbes réplique en ses termes à sa noble mère : "C'est moi mère, je t'en donne ma foi, qui ferai la besogne. D'un père abominable je n'ai point le souci, tout notre père qu'il soit, puisqu'il a le premier conçu œuvres infâmes."

Il dit, et l'énorme Terre en son cœur sentit grande joie. Elle le cacha, le plaça en embuscade, puis lui mit dans les mains la grande serpe aux dents aiguës et lui enseigna tout le piège. Et le grand Ciel vint, amenant la nuit ; et, enveloppant Terre, tout avide d'amour, le voilà qui s'approche et s'épand en tout sens. Mais le fils, de son poste, étendit la main gauche, tandis que de la droite, il saisissait l'énorme, la longue serpe aux dents aiguës ; et brusquement il faucha les bourses de son père, pour les jeter ensuite, au hasard, derrière lui. Ce ne fut pas pourtant un vain débris qui lors s'enfuit de sa main. Des éclaboussures sanglantes en avaient jailli ; Terre les reçut toutes, et, avec le cours des années, elle en fit naître les puissantes Érinyes, et les grands Géants aux armes étincelantes, qui tiennent en leurs mains de longues javelines, et les Nymphes aussi que l'on nomme Méliennes, sur la terre infinie. Quant aux bourses, à peine les eut-il tranchées avec l'acier et jetées de la terre dans la mer au flux sans repos, qu'elles furent emportées au large, longtemps ; et tout autour, une blanche écume sortait du membre divin. De cette écume une fille se forma, qui toucha d'abord à Cythère la divine, d'où elle fut ensuite à Chypre qu'entourent les flots ; et c'est là que prit terre la belle et vénérée déesse qui faisait autour d'elle, sous ses pieds légers, croître le gazon et que les dieux aussi bien que les hommes appellent Aphrodite, pour s'être formée d'une écume, ou encore Cythérée, pour avoir abordé à Cythère, Amour (Éros) et le beau Désir (Himéros) sans tarder, lui firent cortège, dès qu'elle fut née et se fut mise en route vers les dieux. Et du premier jour, son privilège à elle, le lot qui est le sien, aussi bien parmi les hommes que parmi les immortels, ce sont les babils de fillettes, les sourires, les piperies ; c'est le plaisir suave, la tendresse et la douceur.

Mais le père, le vaste Ciel, les prenant à parti, aux fils qu'il avait enfantés donnait le nom de Titans : à tendre trop haut le bras, ils avaient, disait-il, commis dans leur folie un horrible forfait, et l'avenir en saurait tirer vengeance. »

Hésiode, *Théogonie,* v. 116-210, trad. P. Mazon, CUF.

de la figure d'Orphée pour contester et refuser la règle politico-religieuse de la cité. Les cosmogonies orphiques (car il existe plusieurs récits avec des variantes plus ou moins importantes) racontent les origines du monde.

Alors que la théogonie hésiodique va du Chaos à l'ordre, les récits orphiques placent à l'origine une puissance primordiale, le Temps ou le Nuit, selon les traditions, d'où sort un œuf qui donnera à son tour naissance à Phanès (Le Brillant) ou à Éros (le désir amoureux). L'histoire du monde à partir de cet œuf, totalité parfaite, est constituée de morcellements et de dégradations successives liées à l'apparition de la reproduction sexuée. En se multipliant, les couples de dieux se séparent et s'opposent. Cette dégradation trouve son aboutissement dans le meurtre de Dionysos et l'apparition de l'espèce humaine (voir p. 137). La cosmogonie débouche sur une anthropogonie qui a pour fonction de dénoncer le meurtre que constitue la mise à mort d'êtres vivants. Seule l'abstention du meurtre, et donc du sacrifice sanglant, peut permettre aux hommes qui choisissent le mode de vie orphique, synonyme de pureté et impliquant la séparation d'avec les hommes de la cité, de se réconcilier avec les dieux.

La Cosmogonie orphique

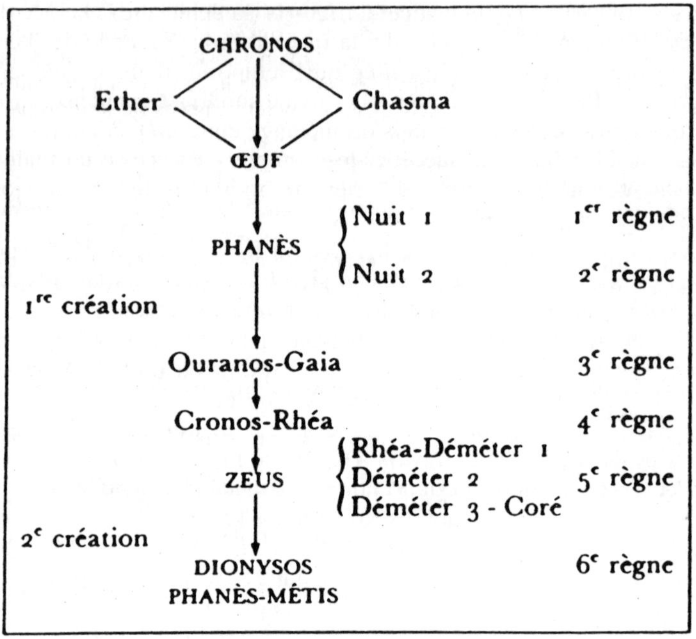

3. Le mythe des races

Le mythe des races, tel qu'Hésiode le raconte, permet de saisir à l'œuvre une pensée mythique vivante (nous suivons dans cette analyse, les grandes lignes d'une étude de J.-P. Vernant, « Le mythe hésiodique des races. Essai d'analyse structurale » *in : Mythe et pensée chez les Grecs,* 1re éd., 1965).

Hésiode — c'est la structure de son récit qui nous le fait découvrir — se sert en effet d'un mythe ancien, celui des races métalliques, pour dire sa pensée sur la société de son temps, en transformant l'organisation du mythe, de façon à y introduire la vision de ce qui, à ses yeux, menace l'espèce humaine.

Le mythe traditionnel raconte la succession des races d'hommes qui ont tour à tour peuplé la terre avant nous, puis disparu : la race d'or, puis celle d'argent, enfin celle de bronze, et, en dernier, la race de fer, suivant un ordre apparent de déchéance de plus en plus marquée. Mais cette progression dans la déchéance est perturbée par l'insertion d'une race de héros entre la race de bronze et la race de fer qui est la nôtre.

Cette modification de structure entraîne une modification essentielle de la signification du mythe. Les races apparaissent dès lors opposées deux à deux, comme la *dikè* (la justice) à *l'hubris* (la démesure) : la race d'or à la race d'argent qui lui succède, la race de bronze à celle des héros. Dans le premier couple, c'est *dikè* qui l'emporte, dans le deuxième, c'est *hubris*. Reste la race de fer, elle-même subdivisée en deux parties, celle que connaît Hésiode, temps du mélange entre *dikè* et *hubris* et du choix, auquel menace de succéder le triomphe d'*hubris* et du malheur dans un monde à l'envers où « rien ne sera plus tel qu'aux jours passés » (*Les Travaux et les Jours,* 184)...

On comprend alors le sens de la leçon qu'Hésiode tire du mythe pour l'adresser à son frère Persès, mais aussi, à travers lui, aux Grands de la terre : « Écoute la justice, ne laisse pas grandir la démesure » (v. 213).

Dans ces trois couples qui se succèdent on peut d'autre part reconnaître le système de tripartition fonctionnelle que G. Dumézil a montré à l'œuvre à travers toute la pensée religieuse des peuples Indo-Européens. La race d'or et la race d'argent mettent en évidence les caractères de la royauté, à travers le symbole même des métaux qui les représentent. Au Bon Roi qui pratique la justice et se considère comme un rejeton de Zeus succèdent les Rois impies (ceux de la race d'argent) à l'image des Titans. Les hommes de la race de bronze sont à leur tour caractérisés par leur comportement de guerriers, qui correspond, dans les mythes de souveraineté qui racontent la lutte des dieux pour le pouvoir, au comportement des Géants, révoltés contre Zeus puis vaincus par lui. En face de la race de bronze se dresse la race des héros, eux aussi combattants, mais incarnation du guerrier juste et, à ce titre, transportés par Zeus dans l'île des Bienheureux. Enfin, la race de fer est marquée par l'ambiguïté et l'ambivalence. Le bien et le mal sont pour elle solidaires et indissociables. L'homme y connaît la souffrance et la mort, la nécessité de peiner pour tirer du sol sa subsistance. Pandora, la femme, est la cause de ces maux ; c'est elle qui a ouvert la jarre qui les contenait. Mais elle est aussi le symbole de la vie « mêlée » de l'humanité. « Beau mal » comme l'appelle Hésiode, elle représente la fonction de fécondité : à la fois production de la nourriture en tant qu'elle est une figure de la terre, et reproduction de la vie. L'homme, agriculteur de l'âge de fer, a le choix entre la soumission à la *dikè* ou l'abandon à l'*hubris* qui ne peut conduire qu'au triomphe du mal.

Ces trois fonctions de la souveraineté, de l'activité guerrière et de la fécondité, respectivement incarnées par le Roi, le Guerrier et l'Agriculteur, obéissent à leur tour, dans le récit d'Hésiode, à une tension entre deux forces, *Dikè* et *Hubris,* qui commande finalement tout le mythe hésiodique. C'est là que se manifeste l'apport le plus novateur et l'originalité la plus profonde. La place qu'Hésiode accorde à *Dikè,* la Justice, fille de Zeus, est sa réponse aux problèmes posés par les transforma-

Le mythe des races

« Si tu le veux, je couronnerai mon récit par un autre, comme il convient et doctement. Et toi, mets-le en ton esprit.

D'or fut la première race d'hommes périssables que créèrent les Immortels, habitants de l'Olympe. C'était aux temps de Cronos, quand il régnait encore au ciel. Ils vivaient comme des dieux, le cœur libre de soucis, à l'écart et à l'abri des peines et des misères : la vieillesse misérable sur eux ne pesait pas ; mais, bras et jarret toujours jeunes, ils s'égayaient dans les festins, loin de tous les maux. Mourant, ils semblaient succomber au sommeil. Tous les biens étaient à eux : le sol fécond produisait de lui-même une abondante et généreuse récolte, et eux, dans la joie et la paix, vivaient de leurs champs, au milieu de biens sans nombre. Depuis que le sol a recouvert ceux de cette race, ils sont, par le vouloir de Zeus puissant, les bons génies de la terre, gardiens des mortels, dispensateurs de la richesse : c'est le royal honneur qui leur fut départi.

Puis une race bien inférieure, une race d'argent, plus tard fut créée encore par les habitants de l'Olympe. Ceux-là ne ressemblaient ni pour la taille ni pour l'esprit à ceux de la race d'or. L'enfant, pendant cent ans, grandissait en jouant aux côtés de sa digne mère, l'âme toute puérile, dans sa maison. Et quand, croissant avec l'âge, ils atteignaient le terme qui marque l'entrée de l'adolescence, ils vivaient peu de temps, et, par leur folie, souffraient mille peines. Ils ne savaient pas s'abstenir entre eux d'une folle démesure. Ils refusaient d'offrir un culte aux immortels ou de sacrifier aux saints autels des Bienheureux, selon la loi des hommes qui se sont donné des demeures. Alors Zeus, fils de Cronos, les ensevelit, courroucé, parce qu'ils ne rendaient pas hommage aux dieux bienheureux qui possèdent l'Olympe. Et, quand le sol les eut recouverts à leur tour, ils devinrent ceux que les mortels appellent les Bienheureux des Enfers, génies inférieurs, mais que quelque honneur accompagne encore.

Et Zeus, père des dieux, créa une troisième race d'hommes périssables, race de bronze, bien différente de la race d'argent, fille des frênes, terrible et puissante. Ceux-là ne songeaient qu'aux travaux gémissants d'Arès et aux œuvres de démesure. Ils ne mangeaient pas le pain ; leur cœur était comme l'acier rigide ; ils terrifiaient. Puissante était leur force, invincibles les bras qui s'attachaient contre l'épaule à leur corps vigoureux. Leurs armes étaient de bronze, de bronze leurs maisons, avec le bronze ils labouraient, car le fer noir n'existait pas. Ils succombèrent, eux, sous leurs propres bras et partirent pour le séjour moisi de l'Hadès frissonnant, sans laisser de nom sur la terre. Le noir trépas les prit, pour effrayants qu'ils fussent, et ils quittèrent l'éclatante lumière du soleil.

Et, quand le sol eut de nouveau recouvert cette race, Zeus, fils de Cronos, en créa encore une quatrième sur la glèbe nourricière, plus juste et plus brave, race divine des héros que l'on nomme demi-dieux et dont la génération nous a précédés sur la terre sans limites. Ceux-là périrent dans la dure guerre et dans la mêlée douloureuse, les uns devant les murs de Thèbes aux sept portes, sur le sol cadméen, en combattant pour les troupeaux d'Œdipe ; les autres au-delà de l'abîme marin, à Troie, où la guerre les avait conduits sur des vaisseaux, pour Hélène aux beaux cheveux, et où la mort, qui tout achève, les enveloppa. À d'autres enfin, Zeus, fils de Cronos et père des dieux, a donné une existence et une demeure éloignées des hommes, en les établissant aux confins de la terre. C'est là qu'ils habitent, le cœur libre de ▶

soucis, dans les Iles des Bienheureux, aux bords des tourbillons profonds de l'Océan, héros fortunés, pour qui le sol fécond porte trois fois l'an une florissante et douce récolte.

Et plût au ciel que je n'eusse pas à mon tour à vivre au milieu de ceux de la cinquième race, et que je fusse ou mort plus tôt ou né plus tard. Car c'est maintenant la race du fer. Ils ne cesseront ni le jour de souffrir fatigues et misères, ni la nuit d'être consumés par les dures angoisses que leur enverront les dieux. Du moins trouveront-ils encore quelques biens mêlés à leurs maux. Mais l'heure viendra où Zeus anéantira à son tour cette race d'hommes périssables : ce sera le moment où ils naîtront avec des tempes blanches. Le père alors ne ressemblera plus à ses fils ni les fils à leur père : l'hôte ne sera plus cher à son hôte, l'ami à son ami, le frère à son frère, ainsi qu'aux jours passés. À leurs parents, sitôt qu'ils vieilliront, ils ne montreront que mépris ; pour se plaindre d'eux, ils s'exprimeront en paroles rudes, les méchants ! et ne connaîtront même pas la crainte du Ciel. Aux vieillards qui les ont nourris ils refuseront les aliments. Nul prix ne s'attachera plus au serment tenu, au juste, au bien : c'est à l'artisan de crimes, à l'homme tout démesure qu'iront leurs respects ; le seul droit sera la force, la conscience n'existera plus. Le lâche attaquera le brave avec des mots tortueux, qu'il appuiera d'un faux serment. Aux pas de tous les misérables humains s'attachera la jalousie, au langage amer, au front haineux, qui se plaît au mal. Alors, quittant pour l'Olympe la terre aux larges routes, cachant leurs beaux corps sous des voiles blancs, Conscience et Vergogne, délaissant les hommes, monteront vers les Éternels. De tristes souffrances resteront seules aux mortels : contre le mal il ne sera point de recours. »

Hésiode, *Les Travaux et les Jours,* v. 106-202,
trad. P. Mazon, CUF.

tions de la vie sociale au VIIe siècle. Le petit agriculteur, Persès, frère d'Hésiode, auquel est adressé le poème, et les rois, dont la fonction est de faire régner la justice, sont également concernés par le triomphe de Dikè sur Hubris. Quant à l'activité guerrière, elle n'a qu'une réalité lointaine, dont la trace est présente dans l'esprit de Lutte *(Éris),* lutte mauvaise qui suscite les conflits, comme celui qui a opposé Persès à son frère à propos de leur patrimoine, et qui est évoquée au début du poème, ou Lutte bonne qui peut permettre le triomphe de *Dikè.*

C'est ainsi que faisant revivre un vieux mythe, Hésiode lui donne une résonance nouvelle en l'adaptant à la réalité vivante de son temps. On voit, par cet exemple, à la fois comment une analyse structurale peut rendre compte d'un ensemble complexe en prenant en compte ses différents niveaux, mais aussi comment chaque mythe est une création vivante et adaptable et peut devenir à son tour élément dans une élaboration plus complexe.

4. Les mythes du sacrifice

Parce que le problème du sacrifice occupe une position déterminante dans la religion grecque, autour du mythe central de Prométhée, pour définir la condition humaine dans ses rapports avec les dieux, nous avons choisi de montrer, à titre d'exemple, comment fonctionnent quelques-uns des mythes du sacrifice, dont nous avons vu, dans la première partie, la place essentielle dans le rituel.

4.1. *Le mythe prométhéen du sacrifice*

Dans un épisode de la *Théogonie* (v. 535-617), repris en partie dans *Les Travaux et les Jours* (v. 42-106 : le mythe de Pandore), Hésiode évoque « le duel de ruse » qui a opposé Prométhée à Zeus. La scène se passe au temps où se décide la nature des rapports entre hommes et dieux. D'un côté, Zeus, vainqueur des Titans, a partagé avec les Olympiens les parts d'honneur, chacun ayant reçu son apanage, de l'autre, Prométhée, sans être un ennemi de Zeus, est un descendant du Titan Japet. L'enjeu est la distribution des parts entre les Olympiens et les hommes.

Prométhée a préparé pour les deux partis, deux parts d'un bœuf. Pour tromper Zeus, il recouvre de graisse les os nus, tandis qu'une seconde part contient « sous la peau, chairs et entrailles lourdes de graisse ». La première part, alléchante, n'offre, sous la graisse, rien de comestible, la deuxième, sous une apparence rebutante, cache tous les bons morceaux. Entre ces deux parts inégales, Zeus choisit délibérément la part trompeuse — qui est en réalité la bonne — car, en se nourrissant de la seule fumée des os calcinés par le feu sur l'autel, les dieux confirment leur nature immortelle, séparée de tout ce qui est corruptible, en particulier la chair morte des bêtes, dont les hommes, eux, ne peuvent se passer. Zeus retourne ainsi contre les hommes la ruse de Prométhée. En même temps, il médite de se venger.

Dans un deuxième temps, il refuse donc aux hommes le feu, qui était jusque-là à leur libre disposition. Il le cache, leur interdisant de cuire la viande acquise dans le partage. Prométhée dérobe alors le feu pour le donner aux hommes. Il a en effet pour eux une double valeur. Il les unit aux dieux par la flamme des autels (c'est le feu sacrificiel), il les distingue des bêtes dont ils partagent la condition mortelle, en leur permettant de cuire leur nourriture.

Mais, par ce don, Prométhée provoque une seconde fois la colère de Zeus, qui se vengera des hommes en leur faisant à son tour un don trompeur. La troisième séquence du mythe raconte la fabrication par Héphaïstos de la première femme, modelée en terre et parée par Athéna, qui deviendra, dans la version des *Travaux et les Jours,* Pandora, « don de tous les dieux ».

Cadeau empoisonné, sa beauté et sa séduction cachent à l'intérieur le mensonge et la tromperie. C'est « le beau mal » comme Hésiode la nomme.

Le premier acte du drame, la préparation des parts inégales qui réserve aux hommes toute la chair consommable, est présenté, par le texte lui-même, comme une explication d'une partie du rituel sacrificiel : « De là vient que sur la terre, la race des hommes brûle pour les Immortels les os blancs sur les autels qui exhalent le parfum de l'encens » (*Théogonie,* v. 556-57). Pourtant, la valeur étiologique du mythe n'épuise pas la signification de l'ensemble du récit, dont la cohérence est soulignée au niveau de la narration par l'enchaînement des épisodes, et, sur le plan sémantique, par des correspondances symboliques entre les différents épisodes. Au terme de l'analyse, c'est sur la nature même et sur la fonction du sacrifice de type prométhéen que nous éclaire le récit hésiodique.

De même que dans un premier temps Prométhée a voulu tromper Zeus par l'attribution des parts du bœuf, de même Zeus trompe les hommes par le don de la première femme. Entre les deux épisodes, le vol du feu joue un rôle médiateur. Apparemment tromperie triomphante de Prométhée, ce don entraîne en effet la colère et la vengeance de Zeus qui va sceller la condition humaine. Le feu se révèle ainsi comme un cadeau aussi empoisonné que celui de la femme, dont les hommes se sont également réjouis dans un premier temps. « Ce qui est en question à travers le conflit opposant l'astuce retorse du Titan à l'intelligence sans faille de l'Olympien, c'est en dernière analyse le statut qui définit la condition humaine, le mode d'existence propre aux hommes d'aujourd'hui. La pratique sacrificielle est présentée comme la première conséquence et comme l'expression la plus directe de la distance qui s'est creusée entre les dieux et les hommes du jour où Prométhée s'est engagé dans la voie de la rébellion. Le mythe rattache le rituel du sacrifice aux événements primordiaux qui ont fait des hommes ce qu'ils sont, des créatures mortelles, vivant sur terre, au milieu de maux sans nombre, mangeant le froment de leurs champs labourés, en compagnie de leur épouse, — c'est-à-dire une race d'êtres entièrement séparés de ceux dont ils étaient pourtant à l'origine tout proches, puisqu'ils vivaient en commensalité avec eux, s'asseyant aux mêmes tables pour partager les mêmes repas : ces Immortels Bienheureux, résidant au ciel, nourris d'ambroisie, vers lesquels monte maintenant la fumée des offrandes sacrificielles... De même que la proximité ancienne s'exprimait mythiquement par l'image d'une communauté de convives banquetant de compagnie, la séparation présente se traduit par le contraste de deux modes d'alimentation, — l'opposition des régimes venant s'inscrire au cœur même du rituel qui cherche cependant à établir entre les deux races disjointes une sorte de contact et de communication, qui tend, autant que

Le sacrifice de Prométhée et la création de la femme

« C'était aux temps où se réglait la querelle des dieux et des hommes mortels, à Mécôné. En ce jour-là Prométhée avait, d'un cœur empressé, partagé un bœuf énorme, qu'il avait ensuite placé devant tous. Il cherchait à tromper la pensée de Zeus : pour l'un des deux partis, il avait mis sous la peau chairs et entrailles lourdes de graisse, puis recouvert le tout du ventre du bœuf ; pour l'autre, il avait, par une ruse perfide, disposé en un tas les os nus de la bête, puis recouvert le tout de graisse blanche. Sur quoi, le père des dieux et des hommes lui dit : "Ô fils de Japet, noble sire entre tous, tu as, bel ami, été bien partial en faisant les lots."

Ainsi railleur, parlait Zeus aux conseils éternels. Et Prométhée aux pensers fourbes lui répondit avec un léger sourire, soucieux de sa ruse perfide : "Zeus très grand, le plus glorieux des dieux toujours vivants, choisis donc de ces parts celle que ton cœur t'indique en ta poitrine."

Il dit, le cœur plein de fourbe, et Zeus aux conseils éternels comprit la ruse et sut la reconnaître. Mais déjà, en son cœur il méditait la ruine des mortels, tout comme en fait il devait l'achever. De ses deux mains il souleva la graisse blanche, et la colère emplit son âme, tandis que la bile montait à son cœur, à la vue des os nus de la bête, trahissant la ruse perfide. — Et aussi bien est-ce pourquoi, sur la terre, les fils des hommes brûlent aux Immortels les os nus des victimes sur les autels odorants. — Et, indigné, l'assembleur de nuées, Zeus, dit : "Ah ! fils de Japet, qui en sais plus que nul au monde, je le vois, bel ami, tu n'as pas encore oublié la ruse perfide."

Ainsi, irrité, parlait Zeus aux conseils éternels ; et, dès lors, de cette ruse gardant toujours le souvenir, il se refusait à diriger sur les frênes l'élan du feu infatigable pour le profit des mortels, habitants de cette terre. Mais le brave fils de Japet sut le tromper et déroba, au creux d'une férule, l'éclatante lueur du feu infatigable ; et Zeus, qui gronde dans les nues, fut mordu profondément au cœur et s'irrita en son âme, quand il vit briller au milieu des hommes l'éclatante lueur du feu. Aussitôt, en place du feu, il créa un mal, destiné aux humains. Avec de la terre, l'illustre Boiteux modela un être tout pareil à une chaste vierge, par le vouloir du Cronide. La déesse aux yeux pers, Athéna, lui noua sa ceinture, après l'avoir parée d'une robe blanche, tandis que de son front ses mains faisaient tomber un voile aux mille broderies, merveille pour les yeux. Autour de sa tête elle posa un diadème d'or forgé par l'illustre Boiteux lui-même, de ses mains adroites, pour plaire à Zeus son père : il portait d'innombrables ciselures, merveille pour les yeux, images des bêtes que par milliers nourrissent la terre et les mers ; Héphaïstos en avait mis des milliers — et un charme infini illuminait le bijou — véritables merveilles, toutes semblables à des êtres vivants.

Et quand, en place d'un bien, Zeus eut créé ce mal si beau, il l'amena où étaient dieux et hommes, superbement paré par la Vierge aux yeux pers, la fille du dieu fort ; et les dieux immortels et les hommes mortels allaient s'émerveillant à la vue de ce piège, profond et sans issue, destiné aux humains. Car c'est de celle-là qu'est sortie la race, l'engeance maudite des femmes, terrible fléau installé au milieu des hommes mortels. Elles ne s'accommodent pas de la pauvreté odieuse, mais de la seule abondance. Ainsi, dans les abris où nichent les essaims, les abeilles nourrissent les frelons que partout suivent œuvres de mal. Tandis qu'elles, sans repos, jusqu'au coucher du Soleil, s'empressent chaque jour à former des rayons de cire blanche, ils demeurent, eux, à l'abri des ruches et engrangent dans leur ventre le fruit des peines d'autrui. Tout de même, Zeus qui gronde dans les nues, pour le grand malheur des hommes mortels, a créé les femmes, que partout suivent œuvres d'angoisse, et leur a, en place d'un bien, fourni tout au contraire un mal. Celui qui, fuyant, avec le mariage, les œuvres de souci qu'apportent les femmes, refuse de se marier, et qui, lorsqu'il atteint la vieillesse maudite, n'a pas d'appui pour ses vieux jours, celui-là sans doute ne voit pas le pain lui manquer, tant qu'il vit, mais, dès qu'il meurt, son bien est partagé entre collatéraux. Et celui en revanche, qui dans son lot trouve le mariage, peut rencontrer sans doute une bonne épouse, de sain jugement ; mais, même alors, il voit toute sa vie le mal compenser le bien ; et, s'il tombe sur une espèce folle, alors, sa vie durant, il porte en sa poitrine un chagrin qui ne quitte plus son âme ni son cœur, et son mal est sans remède.

Ainsi au vouloir de Zeus il n'est pas facile de se dérober ni de se soustraire. Le fils de Japet lui-même, le bienfaisant Prométhée, n'a point échappé à son lourd courroux, et, malgré tout son savoir, la contrainte d'un lien terrible le tient. »

Hésiode, *La Théogonie,* v. 535-616,
trad. P. Mazon, CUF.

faire se peut, de jeter un pont de la terre vers le ciel » (J.-P. Vernant, « À la table des hommes », *La Cuisine du sacrifice,* p. 41-43).

C'est par rapport à ce mythe central que prennent sens toute une série d'autres récits qui tournent autour du problème du sacrifice comme expression du rapport avec les dieux et de la condition mortelle de l'homme.

4.2. *De la mise à mort des animaux*

Divers récits mythiques livrent des éléments sur les questions que se posaient les Grecs à propos de problèmes comme celui de la violence dans la mise à mort des animaux, et sur le type de réponses qu'ils y apportaient. Certaines traditions, dont se réclame le courant végétarien et pythagoricien, placent à l'origine des temps une humanité qui ignore le sacrifice sanglant et ne connaît que les offrandes végétales. C'est dans ce contexte que se situent les mythes qui se proposent d'expliquer le premier sacrifice sanglant.

Théophraste, longuement cité par Porphyre dans son traité *De l'abstinence,* raconte comment Sopatros, cultivateur de l'Attique dans le temps ancien où les hommes ignoraient le sacrifice sanglant, tue un jour par colère un bœuf qui a touché aux offrandes déposées sur l'autel.

Mythe de Pandore

« C'est que les dieux ont caché ce qui fait vivre les hommes ; sinon, sans effort, tu travaillerais un jour, pour récolter de quoi vivre toute une année sans rien faire ; vite, au-dessus de la fumée, tu pendrais le gouvernail, et c'en serait fini du travail des bœufs et des mules patientes. Mais Zeus t'a caché ta vie, le jour où, l'âme en courroux, il se vit dupé par Prométhée aux pensers fourbes. De ce jour aux hommes il prépara de tristes soucis. Il leur cacha le feu. Mais ce fut encore le brave fils de Japet qui alors, pour les hommes, le vola au sage Zeus, dans le creux d'une férule, et trompa l'œil du dieu qui lance la foudre. Et, courroucé, Zeus qui assemble les nuées lui dit : "Fils de Japet, qui en sais plus que tous les autres, tu ris d'avoir volé le feu et trompé mon âme, pour ton plus grand malheur, à toi, comme aux hommes à naître : moi, en place du feu, je leur ferai présent d'un mal, en qui tous, au fond du cœur, se complairont à entourer d'amour leur propre malheur."

Il dit et éclate de rire, le père des dieux et des hommes ; et il commande à l'illustre Héphaïstos de tremper d'eau un peu de terre sans tarder, d'y mettre la voix et les forces d'un être humain et d'en former, à l'image des déesses immortelles, un beau corps aimable de vierge ; Athéné lui apprendra ses travaux, le métier qui tisse mille couleurs ; Aphrodite d'or sur son front répandra la grâce, le douloureux désir, les soucis qui brisent les membres, tandis qu'un esprit impudent, un cœur artificieux seront, sur l'ordre de Zeus, mis en elle par Hermès, le Messager, tueur d'Argos.

Il dit, et tous obéissent au seigneur Zeus, fils de Cronos. En hâte, l'illustre boiteux modèle dans la terre la forme d'une chaste vierge, selon le vouloir du Cronide. La déesse aux yeux pers, Athéné, la pare et lui noue sa ceinture. Autour de son cou les Grâces divines, l'auguste Persuasion mettent des colliers d'or ; tout autour d'elle les Heures aux beaux cheveux disposent en guirlandes des fleurs printanières ; Pallas Athéné ajuste sur son corps toute sa parure. Et, dans son sein, le Messager, tueur d'Argos, crée mensonges, mots trompeurs, cœur artificieux, ainsi que le veut Zeus aux lourds grondements. Puis, héraut des dieux, il met en elle la parole et à cette femme il donne le nom de "Pandore", parce que ce sont tous les habitants de l'Olympe qui, avec ce présent, font présent du malheur aux hommes qui mangent le pain.

Son piège ainsi creusé, aux bords abrupts et sans issue, le Père des dieux dépêche à Épiméthée, avec le présent des dieux, l'illustre Tueur d'Argos, rapide messager. Épiméthée ne songe point à ce que lui a dit Prométhée : que jamais il n'accepte un présent de Zeus Olympien, mais le renvoie à qui l'envoie, s'il veut épargner un malheur aux mortels. Il accepte et, quand il subit son malheur, comprend.

La race humaine vivait auparavant sur la terre à l'écart et à l'abri des peines, de la dure fatigue, des maladies douloureuses, qui apportent le trépas aux hommes. Mais la femme, enlevant de ses mains le large couvercle de la jarre, les dispersa par le monde et prépara aux hommes de tristes soucis. Seul, l'Espoir restait là, à l'intérieur de son infrangible prison, sans passer les lèvres de la jarre, et ne s'envola pas au dehors, car Pandore déjà avait replacé le couvercle, par le vouloir de Zeus, assembleur de nuées, qui porte l'égide. Mais des tristesses en revanche errent innombrables au milieu des ▶

hommes : la terre est pleine de maux, la mer en est pleine ! Les maladies, les unes de jour, les autres de nuit, à leur guise, visitent les hommes, apportant la souffrance aux mortels – en silence, car le sage Zeus leur a refusé la parole. Ainsi donc il n'est nul moyen d'échapper aux desseins de Zeus. »

Hésiode, *Les Travaux et les Jours,* v. 43-106, trad. P. Mazon, CUF.

Honteux de ce geste, Sopatros s'exile, mais une sécheresse s'installe qui menace tout le pays. Après consultation de l'oracle de Delphes s'institue alors un rituel qui autorise la mise à mort et la consommation du bœuf, moyennant le respect d'une procédure précise. L'ensemble de la communauté s'associe à Sopatros pour tuer un bœuf et le manger, puis on « remet sur pied » le bœuf dont la peau est bourrée de paille et on l'attelle à la charrue. Enfin un tribunal juge tour à tour tous les participants du meurtre rituel dont la responsabilité est finalement rejetée sur le seul couteau. C'est l'origine du rituel des *Bouphonies* (« le meurtre du bœuf ») renouvelé chaque année à Athènes (encadré p. 136).

Tout en paraissant apporter un témoignage de la pureté des sacrifices initiaux et de la nécessité d'y revenir, le récit montre comment la cité s'organise autour du sacrifice alimentaire qui permet aux membres de la communauté de se reconnaître en consommant tous ensemble les morceaux du bœuf offert au Zeus de la cité — et d'évacuer en même temps par le recours au droit (le tribunal qui juge le meurtre) la culpabilité qui pourrait s'attacher à la mise à mort.

Pour identifier et interpréter cette dissonance entre le discours explicite du récit (« Ainsi dans l'ancien temps c'était un acte contraire à la loi divine que de tuer les animaux qui nous aident à assurer notre existence, il faut donc aujourd'hui aussi se garder de le faire. ») et la signification fondatrice du mythe qui place au cœur de la cité le rapport au sol et au labour, il faut le resituer dans un ensemble de mythes où se trouvent impliquées à la fois les valeurs du sacrifice et celles du labour et où d'autres bœufs laboureurs sont objets de sacrifice.

Un certain nombre de récits autour du sacrifice mettent en scène *Héraklès.* Apollodore (*Bibliothèque,* II, V, 11-6) et Philostrate (*Imagines,* II, 24-8) entre autres, racontent, chacun à leur manière, la mise en place à Lindos, sur l'île de Rhodes, d'un sacrifice à Héraklès (encadré p. 138). À l'origine, il y a un bœuf de labour, mis à mort et dévoré par le héros de passage sur l'île, au grand dam de son propriétaire, le laboureur Théiodamas. Le récit de Philostrate s'achève ainsi : « Ce Theiodamas est vénéré parmi les Lindiens : ils sacrifient donc un bœuf laboureur à Héraklès, et commencent la cérémonie par des malédictions, comme, je pense, le paysan autrefois. Héraklès s'en réjouit et

Le mythe de Sopatros

« Car il ne faut ni souiller les autels des dieux par le meurtre, ni que les hommes touchent à une telle nourriture, pas plus qu'aux corps de leurs semblables. Au contraire, il faut élever au rang de précepte valable pour toute la vie l'usage qui est encore conservé à Athènes.

Dans l'ancien temps, comme je l'ai déjà dit, les hommes sacrifiaient aux dieux des produits de leurs récoltes mais pas d'animaux ; ils ne les utilisaient pas non plus pour leur nourriture personnelle. Or on raconte qu'au cours d'un sacrifice public qui avait lieu à Athènes, un certain Sopatros, qui n'était pas du pays mais qui cultivait la terre en Attique, avait déposé sur la table, bien en vue, la galette et les offrandes pour les sacrifices aux dieux, quand un bœuf, qui revenait parmi d'autres du travail, s'approcha, dévora une partie des offrandes, et piétina le reste. Pris d'une violente colère devant ce qui se passait, l'homme, voyant quelqu'un aiguiser une hache non loin de là, la lui arracha des mains et en frappa le bœuf. Quand la bête fut morte, l'homme, revenant de sa colère, prit conscience de l'acte qu'il venait de commettre. Il enterra le bœuf, puis, partant de lui-même en exil, comme un homme coupable d'impiété, il s'enfuit en Crète. Or la sécheresse vint à sévir, provoquant une terrible disette de récoltes. À la délégation officielle venue consulter le dieu, la Pythie répondit que l'exilé de Crète mettrait fin à tout cela et que, s'ils punissaient le meurtrier, s'ils remettaient sur pied le mort au cours du même sacrifice que celui où précisément il avait perdu la vie, les choses iraient mieux à condition pour eux de consommer le mort et de ne pas s'en faire scrupule. On se mit alors en quête et l'on retrouva le responsable de l'affaire. Sopatros pensa qu'il serait délivré de la situation pénible où le mettait son état d'impureté si tout le monde faisait officiellement comme lui. Il déclara donc à ceux qui étaient venus le chercher qu'il fallait qu'un bœuf fût abattu par la cité. Comme ils étaient embarrassés pour choisir qui frapperait l'animal, il leur offrit de le faire si, après lui avoir conféré le droit de cité, ils participaient eux aussi au meurtre. Ils acceptèrent, et, à leur retour dans la cité, ils organisèrent la chose de la façon suivante, telle qu'elle est encore en vigueur chez eux.

Ils choisirent des jeunes filles comme porteuses d'eau : ces jeunes filles apportent l'eau pour aiguiser la hache et le couteau. Quand les instruments eurent été aiguisés, une autre personne tendit la hache, une autre frappa le bœuf et une autre l'égorgea. Puis d'autres encore l'écorchèrent, et tout le monde en mangea. Après ces opérations, on cousit la peau du bœuf, on la bourra de foin et on la mit sur pied en lui donnant l'allure même qu'avait l'animal quand il était vivant, puis on l'attela à une charrue, comme si on mettait le bœuf au travail. Ensuite on procéda au jugement du meurtre, et tous ceux qui avaient participé à l'opération furent appelés à se justifier. Parmi eux les porteuses d'eau désignèrent comme plus coupables qu'elles ceux qui avaient aiguisé les instruments. Ces derniers désignèrent celui qui avait tendu la hache ; celui-ci en fit autant pour l'homme qui avait égorgé l'animal, et l'auteur de cette action désigna le couteau qui, n'ayant pas le pouvoir de parler, se vit accuser du meurtre. Depuis ce temps-là jusqu'à nos jours, au cours des Dipolies, sur l'Acropole d'Athènes, les personnes susdites accomplissent toujours de la même façon le sacrifice du bœuf. Ayant déposé sur la table de bronze une galette ainsi que des grains écrasés, ils font circuler tout autour les les bœufs désignés à cet effet et l'on abat celui qui mange les offrandes. Ceux qui accomplissent ces rites se répartissent actuellement en plusieurs familles. Tous les descendants de l'homme qui a frappé le bœuf, c'est-à-dire de Sopatros, s'appellent Boutypoi ; les descendants de celui qui l'a conduit auprès des offrandes s'appellent Centriades ; enfin les descendants de l'homme qui l'a égorgé se nomment Daitroi à cause du festin qui a suivi le partage de la viande. Quand ils ont rempli la peau de bœuf et comparu au procès, ils jettent le couteau à la mer.

Ainsi dans l'ancien temps, c'était un acte contraire à la loi divine que de tuer des animaux qui nous aident à assurer notre vie. Il faut donc aujourd'hui aussi se garder de le faire. »

Porphyre, *De Abstinentia* II, 28 sq ;
trad. J. Bouffartigue, Les Belles Lettres.

procure ses bienfaits aux Lindiens en échange de leurs malédictions. » Deux caractéristiques d'Héraklès apparaissent dans ces récits : sa violence (il s'empare du bœuf contre la volonté du laboureur) et sa faim légendaire (il dévore la bête à lui seul en entier). En même temps, il apparaît comme un errant perpétuel en face du laboureur installé sur une terre où il peine. Le sacrifice accompli par Héraklès est atypique en ceci qu'il aboutit à un festin solitaire qui ne respecte pas le partage ni les étapes de la cuisson, dans sa hâte d'affamé (il mange à lui seul un bœuf entier grillé en plein champ).

Or, cette conduite scandaleuse aboutit à la fondation d'un sacrifice en l'honneur d'Héraklès, comme si, en sacrifiant lui-même un bœuf de labour, il avait, jouant de son extériorité, autorisé et même encouragé les hommes à le faire. Tout se passe comme si, par ce sacrifice il avait indiqué aux hommes que le bœuf du sacrifice est le même que celui du labour, et que les deux pratiques sont associées, comme le sont la production des céréales et la nourriture carnée.

4.3. *Autour de Dionysos*

C'est encore par rapport à ce problème central du sacrifice et de la mise à mort des animaux que peut se comprendre le *refus du sacrifice sanglant,* tel qu'il est mis en place par *les mythes orphiques autour de la mort de Dionysos.* Ils racontent comment les Titans attirent le jeune Dionysos en lui montrant des jouets, se saisissent de lui et le mettent à mort, avant de le traiter comme une victime sacrificielle : membres découpés et bouillis dans un chaudron avant d'être enfilés sur des broches et rôtis, enfin, dévorés. Zeus les châtie en les frappant de la foudre —

de leur cendre naîtra la race des hommes — tandis qu'Apollon est chargé de recueillir le cœur de Dionysos, épargné par les Titans.

Si les Titans pratiquent sur Dionysos un sacrifice qui rappelle le sacrifice régulier, ils inversent cependant les termes de la « cuisine sacrificielle » (cf. p. 27). D'ordinaire, on grille les *splanchna* avant de bouillir au chaudron les autres parties de la viande. Cette double cuisson répond à une conception qui voit dans les deux modes du rôti et du bouilli, deux étapes successives de l'histoire culturelle de l'humanité : du cru au cuit, mais, à l'intérieur du cuit, du rôti, cuisson superficielle et primitive, au bouilli, qui suppose un art culinaire supérieur. L'inversion pratiquée par les Titans entre le rôti et le bouilli, en détruisant cette hiérarchie, souligne l'aspect négatif de leur cuisine et de leur sacrifice. À travers leur crime, c'est tout le procès sacrificiel qui est marqué du signe du meurtre. Par la condamnation de leurs lointains ancêtres, tout le comportement des hommes, mettant à mort pour s'en nourrir des êtres vivants, est à son tour montré du doigt et rejeté.

Par la revendication d'une vie pure, que ne souille pas le sang des sacrifices, l'orphisme se distingue radicalement du *dionysisme orgiaque,* par rapport auquel il prend volontairement ses distances, par exemple en faisant sienne la tradition qui montre Orphée déchiré par les femmes thraces. Quelles que soient leurs motivations (venger le mépris que leur manifeste Orphée, ou venger le mépris qu'il manifeste à Dionysos en lui préférant Apollon), qu'elles soient elles-mêmes des Ménades ou seulement des femmes en délire, en déchirant et dispersant son corps, elles font de lui une victime de la sauvagerie dionysiaque.

L'expression la plus typique du dionysisme, l'*orgiasme,* est caractérisée par des manifestations de délire et de possession *(mania)* chez les fidèles du dieu, appelés *Bacchantes* et *Bacchants* (Bacchus est un des noms de Dionysos) ou encore *Ménades,* terme qui s'applique aux femmes, suivantes privilégiées du dieu. La tragédie d'Euripide, *Les Bacchantes,* évoque, dans une transposition mythique, les manifestations extrêmes de la transe.

Habitées par le dieu, ses fidèles, en état d'extase, parcourent la montagne à la lueur des torches, abandonnant leur maison, et se livrent à une chasse effrénée. Le gibier saisi est déchiré tout vivant *(diasparagmos)* et dévoré cru *(omophagia).* On trouve ici tous les traits d'une perversion et d'un retournement du sacrifice régulier et de ses fonctions : nature sauvage opposée à l'espace de la cité, chasse, transgression du rituel de la mise à mort et du partage, disparition du feu et de la cuisson qui fait de la viande une nourriture cultivée. Pratiquer le sacrifice dionysiaque c'est une façon de s'ensauvager et, par là, de rejeter le sacrifice civique et les valeurs qu'il manifeste. En franchissant la barrière qui sépare les hommes des bêtes, le dionysisme est une autre façon d'explorer la condition d'homme, au-delà des limites définies par le sacrifice prométhéen.

Héraklès à Lindos

« Rude personnage et, par Zeus, sur une rude terre. Car cette île c'est Rhodes, dont les Lindiens habitent l'endroit le plus rude, terre bonne à produire des raisins secs et des figues, mais peu commode à labourer et difficile à parcourir en char. Il faut imaginer un homme âpre, un laboureur prématurément vieilli : Théiodamas le Lindien dont tu as peut-être entendu parler. Quelle audace ! il s'emporte contre Héraklès, Théiodamas : tandis qu'il laboure, le héros survient près de lui, égorge un des deux bœufs et s'en repaît ; il est coutumier d'un tel repas. À propos d'Héraklès tu as sans doute rencontré dans Pindare ce passage : arrivé dans la demeure de Coronos il se repaît d'un bœuf tout entier, sans exclure les os ; chez Théiodamas il vient vers l'heure où l'on dételle, s'occupe du feu — les bouses sont aussi un bon combustible — et rôtit le bœuf, tâtant les viandes pour voir si elles s'attendrissent déjà, reprochant presque au feu sa lenteur. Les détails de la peinture sont si précis qu'ils ne laissent pas ignorer le caractère de la terre ; car là où la terre a livré si peu que ce soit au labour, elle n'a vraiment pas l'air ingrate, si je comprends bien le tableau. L'esprit d'Héraklès est tout tendu vers le bœuf, il ne prête attention aux malédictions de Théiodamas que pour en sourire et le paysan attaque Héraklès à coups de pierres. Il est vêtu à la mode dorienne, le cheveu sale, le front crasseux ; il a les cuisses et les bras comme la terre bien-aimée les fait à ses athlètes. Tel est l'exploit d'Héraklès.

Ce Théiodamas est vénéré parmi les Lindiens : ils sacrifient donc un bœuf laboureur à Héraklès, et commencent la cérémonie par des malédictions, comme, je pense, le paysan autrefois. Héraklès s'en réjouit et procure ses bienfaits aux Lindiens en échange de leurs malédictions. »

Philostrate, *Imagines,* II, 24, trad. J.-L. Durand,
in : *Sacrifice et labour en Grèce ancienne,*
La Découverte, Paris, 1986

La lecture de ces différents mythes, depuis l'histoire de Prométhée jusqu'aux représentations de l'omophagie dionysiaque, en passant par les spéculations pythagoriciennes sur la mort du bœuf, renvoient à un ensemble qui s'organise autour de pratiques alimentaires, de procédures culinaires, et du sacrifice sanglant : ce qu'elle rend manifeste, c'est un discours grec, implicite et explicite sur « la condition de l'être humain telle qu'elle se délimite par rapport aux bêtes et en relation avec les dieux » (M. Detienne, *Dionysos mis à mort,* Paris, Gallimard, 1977, p. 206).

Chapitre 5

Une religion polythéiste

SOMMAIRE

1. Les puissances divines : Dieux, *Daimones*, Héros 140
1.1. Les dieux 141
1.2. Les *daimones* 142
1.3. Les héros 142
2. Approches du panthéon 144
2.1. Les panthéons 144
2.2. Les divinités autour du mariage 148
2.3. Les divinités autour de la fonction technique 150
2.4. Apollon, la lyre et l'arc 152
2.5. Dionysos : le dieu de l'enthousiasme et de la possession 156
2.6. Le panthéon en situation : l'exemple de la cité de Mantinée 161

1. Les puissances divines : Dieux, *Daimones*, Héros

Les Grecs ne se sont pas définis eux-mêmes comme « polythéistes ». Le mot « polythéisme » fut inventé par Philon d'Alexandrie, philosophe vivant au Ier siècle après J.-C., dont la religion d'origine, le judaïsme, est monothéiste.

Une religion polythéiste se caractérise par la pluralité des puissances divines et des cultes. La diversité des dieux n'est pas contradictoire avec l'idée d'une unité du divin ; pour les Grecs, le divin s'exprime sous des aspects différents, multiples. Les Grecs honorent plusieurs types de puissances divines : les dieux, les *daimones,* les héros sont les principaux ; à l'intérieur de chaque catégorie, ils distinguent différentes individualités, enfin chaque divinité peut être invoquée au nom de différents aspects, que les épiclèses, ou épithètes cultuelles, soulignent : Athéna Apatouria, Athéna Boulaia, Athéna Chalkioikos, Athéna Ergané, Athéna Parthénos, Athéna Polias, soit un choix restreint parmi la cinquantaine d'épithètes connues pour la déesse. Le polythéisme ressemble au système emboîté des poupées russes. Reprenons chacun de ces aspects du polythéisme grec.

1.1. *Les dieux*

Les dieux (théoi) grecs sont dits *athanatoi,* c'est-à-dire immortels. Ils sont nés un jour mais ne meurent pas. Ils se nourrissent d'ambroisie, de nectar, de fumée (celle qui monte des autels des hommes qui sacrifient). Dans leurs veines ne coule pas du sang mais un liquide : l'*ichor.* On les dit aussi *makares,* c'est-à-dire bienheureux. Voici Aphrodite reconnue par Diomède sur le champ de bataille devant Troie : « Il la touche à l'extrémité de son bras délicat ; l'arme aussitôt va pénétrant la peau à travers la robe divine, et au-dessus du poignet de la déesse, jaillit son sang immortel : c'est l'*ichor,* tel qu'il coule aux veines des divinités bienheureuses : ne mangeant pas le pain, ne buvant pas le vin aux sombres feux, elles n'ont pas de sang et sont appelées immortelles » (Homère, *Iliade,* 5, 337 *sq.*).

Les dieux sont des puissances, non des personnes. La pensée religieuse organise et classe ces puissances. Elle distingue divers types de pouvoirs surnaturels avec leur dynamique propre, leur mode d'action, leurs domaines et leurs limites. Chaque divinité a son nom, ses attributs, ses aventures, mais elle n'existe que par les liens qui la relie au système divin global.

La notion de divinité individuelle n'exclut pas l'existence de puissances collectives, indivisibles, indissociables, telles les Charites, groupe de trois divinités souvent invoquées sous ce nom pluriel, même si elles peuvent aussi apparaître chacune sous un nom particulier. De même les Muses ou les Nymphes reçoivent localement un culte collectif.

▲ *Les épithètes des dieux.* Les dieux les plus individualisés peuvent à leur tour revêtir une série de figures particularisées par leur épithète cultuelle, selon le lieu où ils reçoivent un culte et la fonction qu'ils remplissent. Ainsi sont célébrés, à Athènes, *Zeus Hypatos* qui reçoit des offrandes non sanglantes, *Zeus Sôter* lors des Diisotéria en juin-juillet (mois de Skirophorion), *Zeus Polieus* aux Dipolies le même mois, *Zeus Meilichios* aux Diasies début octobre (mois d'Anthestérion). À l'intérieur de la maison, on trouve *Zeus Philios,* dieu du banquet, *Zeus Sôter* qui reçoit la troisième coupe de libation au banquet, *Zeus Ktésios* qui protège la propriété, *Zeus Herkéios* protecteur de l'enclos, *Zeus Katabaitès* qui protège de la foudre…

1.2. *Les* daimones

À côté des dieux, les Grecs connaissent aussi des formes de puissances divines mystérieuses, bienfaisantes ou malfaisantes, qui interviennent dans les affaires humaines. C'est avec ce sens que le mot *daimon* apparaît chez Homère où il peut aussi désigner de façon vague la divinité. Mais les *daimones* constituent parfois une classe d'êtres divins intermédiaires entre les dieux et les hommes. Platon à plusieurs reprises distingue dieux, démons, héros et défunts, pour leur opposer les hommes. Une tradition fait de Thalès (VIe siècle) le premier auteur de la division dieux/démons/héros. Les *daimones* vont devenir à partir de Ménandre (IVe siècle) des « gardiens des mortels », sortes de protecteurs, démons personnels. Sur le plan philosophique, le mot et la notion connaîtront un grand développement lié à la notion stoïcienne de démon intérieur.

En fait le mot est rare dans le culte, alors qu'un autre type de puissance divine, le héros, est omniprésent.

1.3. *Les héros*

▲ *Un mort et un culte.* Le héros est un mort, au nom connu ou anonyme, dont la vie et la mort glorieuses sont associées à une époque passée et qui a servi la communauté. On reconnaît un héros au culte qui lui est rendu et qui diffère du culte des morts ordinaires par la longévité, la fréquence des manifestations cultuelles et leur importance, enfin la communauté concernée. Le centre du culte est le tombeau : l'*héroon* ou, à défaut de tombeau, le lieu supposé des restes du cadavre.

La majorité des héros ont une existence locale et sont inconnus au-delà de la vallée ou du village qui les honore. Chaque dème attique a par exemple son, voire, ses héros. Certains héros toutefois, tel Héraclès, sont connus de tout le monde grec.

Le culte rendu aux héros ne diffère pas toujours de celui rendu aux dieux (contrairement à ce que l'on a soutenu pendant longtemps en opposant « cultes chthoniens » réservés aux héros et « cultes olympiens ») : les rituels, les fêtes sont parfois les mêmes, et leur éclat tient à la plus ou moins grande renommée du héros et à l'importance de la communauté qui les célèbre. Les fêtes en l'honneur de Thésée à Athènes, les Théséia, sont en tout point comparables aux fêtes en l'honneur d'Athéna. Et l'on attend des héros ce que l'on attend des dieux : leur champ d'intervention est aussi vaste et divers, ils rendent des oracles, guérissent, protègent, punissent. Ils ne sont pas des intermédiaires entre le monde des dieux et celui des hommes, mais des puissances divines à part entière et ont souvent tout un personnel cultuel, des sanctuaires florissants et bien sûr une mythologie.

▲ *Une mythologie.* Les gestes (cycles d'aventures) des héros sont plus ou moins riches. Celles d'Héraclès, de Thésée, de Cadmos, de Jason, de Persée, sont infinies et, pour les détailler, il faudrait transformer ce livre en un catalogue. On y retrouve des thèmes communs, mais on peut aussi repérer des traditions locales et des variantes. La mythologie des héros, pas plus que celle des dieux, n'est monolithique ; elle s'adapte, elle bouge, jusqu'à devenir roman, tel les *Argonautiques* d'Apollonius de Rhodes.

▲ *Peut-on classer les héros ?* La multiplicité des héros et leur diversité ont suscité des tentatives de classement pour « mettre un peu d'ordre » dans un tel foisonnement. Ces classements sont intéressants car ils reflètent différentes étapes de l'histoire des religions. L'accent fut mis tantôt sur la « nature » des héros, regroupés en divinités déchues, héros de la végétation, héros épiques, héros historiques, etc. tantôt sur la fonction que semblait remplir le héros : leur domaine d'intervention étant par exemple la guerre, les concours, l'initiation, la parenté, etc.

Des recherches récentes préfèrent replacer les cultes héroïques dans un contexte historique et insistent sur le lien entre l'apparition de ces cultes et les transformations de la cité grecque au VIIIe siècle. Entre 750 et 700, des tombes d'époque mycénienne (XVe-XIIe siècles) deviennent des lieux de cultes et des morts reçoivent une identité héroïque qui est parfois sans rapport avec leur identité réelle. La répartition de ces cultes marque l'appropriation d'un territoire par les cités, le culte du héros donnant une légitimité religieuse à la possession du sol.

Le rapport étroit entre le culte héroïque et le développement de la communauté civique est net dans le cas des cultes des héros fondateurs : plusieurs héros dans une même cité rendent compte chacun d'une étape de cette histoire, du passage d'une humanité primitive à la civilisation, puis à la naissance de la cité. Étudier le système des cultes et des mythes héroïques d'une cité peut aider à comprendre la façon dont les Grecs pensaient leur propre histoire. Chaque cité différemment bien sûr.

▲ *Athènes entre Érichthonios et Thésée.* Ainsi autour d'Érichthonios et de Thésée, Athènes tisse-t-elle les récits de ses origines. *Érichthonios* c'est cet être primordial né de la Terre mais conçu du désir d'Héphaïstos pour Athéna. Cet autochtone devient le premier roi d'Athènes et recevra un culte sous le nom de Poséidon-Érectheus. *Thésée* est le fils d'Égée (ou de Poséidon) et d'Aithra, la fille du roi de Trézène qui, après de nombreux exploits, est reconnu par son père, Égée, et lui succède sur le trône d'Athènes. Une fois roi, il réalise le *synoecisme* (rassemblement) des habitants de l'Attique et fonde véritablement la cité athénienne, avant de combattre, entre autres, les Amazones, descendre aux Enfers et mourir à Skyros. Ces deux héros marquent chacun à leur manière une étape importante des origines d'Athènes.

Avec Érichthonios, les Athéniens se reconnaissent « autochtones » c'est-à-dire nés de la terre et donc de tout temps habitant cette contrée, un mythe qui joue un rôle considérable dans l'idéologie politique athénienne de l'époque classique. Avec Thésée, ils trouvent un héros civilisateur de la trempe d'Héraclès (dont la renommée est surtout péloponnésienne), qui permet d'appuyer les visées hégémoniques athéniennes à l'époque classique. Mais l'histoire de son culte à Athènes est mouvementée ; tantôt honoré, tantôt oublié, il faut attendre la fin du Ve siècle pour qu'il incarne l'image du roi fondateur d'une démocratie modérée.

▲ *Thèbes, Cadmos et Œdipe.* D'autres cités ont de vastes cycles de légendes héroïques, ainsi autour des origines de Thèbes avec la geste de Cadmos : sa quête d'Europe, sa victoire sur le dragon, la naissance des Spartes, la fondation de Thèbes, le mariage de Cadmos avec Harmonie, la descendance des deux époux, les premiers rois légendaires de la cité et les conflits de succession, jusqu'à l'histoire d'Œdipe et de sa descendance.

Ou encore à *Argos* où Phoroneus, premier homme à régner sur terre, met en place une première forme de vie communautaire, invente le feu, accomplit le premier sacrifice, forge les armes. Puis vient la sécheresse, Danaos et ses filles. Pour l'une d'elles, *Amymonè,* Poséidon fait jaillir une source et propose le mariage. Désormais Argos peut être une cité véritable.

2. Approches du panthéon

2.1. *Les panthéons*

Le trait le plus frappant du polythéisme est l'existence de panthéons, d'ensembles de divinités qui ont un nom, une identité, des fonctions propres. Panthéons : il faut insister sur ce pluriel. Les Grecs ont en effet inventé, pensé plusieurs combinaisons possibles de divinités, plusieurs hiérarchies aussi, non seulement selon les cités, selon les époques, mais aussi selon les systèmes d'organisation du monde propres à tel ou tel groupe ; les Orphiques ont par exemple un panthéon qui leur est propre. La liste des douze divinités Olympiennes n'a qu'une valeur de classement commode, elle n'est pas une liste « canonique » de dieux auxquels il faut rendre obligatoirement un culte. Ces douze dieux sont connus de tous les Grecs mais ne reçoivent pas un culte dans toutes les cités.

▲ *Les douze Olympiens* sont : Zeus, Poséidon, Déméter, Héra, Arès, Aphrodite, Artémis, Apollon, Athéna, Hermès, Dionysos, Héphaïstos. Cette liste est celle des dieux de la frise du Parthénon, mais elle est sujette à modification : Hestia et Hadès sont souvent introduits parmi les Douze au détriment d'Arès et de Dionysos. Disons que le chiffre douze est stable mais que le nom des divinités l'est moins.

La geste du Héros

Texte de Pausanias : Où les exploits de Thésée croisent ceux d'Héraclès et réciproquement.

« Il y a à Trézène quelques légendes concernant Thésée. En voici une : comme Héraclès, venu chez Pittheus, avait déposé pour dîner sa peau de lion, auprès de lui entrèrent des enfants de Trézène et parmi eux Thésée, alors âgé de six ans : les autres enfants, à la vue de la peau du lion, prirent la fuite, mais Thésée, lui, se retira, non par excès de peur mais pour arracher aux serviteurs une hache, et attaqua aussitôt avec ardeur, prenant la peau pour un lion. Telle est la première des légendes de Trézène qui le concernent et voici la seconde : Égée avait déposé sous un rocher ses chaussures et son épée comme signes de reconnaissance pour son fils, et il s'embarqua pour Athènes. Thésée, quand il eut quinze ans, déplaca le rocher et partit en emportant ce qu'Égée avait déposé. Il y a sur l'Acropole une représentation de cette légende, entièrement faite en bronze, à l'exception du rocher. Une autre consécration représente encore un exploit de Thésée dont voici le récit : en Crète, un taureau ravageait tout le pays, et surtout la région du fleuve Téthris. Autrefois certes les bêtes sauvages répandaient plus de terreur chez les hommes comme le lion de Némée, celui du Parnasse, les serpents dans bien des endroits de la Grèce, le sanglier de Calydon, celui d'Érymanthe, la laie de Crommyon en Corinthie, si bien que l'on considérait les unes comme sorties de terre, d'autres comme consacrées aux dieux, d'autres enfin comme envoyées aux hommes en châtiment. Ce taureau donc, selon les Crétois, avait été envoyé par Poséidon dans leur pays, parce que Minos, le maître de la mer grecque, ne rendait pas à Poséidon un culte plus important qu'à un autre dieu. On dit que ce taureau fut transporté de Crète dans le Péloponnèse, et qu'il fut l'occasion d'un des douze travaux d'Héraclès ; lorsqu'il fut lâché dans la plaine d'Argos, il s'enfuit, par l'Isthme de Corinthe, il s'enfuit en Attique et en Attique dans le dème de Marathon ; et, tuant tous ceux qu'il rencontrait, il tua entre autres le fils de Minos, Androgéos. Minos s'embarqua pour une expédition contre Athènes, car il ne croyait pas que les Athéniens fussent innocents de la mort d'Androgéos, et fit chez eux des ravages jusqu'à ce qu'il fût accordé d'emmener en Crète sept jeunes filles et autant de garçons pour les conduire au Minotaure, dans le labyrinthe de Cnossos. Le taureau de Marathon fut plus tard, dit la légende, pourchassé jusqu'à l'Acropole par Thésée qui le sacrifia à la déesse ; cette consécration a été faite par le dème de Marathon. »

Pausanias, *Description de l'Attique, livre I,* XXVII, 7-10.
Trad. M. Yon, Maspero, coll. Voix, Paris, 1972.

▲ *Problème de méthode.* Une fois ces noms énumérés surgit une difficulté de méthode : comment étudier ces dieux ? La tendance la plus répandue est d'en faire un catalogue. Grâce aux travaux des philologues qui ont rassemblé, trié, étudié tous les textes concernant chacun des dieux, grâce aux travaux des archéologues qui ont révélé les sanctuaires et lieux de culte de chacun, il est possible d'écrire « l'histoire » et la « géographie » de chaque dieu en regroupant des éléments épars de rites, de mythes et de lieux de culte le concernant. Mais alors, selon le mot de J. - P. Vernant, le panthéon apparaît comme « un simple agrégat de dieux, une collection de personnages singuliers, d'origine diverse, produits au gré des circonstances par fusion, assimilation, segmentation et associés les uns aux autres plutôt par les hasards de l'histoire que par un ordre de nécessité interne ». On peut lire ainsi les nombreux livres que Cook a consacrés à Zeus et tout savoir sur les épithètes et les lieux de culte sans comprendre vraiment la place de cette divinité dans le panthéon grec. Le pourquoi du panthéon reste alors une énigme.

Aussi, depuis les travaux de G. Dumézil (en particulier *La Religion romaine archaïque)* une autre manière d'aborder l'étude du panthéon se dessine. Elle consiste à s'attacher aux *structures* du panthéon plus qu'aux divinités prises de façon isolée. Par exemple, ne plus étudier Hestia et Hermès ou Athéna et Poséidon séparément, mais voir en quoi les fonctions, les modes d'intervention, les mythes, les rituels de ces deux dieux se ressemblent et s'opposent, quelles sont les frontières de leur champ respectif, leurs relations réciproques et quelle est la logique qui prévaut à leur invocation. De même pour Apollon et Dionysos, ou pour toutes les divinités qui ont trait au mariage comme nous le rappellerons ensuite.

Ainsi les caractères spécifiques de chaque dieu apparaissent beaucoup plus clairement et l'on voit à quel point le panthéon, bien loin d'être un ramassis incohérent de dieux, un fatras où seuls les spécialistes trouvent leur chemin, est une construction intellectuelle vivante, logique et opérante dans et pour la société qui la fait naître. Le système polythéiste des Grecs est un ensemble rigoureux de classification de pouvoirs et de puissances, très étroitement inséré dans le fonctionnement des cités.

Nous ne dresserons pas ici un catalogue des dieux et ne reprendrons pas non plus l'ensemble des figures divines telles qu'on peut les traiter aujourd'hui. Nous prendrons seulement quelques exemples qui sont des voies d'approche complémentaires pour l'étude du panthéon :

— la complémentarité des puissances divines apparaît quand on étudie leur place autour de l'institution du mariage et autour de la fonction technique.

— l'étude d'Apollon et, en arrière-plan, celle de ses « frères », Hermès et Dionysos, soulignent la logique qui prévaut à la fabrication de chaque figure divine.

— le cas particulier du panthéon d'une cité, Mantinée, tel que Pausanias le présente, illustre la diversité des situations locales et la richesse du champ d'étude des polythéismes.

Une analyse structurale du Panthéon

Texte de Georges Dumézil

« Il nous faut rappeler une règle de méthode qu'on oublie souvent au risque de beaucoup de confusions. Dans le signalement d'une divinité, la définition de son mode d'action est plus caractéristique que la liste des lieux de son action, des occasions de ses services. Une divinité importante est inévitablement sollicitée par tous et pour tout, parfois sur des domaines inattendus, éloignés de sa province principale : elle y agit néanmoins, et, si l'on se borne à constater la place excentrique de cette intervention, on la joindra sans nuance aux autres, centrales, et on dira que la divinité échappe à une description limitative, qu'elle est "omnivalente" ou "indéterminée". Au contraire si on regarde non pas *où* mais *comment* elle intervient, on constate presque toujours qu'elle conserve, dans ses interventions les plus aberrantes, une manière et des moyens constants. L'objectif de l'étude est de déterminer cette manière et ces moyens . »

G. Dumézil, *La Religion romaine archaïque,* Paris, Payot, 1966, p. 179-180.

Texte de Jean-Pierre Vernant

« Il nous faut reconnaître dans le panthéon des structures multiples, repérer toutes les formes de groupement suivant lesquelles les dieux se trouvent régulièrement associés ou opposés. Ensemble complexe où chaque dieu entre dans un réseau varié de combinaisons avec les autres et qui a bien valeur de système classificatoire s'appliquant à la totalité du réel, à la nature et à la société humaine comme au monde surnaturel, mais système dont les grands cadres ne se recouvrent pas exactement et dont la lecture doit se faire suivant des lignes multiples comme un tableau à nombreuses colonnes et à plusieurs entrées. Ces structures du panthéon sont l'objet de la recherche, non les divinités isolées. Leur diversité ouvre d'autant plus l'éventail des comparaisons possibles que chacune d'elles se situe et opère à plusieurs niveaux. Le couple Hestia-Hermès par exemple, ne traduit pas seulement la complémentarité de deux puissances divines, la déesse du foyer fixe et le dieu mobile des transitions, des échanges, des passages. Cette structure théologique est aussi une structure intellectuelle, une façon de penser dans leur opposition et leur nécessaire solidarité l'espace comme centre et clôture, le mouvement comme passage possible de tout point à un autre. Davantage, couple divin et catégorie mentale ne sont pas perdus dans le ciel des idées. Présents dans le jeu des institutions, ils organisent et réglementent les pratiques matrimoniales, les rites de filiation, l'opposition des tâches masculines et féminines, la distinction de deux grands types de biens économiques, ceux qui gisent thésaurisés dans l'espace clos de la maison avec Hestia et ceux qui couvrent l'étendue ouverte de la campagne derrière Hermès. Chaque dimension d'une analyse où structures religieuses, catégories de pensée, pratiques sociales sont étroitement imbriquées, est susceptible d'amorcer une voie de comparaison ».

J.-P. Vernant, *Religion grecque, religions antiques,* Paris, Maspéro, 1976, p. 25-26.

2.2. *Les divinités autour du mariage*

Le rituel du mariage, nous l'avons vu, prescrit d'offrir des sacrifices à Zeus Téléios, Héra Téléia, Aphrodite, Peithô et Artémis, mais selon les cités on voit aussi invoqués les Nymphes, Déméter, les Charites, Hermès, les Moires, Athéna. Si l'on se contente de dire pour chacune de ces divinités que « c'est une divinité du mariage », on n'explique pas la raison pour laquelle il était nécessaire d'en invoquer plusieurs. Or ces divinités ne sont en fait pas du tout interchangeables.

▲ *Héra,* fille de Rhéa, sœur et épouse de Zeus, porte dans ce cas l'épithète de *Téléia,* ce qui signifie *Parfaite* ou encore *Accomplie.* En honorant *Héra Téléia,* les Grecs indiquent que le mariage est normalement pour la femme grecque le terme de la croissance, la marque de la maturité. Ce mariage, les Athéniens le célèbrent volontiers au mois de Gamélion (janvier-février), mois où prennent place les fêtes des *Théogamies* en l'honneur de l'union d'Héra et de Zeus. Héra patronne ce qui, dans le mariage, est contrat et engagement, ce qui fait d'une femme une épouse légitime. Elle est en cela une figure divine de première importance, puisque la survie de la cité grecque passe par la reproduction d'enfants légitimes, les seuls à avoir la qualité de citoyens. Volontiers présentée comme une déesse austère. Héra apparaît toutefois dans certains récits comme une séductrice, quand elle s'unit à Zeus, ou comme une puissance totalement autonome, quand elle engendre des enfants sans avoir besoin de semence mâle. La figure d'Héra est complexe, comme l'est aussi celle de la femme légitime.

▲ *Artémis* que présente ainsi l'Hymne homérique qui lui est consacré : « Je chante la bruyante Artémis aux flèches d'or, la vierge vénérée, l'Archère qui de ses traits frappe les cerfs, la propre sœur d'Apollon au glaive d'or, celle qui, par les montagnes ombreuses et les pics battus des vents, bande son arc d'or pur, toute à la joie de la chasse, et lance des flèches qui font gémir », doit sa présence dans le rituel du mariage à sa fonction de protectrice du monde sauvage, de tous les êtres qui ne sont pas encore entrés dans le monde cultivé et parmi eux les jeunes humains, garçons et filles. Les sacrifices offerts à Artémis marquent la sortie du domaine de l'enfance, pour les deux sexes, bien que l'on rappelle plus volontiers les offrandes : chevelure, jouets, poupées, que font les jeunes filles. Les garçons pourtant eux aussi doivent quitter le domaine d'Artémis non seulement en devenant des citoyens-soldats (des hoplites) mais également en se mariant. Certains rites, comme celui qui a lieu à Samos dans le sanctuaire d'Artémis, mettent l'accent sur l'obligation faite aux deux sexes de se rendre propice Artémis avant le mariage. Et il est aussi dangereux d'oublier de remercier Artémis en prenant congé de son monde (comme le fit Admète) que de refuser de quitter ce monde : c'est en ce cas faire offense à Aphrodite, autre divinité du mariage.

▲ *Aphrodite* a en partage d'« éveiller le doux désir au cœur des dieux et plier sous sa loi les races des hommes mortels, les oiseaux de Zeus, toutes les bêtes que la terre nourrit en grand nombre aussi bien que la mer… (à l'exception d'Artémis, Athéna et Hestia). Nul ne peut jamais, dieu bienheureux ou homme mortel, échapper à Aphrodite » comme le rappelle l'*Hymne* en son honneur. Le désir et le plaisir sont, grâce à Aphrodite, présents dans le mariage et ce sont eux que fuient aussi bien Hippolyte qu'Atalante avec un total insuccès. Les cadeaux d'Aphrodite, à l'intérieur même du mariage, permettent une union féconde, leur usage non maîtrisé peut mettre en péril ce que cette union a de régulateur dans la cité. Il est un monde hors mariage où Aphrodite est reine, celui des courtisanes ; dans le rituel du mariage elle n'a qu'une place mesurée.

▲ *Peitho,* la Persuasion, est la compagne d'Aphrodite. Son art est aussi celui d'Hermès.

▲ *Hermès,* dieu qui délimite l'espace et favorise les passages, trace le chemin qui mène la jeune femme de la maison de son père à celle de son époux et veille sur le bon accomplissement de ce passage. Il use aussi dans le mariage de son pouvoir de persuasion, donnant à la *numphè* les mots trompeurs qui sauront charmer son mari.

▲ *Déméter.* En entrant dans le mariage, la jeune fille entre dans le domaine de la vie cultivée, symbolisée pour les Grecs par la culture des céréales. Or Déméter est la déesse de la terre cultivée, des semences jusqu'aux récoltes. Et, dans le monde humain, elle fait croître les enfants. Le rituel du mariage, nous l'avons vu, est plein d'allusions à la préparation et la cuisson des céréales. La femme est alors comparée à un champ qui, labouré et ensemencé par l'époux, produira des enfants légitimes. Les femmes mariées continuent à honorer Déméter, en particulier lors de la fête des *Thesmophories* qui a pour principal objet la fécondité des ventres des femmes de citoyens.

▲ *Athéna* est indirectement en rapport avec le mariage dans la mesure où c'est elle qui enseigne à la jeune fille le travail de la laine et du tissu, qui sera sa participation majeure à l'économie de l'*oikos.* Dans une cité, Trézène, sous le nom d'*Athéna Apatouria,* elle paraît liée au moment du passage de l'état de jeune fille à celui d'épouse, mettant en œuvre toute la ruse dont elle est capable pour la réussite de ce moment délicat et important pour l'avenir de la cité.

Pour conclure ce bref panorama des divinités gravitant autour du mariage, citons la confection de Pandora, dans le texte des *Travaux* d'Hésiode. Pandora est la première femme, fabriquée par les dieux et par le vouloir de Zeus, à l'image d'une déesse. La description qu'en donne Hésiode (voir l'encadré p. 134) est celle d'une jeune fille la veille de ses noces.

2.3. *Les divinités autour de la fonction technique*

Si on choisit comme fil directeur de l'interrogation du Panthéon des Grecs une fonction, par exemple la fonction technique, on trouve une série de divinités, du héros au dieu olympien, qui chacune assume un aspect de cette fonction.

Aux origines, dans la Théogonie d'Alcman, la figure du démiurge qui crée l'activité métallurgique est *Thétis.* Son importance n'est pas la même, on l'a vu, dans la *Théogonie* hésiodique. Autres figures, celles des *Telchines* ; nés de la mer, cachant un regard brillant sous des sourcils noirs, ces êtres primordiaux sont des inventeurs pour le meilleur et pour le pire. Détenteurs de savoirs utiles, ils passent par exemple pour avoir façonné les premières statues de dieux. Mais leur malveillance éclate quand ils préparent des potions magiques capables de dessécher les plantes ou quand ils rendent la terre infertile en l'inondant des eaux du Styx. Zeus décide alors de les foudroyer.

Les *Cabires,* nés de l'union d'Héphaïstos et de Cabirô, fille de Protée, roi des phoques, n'ont pas cet aspect malfaisant. Ils connaissent les arts du feu et les Grecs leur associent le crabe dont les pinces évoquent les instruments de leur travail de forgerons. Les *Dactyles* (5 hommes et 5 femmes), habitants du Mont Ida en Crète, ont découvert le fer et le travaillent habilement, créant les instruments de la guerre et de l'agriculture.

Telchines, Cabires, Dactyles sont des figures collectives, mal différenciées. Certaines figures de techniciens ont une histoire plus individualisée, parmi ces héros : Prométhée et Dédale. *Prométhée,* fils de Japet et frère d'Épiméthée, est sans doute la figure la mieux connue. Son rôle dans l'institution du sacrifice a été décrit. S'il n'a pas inventé le feu (c'est Hermès l'inventeur) il l'a mis à la disposition des hommes en le volant aux dieux, on a vu avec quelles conséquences dans la *Théogonie* d'Hésiode. Prométhée apparaît aussi, chez Eschyle en particulier, comme l'inventeur de tous les arts *(technè),* non seulement le travail du bois, le joug ou l'écriture mais la médecine et l'art divinatoire.

Dédale, fils de *Métion,* « l'homme à la mètis », est un héros, Athénien d'origine (mais sa vie aventureuse le mène en Crète et en Sicile), inventeur à la fois d'objets multiples (des statues, du labyrinthe, d'un barrage)... et des instruments nécessaires à leur fabrication (du fil à plomb à la colle). La figure de ce personnage ambigu, tout à tour bienfaisant et meurtrier, permet de comprendre quelle image avaient les Grecs des artisans et de la *technè,* elle aussi toujours à deux faces, bénéfique et maléfique.

Parmi les dieux enfin qui ont un rapport avec la fonction technique, rappelons les deux principaux : Héphaïstos et Athéna.

Héphaïstos aux jambes torses, à la démarche oblique, provoque le rire des dieux. Héra l'engendra seule « sans union d'amour, par colère contre son époux » et à peine né elle le jette du ciel dans la mer. Être disgracié, il détient cette intelligence rusée *(mètis)* qui fait défaut à bien des dieux, et les savoirs techniques, en particulier il a la maîtrise du feu de la forge et des arts métallurgiques. Il travaille les métaux nobles tels l'or, l'argent, le cuivre, en crée des bijoux miroitants, des statues que l'on dirait animées, des armes splendides. Il forge la double hache dont il assène un coup sur la tête de Zeus pour faire naître Athéna. Son intelligence lui donne le pouvoir de forger des liens infrangibles dont il se sert par exemple pour enchaîner Héra sur son trône ou prendre au piège Aphrodite et Arès sur leur lit adultère. Pris de passion à son tour pour Athéna dont bien des traits le rapprochent, le sperme qu'il épand féconde la Terre (Gaia) et Érichthonios, le premier Athénien en naît.

Athéna, nous venons de le voir, est souvent associée à Héphaïstos dans les mythes. Il en est de même dans les cultes. Un exemple : à Athènes les deux divinités partagent les temples de l'Érechthéion sur l'Acropole et de l'Héphaïstéion près du Céramique, et les fêtes des Chalchéia. Parmi les innombrables fonctions d'Athéna, toutes celles qui touchent à la fonction technique ont en commun dénominateur l'utilisation de la qualité caractéristique de la déesse fille de Mètis : la mètis, l'intelligence ici technicienne. Elle est à l'œuvre dans la manière avec laquelle Athéna protège les métiers du bois (charpentiers, fabricants de chars et de navires), conseille les pilotes de navire et aide les potiers et les tisserands. Il s'agit toujours de « tisser », d'« agencer », de « construire », d'opérations réclamant un savoir-faire qui n'est pas de même nature que celui d'Héphaïstos. Si les deux dieux ont bien à voir avec les artisans et la fonction technique, c'est pour des qualités très différentes.

La différence du mode d'intervention dans des champs qui, à première vue, semblent les mêmes, explique cette profusion de divinités autour de la fonction technique, comme autour du mariage. En étudiant de très près la particularité de chaque puissance divine dans un domaine précis, on peut ensuite repérer des similitudes entre ses différents domaines d'intervention. Qu'elle soit sous les traits d'une Athéna Guerrière, d'une Athéna Poliade, ou d'une Athéna Ergané, la déesse conserve son identité, celle d'une déesse *polumétis.*

2.4. *Apollon, la lyre et l'arc*

Pour illustrer la complexité des figures divines d'une part, et du fonctionnement du panthéon d'autre part, nous partirons d'un couple à la fois antithétique et complémentaire : Apollon et Dionysos, tous deux fils de Zeus. Entre eux se glissera un troisième frère, Hermès, dieu de la parole, comme Apollon, mais différemment de lui, dieu qui aide à franchir les frontières, mais autrement que Dionysos.

Quelle cohérence trouver aux Apollons divers dont les cultes et les épithètes se répondent sans se répéter d'une cité à l'autre ? Nous citerons, parmi les plus connus, l'Apollon laconien d'Amyclées, associé au héros Hyakinthos pour les fêtes qui portent son nom (les *Hyakinthia*), occasion de *panégyries* et de l'offrande d'un péplos neuf qui associent toute la population d'alentour. L'Apollon des *Thargélies* et des *Pyanopsies* qui préside à Athènes à des cultes complexes où les offrandes végétales sont associées à des rites de purification. Le double Apollon de Délos célébré à la fois par des *hécatombes* sur l'autel « de cornes » qui lui est consacré (ainsi appelé parce que construit, selon une tradition rapportée par Callimaque, avec les cornes des chèvres abattues sur les hauteurs du Cinthe par Artémis, *Hymne à Apollon*, vers 58-64), et, plus marginalement sous le nom de *Génétor,* par des offrandes non sanglantes sur l'autel voisin, qui ignore le feu et le sang. L'Apollon Pythien, qui, à Delphes, parle par la bouche de la Pythie, est aussi honoré tous les neuf ans par une fête étrange, le *Steptérion,* célébrant la victoire sur Python, et la purification de son meurtre.

Les mythes nous livrent une clef en nous fournissant des éléments de structure qui relient entre elles les différentes fonctions auxquelles renvoie tel ou tel culte. L'*Hymne homérique à Apollon* (voir encadré) est composé de deux parties d'époques différentes. La première évoque la naissance et l'émergence du dieu de Délos. La deuxième, la « Suite pythique », plus tardive, est consacrée à l'évocation de l'arrivée d'Apollon à Delphes et de l'installation de son culte. Or les termes de l'hymne délien semblent caractériser les principaux types d'intervention du dieu bien au-delà de Délos et de Delphes. « Qu'on me donne ma lyre et mon arc recourbé. Je révélerai aussi dans mes oracles les desseins infaillibles de Zeus ». Ainsi s'exprime Apollon enfin venu au monde. Georges Dumézil reconnaît dans cette formule deux des trois fonctions qui organisent l'idéologie indo-européenne. La fonction sacrée de la communication entre les hommes et les dieux, assumée par la lyre ; la violence guerrière, par l'arc. Quant à la richesse qui renvoie à la troisième fonction, celle qui assure l'opulence, elle serait représentée par l'or symbolique qui couvre Délos à la naissance du dieu et qui sera relayée par les offrandes des hommes apportant à Délos, comme à Delphes, les ressources dont elles manquent à cause de la pauvreté de leur sol. Mais le principe d'unité de cette structure que G. Dumézil retrouve à l'œuvre hors de Délos et de Delphes, c'est la voix articulée qui se manifeste aux trois niveaux, comme prière et oracle, comme clameur dans la guerre, comme échange dans les rapports quotidiens entre les hommes.

La lyre et l'arc, qui symbolisent les deux modes d'action essentiels du dieu, ceux qui semblent organiser tous les autres et en permettre une lecture cohérente, rendent compte aussi de son ambivalence essentielle, celle que M. Detienne reconnaît derrière l'épithète de *Phoibos,* le brillant mais aussi celui qui apporte la terreur. Cette ambivalence permettrait de comprendre comment le même dieu qui tue de ses flèches (cf. *Iliade,* v. 40-55) ou encourage la juste vengeance (celle d'Oreste contre Clytemnestre ou le meurtre de Pyrrhus, coupable de sacrilège) est aussi celui qui apporte la purification, au point de devenir, pour les sectes orphiques, le dieu même de la pureté qu'honorent les seules offrandes végétales.

À Didymes et à Claros, en Asie Mineure, à Delphes plus encore, son sanctuaire par excellence, Apollon est d'abord le dieu de la divination. Celui qui, par la voix de ses prêtresses, délivre aux hommes la parole de Zeus, son père. Cette fonction oraculaire est associée à celle de la lyre qui préside à l'art sacré du chant et de la musique. Dans un cas comme dans l'autre, il s'agit de faire communiquer, de mettre en harmonie le monde des dieux et celui des hommes. Ce règne de l'harmonie, grâce à l'intercession du dieu s'étend aux rapports des hommes entre eux. Apollon est un dieu panhellénique, et les fêtes de Delphes rassemblent les Grecs venus du monde entier. Cette image, popularisée par une tradition qui remonte à Pindare, va faire du sanctuaire au cours des siècles et sous l'impulsion des philosophes, le cœur d'une morale plaçant au centre de tout, la mesure.

Mais, dieu à la lyre, Apollon est aussi le dieu de l'arc, de l'instrument guerrier menaçant. C'est sous cet aspect redoutable qu'il apparaît, au début de l'*Iliade* pour venger son prêtre Chrysès maltraité par les Grecs. Invoqué par son prêtre, il frappe sans pitié. C'est aussi armé de l'arc qu'il se présente devant l'assemblée des dieux pour exiger son dû, et le poète de l'*Hymne homérique* parle de « l'Archer Apollon dont les pas dans la demeure de Zeus font trembler les dieux. Tous se lèvent de leur siège à son approche, lorsqu'il tend son arc illustre ». C'est pourquoi c'est à lui que les hommes attribuent les fléaux *(loimoi)* qui déciment les troupeaux et les cités, et c'est à lui aussi qu'ils s'adressent pour en obtenir la fin. Car le mal vient d'une souillure et Apollon est le maître des purifications. L'arc en effet est aussi ce qui fait de lui un dieu protecteur : *alexikakos* ou *apotropaios,* pour reprendre deux de ses épithètes, c'est-à-dire « qui éloigne le mal » au moyen de ses flèches, comme il a tué le serpent Python qui ravageait la terre de Delphes avant que le dieu ne s'y installe. À Athènes, une statue d'Apollon portait ce nom en reconnaissance de son intervention pour faire cesser la peste en 430. À Élis, dans le Péloponnèse, il portait le nom synonyme d'*Acesios.* Dieu médecin, père d'Asclépios, il intervient moins en soignant qu'en écartant le mal des hommes, des bêtes et des moissons. C'est à ce titre encore qu'il se tient aux portes des cités et des maisons qu'il protège à travers le rameau de l'*eiresioné,* branche couverte d'offrandes qui lui sont destinées.

Ce sont encore la lyre et l'arc qui arment l'*archégète,* le « fondateur de cités », celui qui patronne la fondation des colonies grecques. La lyre, instrument de l'harmonie, qui préside aux bonnes législations

La naissance d'Apollon

Selon l'*Hymne homérique à Apollon*

« Quand Ilithye qui allège l'enfantement eut foulé le sol de Délos, Létô fut à l'instant saisie par les douleurs, et eut le désir d'enfanter. Jetant ses bras autour du Palmier, elle enfonça ses genoux dans l'herbe tendre, et, sous elle, la Terre sourit. Hors du sein maternel, il jaillit à la lumière, et toutes les Déesses lancèrent des cris.

C'est alors, Phoibos du Paean, que les Déesses, de leurs mains pures et sans tache, te baignèrent dans une eau claire ; elles t'enveloppèrent dans du linge blanc, fin et tout neuf, et t'entourèrent d'une bandelette d'or. Apollon au glaive d'or ne fut point allaité par sa mère, mais Thémis, de ses mains immortelles, préleva pour lui la fleur du nectar et de l'ambroisie délicieuse : Létô est joyeuse d'avoir enfanté un fils vigoureux et qui sait porter l'arc.

Mais après que tu eus, Phoibos, consommé l'aliment immortel, les bandelettes d'or ne suffisaient plus à te contenir, tant tu te débattais ; ces entraves ne t'arrêtaient plus, et cédait tout ce qui limitait ta volonté. Phoibos Apollon dit aussitôt aux Immortelles :

"Qu'on me donne ma lyre et mon arc recourbé : je révélerai aussi dans mes oracles les desseins infaillibles de Zeus."

À ces mots, il se mettait en marche sur la terre aux larges routes, l'Archer Phoibos à la chevelure vierge. Toutes les Immortelles l'admiraient, et Délos tout entière se couvrit d'or pendant qu'elle contemplait la race de Zeus et de Létô, dans sa joie de voir que le Dieu l'avait élue pour sa demeure, et préférée aux îles ainsi qu'à la terre ferme. »

Homère, *Hymnes,* v. 115-138, trad. J. Humbert, CUF.

Selon l'*Hymne à Délos,* de Callimaque

« Le nouveau-né bondit du sein maternel, et les nymphes déliennes, race du fleuve antique, largement entonnèrent le chant sacré d'Ilithye, et l'éther qui résonne retentit d'une perçante clameur ; Héra n'en eut point d'ombrage, car Zeus avait effacé sa colère.

D'or, à cette heure, fut toute la terre, ô Délos ; d'or, tout au long du jour, coula le flot de ton lac arrondi, et d'or fut la frondaison de l'olivier qui vit naître le dieu, d'or les hautes eaux du profond Inôpos, en son cours sinueux. ▶

Et toi, de dessus le sol d'or tu soulevas l'enfant, et le pris dans ton sein, et tu clamas : « Ô Grande Déesse, déesse aux mille autels, déesse aux mille cités, qui portes toutes choses, et vous, terres fécondes, continents, îles qui m'entourez, me voici, moi Délos, terre aride. Mais Apollon Délien sera nommé de mon nom ; et nulle terre ne sera chérie d'un dieu, ni Kerchnis de Poseidon qui règne sur Léchaion, ni d'Hermès la colline de Cyllène, ni de Zeus la Crète, autant que je serai chérie, moi, d'Apollon ; je ne serai plus l'île errante. »

Callimaque, *Hymnes,* v. 265-275, trad. E. Cahen, CUF.

auxquelles Delphes accorde son aval, et l'arc à la corde tendue sont d'ailleurs, comme le fait remarquer J. Carlier (*Dict. des Mythologies* — art. Apollon) l'objet d'une métaphore double qui souligne l'étroite conjugaison des deux pouvoirs en Apollon. Tantôt la tension des cordes de la lyre renvoie à l'image de l'arc et Pindare peut alors parler de « l'arc des Muses » (*Olympiques,* IX, v. 5-12) ; tantôt l'arc (en l'occurrence celui d'Ulysse) est comparé à une lyre (*Odyssée,* XXI, v. 405 et suiv.). Ce serait ainsi, en dieu de la tension maîtrisée, qu'il touche à la fois aux deux termes extrêmes de la terreur et de la mort, et de la pureté inentamable.

Mais tenter de définir Apollon c'est aussi le situer par rapport aux autres puissances dont il croise les domaines. En cernant son champ d'action, nous voyons se mettre en place ceux d'autres divinités. Le panthéon est constitué non pas de dieux juxtaposés mais d'un ensemble structuré à l'intérieur duquel chaque dieu se définit par ses relations aux autres.

Hiérarchiquement, Apollon nous est apparu comme le fils préféré de Zeus ; nous l'avons vu l'accueillir à l'assemblée des dieux, et porter sa voix dans ses sanctuaires. Sa place particulière est encore mieux marquée si on l'examine par rapport au statut de deux de ses frères : Hermès et Dionysos.

Le statut d'*Hermès* met clairement en évidence la spécificité de l'un et de l'autre. L'*hymne homérique à Hermès* raconte la naissance du dieu et comment il entreprend de voler les bœufs de son frère et de les cacher. Convoqué devant Zeus, il commencera par nier et par mentir avant de tirer parti de son larcin pour obtenir le statut de dieu à part entière et une place parmi les Immortels. Comme Apollon, fils de Zeus, comme lui dieu de la communication et de la parole et de plus inventeur de la lyre, Hermès occupe pourtant une place toute différente. La lyre en effet ne fait pas de lui un dieu musicien. C'est le produit d'une *technè,* d'un art, qui devient objet d'échange et prend place parmi les autres objets fabriqués par Hermès à des fins diverses. C'est en offrant à Apollon la lyre en compensation des bœufs qu'il lui a dérobés, qu'Hermès obtiendra la réconciliation avec son frère, et du même coup la place qu'il convoite sur l'Olympe. De même, la parole n'est pas dans sa bouche comme dans celle d'Apollon, moyen de révélation ou de vérité, mais stratagème, moyen de persuasion, qui séduit même Zeus et lui permettra de gagner son procès auprès de lui. Hermès, aux côtés d'Apollon, c'est donc l'entrée parmi les dieux du langage rusé, voire du parjure, à côté de la parole véridique. Ce sont deux faces de la communication qui sont représentées par les deux frères : Hermès le médiateur et le rusé, à côté de la parole droite qui atteint son but comme la flèche.

Avec son autre frère, *Dionysos,* également cher à Zeus, les liens d'Apollon sont d'une autre nature. Toute une tradition les oppose, affrontant un Dionysos nocturne, entouré de ses Ménades (voir p. 138), à un Apollon lumineux, maître de la musique et de la pureté. Pourtant, d'autres éléments plaident pour une relation fondée sur les interférences et la complicité. Et d'abord la double souveraineté d'Apollon et de Dionysos sur le sanctuaire de Delphes (voir p. 95 sq.). À la liturgie dionysiaque sont réservés les mois d'hiver, tandis qu'Apollon séjourne chez les *Hyperboréens.* C'est alors le règne du *Dithyrambe,* l'hymne propre à Dionysos. Avec le retour d'Apollon résonne à nouveau à Delphes son chant triomphal, le *péan.* La présence de Dionysos à Delphes est d'ailleurs inscrite dans le sol même du sanctuaire, puisqu'on y situait le tombeau de Dionysos, au cœur du temple d'Apollon, à côté du trépied sur lequel la Pythie prophétisait. Nous savons aussi, par Pausanias, que depuis la reconstruction du IVᵉ siècle, figuraient au fronton du temple, d'un côté Apollon et les Muses, et de l'autre Dionysos et les *Thyiades,* assimilées aux Ménades qui figurent dans son cortège.

2.5. *Dionysos : le dieu de l'enthousiasme et de la possession*

Dionysos est le « deux fois né ». Fils de Zeus et de Sémélé qui, imprudemment, a voulu contempler son amant dans sa gloire et meurt foudroyée, il est placé par le dieu dans sa cuisse, d'où il connaîtra une seconde naissance, divine celle-là. Ino, sœur de Sémélé, l'accueille et l'élève, déguisé en fille, pour lui permettre d'échapper aux persécutions d'Héra, qui le conduisent, selon certaines traditions, jusqu'à la folie. Chassé par ses persécuteurs (cf. par exemple l'histoire de Lycurgue, le roi de Thrace), il parcourt la Grèce et l'Orient. Mais le dieu chassé revient, et son arrivée, son retour, sont souvent au centre des cultes locaux qui font de lui le dieu venu de l'étranger. Ces mythes sont la source de toute une tradition datant du XIXᵉ siècle qui a voulu voir en Dionysos un dieu non grec, venu de Thrace ou d'Orient, et s'imposant dans la violence. C'était prendre à la lettre des récits qui disent plutôt la fonction essentielle du dieu : révéler à chacun l'étranger qu'il porte en lui et que les cultes du dieu apprennent à découvrir par le détour du masque ou de la transe.

À la différence d'Hermès qui assure les passages entre les contraires, dieu-passeur et dieu-guide, Dionysos efface les frontières, assume et incarne les contraires et brouille les catégories. Catégories de l'homme et de la bête : voir son cortège de Satyres ; celles de l'homme et de la femme : lui-même revêt un aspect féminin et porte le péplos. Aux Anthéstéries, fête à l'occasion de laquelle les morts se mêlent aux vivants, Dionysos est le seul dieu dont le temple reste ouvert. Il préside aux déguisements et aux mascarades qui accompagnent cette période d'inquiétude et de gaieté mêlées. À l'occasion des Oschophories, au mois d'octobre, les jeunes gens porteurs de grappes qui défilent dans la *pompè* en l'honneur de Dionysos sont déguisés en filles. De même, les participants aux *comoi* des Grandes Dionysies portent des vêtements féminins.

Toutes ces fêtes sont par ailleurs l'occasion de rassemblements et de cortèges publics qui associent l'ensemble de la cité, y compris les esclaves et les enfants (le jour des *Choès* en particulier). Le brouillage des frontières se fait donc dans le cadre de la cité et est pris en mains par elle.

Si nous avons vu le mythe insister sur le déchaînement de la folie dionysiaque (voir p. 138), dans les rues des cités, le cortège du dieu prend une apparence plus réglée, et les orgies dionysiaques une forme institutionnalisée. Des documents épigraphiques témoignent de l'existence officielle de thiases ménadiques et du cadre civique de l'initiation aux mystères. Les *thiases,* associations cultuelles qui vont se multiplier à la période hellénistique, accueillent parmi leurs membres beaucoup de ceux que la religion civique néglige d'ordinaire, en particulier les femmes. Un règlement de Milet, de la première moitié du IIIe siècle avant notre ère, fixe les conditions du déroulement des Mystères et le rôle de la prêtresse. Le rite de l'omophagie est rappelé par un morceau de chair crue que la prêtresse devra déposer dans la corbeille. La course dans la montagne devient procession et la transe obéit à des règles précises.

Les vases attiques du Ve siècle proposent deux images de la célébration de Dionysos dans la cité. Le *comos,* cortège masculin, sous le signe du vin, de la danse et de la musique (flûte et barbiton), et les manifestations des *Ménades,* les « dévotes » de Dionysos, munies de thyrses, de couronnes de lierre, de *canthares* (coupes typiques du culte de Dionysos), tantôt graves et sages, tantôt abandonnées au délire et à la transe.

En Béotie (fête des *Agrionies* à Chéronée), à Sparte, où deux sociétés de femmes, les Leucippides et les Dionysiades participent aux Dionysies, à Aléa (en Arcadie), à Élis, ailleurs encore, poursuites, flagellations, danse extatique, sacrifices et cérémonies secrètes *(orgia)* marquent les cultes dionysiaques dont les femmes sont les principaux acteurs. Ce sont elles aussi qui se trouvent, aux *Anthéstéries,* au centre de la célébration des *Théoinia* et des *Iobaccheia,* à l'occasion desquelles la *Basilina,* l'épouse de l'archonte-roi, entourée de quatorze prêtresses, accomplissait des rites secrets à l'occasion desquels elle s'unissait au dieu *(hiéros gamos),* pour le plus grand profit de la cité.

Dans ce contexte, les phénomènes de transe qui marquent certains aspects du dionysisme doivent être perçus comme des comportements sociaux ritualisés pour obtenir un changement d'état, pour devenir autre, atteindre une forme d'altérité définie par des normes et des valeurs précises. Les deux dimensions ne peuvent être dissociées : la transe est à la fois collective, elle se déroule en groupe dans le cadre du thiase, et elle concerne chacun de ceux qui le composent, dans un face-à-face direct avec le dieu. On ne peut en faire un état de crise qui isolerait l'individu dans son expérience intérieure (interprétation que l'on trouve par exemple chez E. Rohde, *Psyché,* 1893, et qui tend à faire du dionysisme une étape vers la découverte d'une vie intérieure immortelle et un mysticisme).

Les femmes lydiennes qui accompagnent Dionysos lors de son retour à Thèbes, au début de la pièce d'Euripide, *Les Bacchantes,* et qui constituent

L'arrivée de Dionysos à Thèbes

La tragédie d'Euripide « Les Bacchantes » s'ouvre sur un Dionysos déguisé en prêtre lydien et qui annonce, du haut du theologeion, sa nature divine. Le chœur, composé de Ménades, lui succède.

Dionysos. — « Me voici, fils de Zeus, sur la terre thébaine, Dionysos, celui que jadis enfanta la fille de Cadmos, Sémélè, par le feu de la foudre accouchée. J'ai pris la forme humaine pour venir à la fontaine de Dirkè, au bord des eaux de l'Isménos. Je vois près du palais la tombe de ma mère, la foudroyée, et les débris de sa demeure, fumant du feu de Zeus, attestant à jamais la vengeance d'Héra, son insulte à ma mère.

À Cadmos je sais gré d'avoir fait de ce sol inviolable aux pas humains le sanctuaire de sa fille. J'ai voulu, tout autour, étendre, vert réseau, le pampre orné de grappes. J'ai quitté la Lydie aux champs féconds en or, les plaines de Phrygie pour les plateaux de Perse, tout brûlés de soleil, les villes emmurées de Bactriane, ainsi que le pays des Mèdes, glacé par les hivers — et l'Arabie heureuse, toute l'Asie enfin, gisant au fond des flots salés, et ses cités aux beaux remparts, pleines de Grecs mêlés à des races barbares. — La première cité d'Hellas que je visite est celle-ci ! Déjà, dans ces régions lointaines, j'ai déployé mes chœurs, institué mes rites, pour me manifester aux hommes comme un dieu. La première choisie entre les cités grecques, c'est Thèbes que je fais tressaillir de mes cris. Je lui mets la nébride au corps, le thyrse en main — ce dard enguirlandé de lierre. Car les sœurs de ma mère, qui, plus que personne, auraient dû m'épargner cette insulte, ont affirmé que moi, Dionysos, je n'étais pas le fils de Zeus ; que Sémélè, par un amant mortel séduite, avait attribué sa propre faute à Zeus, artifice inspiré par Cadmos. Hautement, elles proclamaient que, si Zeus la foudroya, c'était pour la punir de s'être ainsi targuée d'amours divines. C'est pourquoi je leur ai fait quitter en foule leurs foyers, sous l'aiguillon de mon délire. Et les voici qui, l'esprit égaré, habitent les montagnes, contraintes de porter ma livrée orgiaque. De plus, toute la gent ▶

féminine de Thèbes, tout ce qu'elle comptait de femmes, je l'ai chassée de ses demeures : démentes, les voilà mêlées aux filles de Cadmos, en plein air, au milieu des rochers et sous les sapins verts. Il faut que, malgré elle, cette ville comprenne combien lui manquent mes danses et mes mystères, que je venge l'honneur de Sémélè, ma mère — en me manifestant aux hommes comme le dieu qu'elle enfanta pour Zeus.

Or Cadmos a transmis son royal apanage à Penthée, rejeton de sa fille, qui fait en moi la guerre à la divinité. Il m'écarte de ses libations ; jamais, dans ses prières, il ne fait mention de moi. Mais je saurai lui prouver, et prouver au peuple entier de Thèbes que je suis né d'un dieu. Puis, ayant tout réglé à mon gré dans ces lieux, je porterai mes pas dans une autre contrée ; et partout en chemin je me ferai connaître. Mais si, dans sa fureur, la ville des Thébains essaie à main armée de ramener des montagnes les Bacchantes, alors contre eux je mènerai mes troupes de Ménades. À cette fin j'ai pris l'apparence mortelle et changé mon aspect divin au corps d'un homme. Allons, vous qui avez délaissé le Tmôlos, rempart de la Lydie, ô mes femmes, que je mène avec moi des barbares contrées, qui demeurez et cheminez à mes côtés, levez vos tambourins natifs de la Phrygie, inventés par Rhéa, la Grande Mère, et moi. Venez, et tout autour du palais de Penthée, faites-les retentir pour attirer vers vous les regards de la ville entière de Cadmos, tandis que rejoignant la troupe des Bacchantes, je conduirai leur chœur au flanc du Cithéron.

LE CHŒUR. — De la terre d'Asie, du saint Tmôlos j'accours en bondissant, doux effort et fatigue agréable à subir, puisque c'est pour Bromios. J'exalte le Bacchant par mes cris d'Evohè ! »

Qui vient sur le chemin, qui vient, qui ? Qu'on sorte des maisons ! Que chacun garde pure sa langue, en observant le silence religieux ! Toujours selon le rite, je chanterai l'hymne de Dionysos.

Bienheureux celui qui a le bonheur d'être instruit du divin mystère, qui, sanctifiant sa vie, se fait l'âme d'un fervent, qui, dans la montagne, participe aux Bacchanales, saintement purifié, qui pratique les orgies de Cybèle, la Grande Mère, et qui, brandissant le thyrse, s'orne d'un bandeau de lierre, pour servir Dionysos. Allez Bacchantes, allez Bacchantes ! Bromios, dieu fils de dieu, Dionysos, ramenez-le, des montagnes de Phrygie, sur les places de l'Hellade, où les chœurs sont bien au large, ramenez-le, Bromios !

Bromios qui, dans les transes des maternelles douleurs, quand tomba la foudre ailée de Zeus, sortit du sein avant l'heure — car sa mère foudroyée venait de quitter la vie. À l'instant Zeus le Cronide lui ménage un abri d'où il naîtra : dans sa cuisse il le dissimule et l'enferme, au moyen d'agrafes d'or, et le cache ainsi à Héra. Et lorsque le terme vint, fixé par les destinées, il le mit au jour, ce dieu encorné comme un taureau. Il lui fit une couronne de serpents, et depuis lors, les Ménades, nourricières des fauves, portent aussi des serpents, mêlés à leurs boucles.

Ô Thèbes, toi qui nourris Sémélè, couronne-toi de lierre, fais foisonner la salsepareille aux beaux fruits, et mène la fête bachique, avec les rameaux de chêne ou les branches de sapin ! De touffes de poils blancs bordez vos peaux de faon tigrées ; portez pieusement les thyrses déchaînés ; le pays tout entier va bondir tout à coup quand Bromios guidera les thiases vers les montagnes, où campe la cohorte des femmes qui a déserté les métiers, les navettes, sous l'aiguillon de Dionysos.

Ô séjour des Courètes, antres sacrés de Crète, berceau de Zeus enfant ! C'est au fond de vos grottes que les Corybantes au triple casque ont inventé pour moi ce tambour tendu de cuir ; puis, mariant leurs transports au souffle plus doux des flûtes de Phrygie, ils l'ont remis aux mains de Rhéa, la Mère, pour faire écho aux clameurs des Bacchantes. Et les Satyres en démence, l'empruntant à la déesse-mère, en firent l'instrument des danses triennales, délices de Dionysos !

Source de joie dans les montagnes, quand au sortir des courses du thiase, il s'abat sur le sol, revêtu de la nébride sacrée, pourchassant le bouc pour l'égorger, pour dévorer sa chair crue, se ruant dans les montagnes phrygiennes, conduisant la course, le Bacchant, Evohè ! Le sol ruisselle de lait, ruisselle de vin, ruisselle du nectar des abeilles et il s'élève comme une fumée d'encens de Syrie. Le Bacchant, brandissant haut une ardente torche de pin, de son thyrse donne le branle à leurs errances ; il les déchaîne par la course et les chœurs de danse ; il les excite par ses cris, lançant vers le ciel ses joyeuses tresses. Et parmi les clameurs d'Evohè, sa voix tonne : « Ô Bacchantes, allez ! Ô Bacchantes, allez ! Rutilant de l'éclat du Tmôlos aux flots d'or, chantez votre Dionysos, au son des tambourins qui grondent sourdement, glorifiant — évohè ! évohè ! — le dieu bachique avec des cris, des appels phrygiens, tandis que la flûte au chant sonore, la flûte sainte, entonne le jeu sacré, rythmant la course folle des Ménades vers les montagnes, vers les montagnes. Remplie de joie, telle qu'une pouliche avec sa mère au pâturage, d'un pas rapide court et bondit la Bacchante. »

Euripide, *Les Bacchantes,* v. 1-167, trad. H. Grégoire, CUF.

son *thiase,* illustrent bien cet état. Leur « folie » est un état contrôlé, socialisé, auquel s'oppose la rage (*lyssa*) qui s'emparera au cours de la pièce de celles et de ceux qui ont refusé de reconnaître le dieu : les femmes de Thèbes autour d'Agavé et de Penthée (voir encadré).

La même opposition entre folie rituelle et folie meurtrière et bestiale se retrouve dans d'autres mythes autour de Dionysos et de ses manifestations. Ainsi l'histoire des Minyades, les princesses royales d'Orchomène (où a été élevé le dieu) qui refusent l'appel de Dionysos et restent à tisser au palais tandis que les autres femmes, délaissant leurs tâches habituelles se répandent dans la campagne et la montagne équipées en bacchantes : peau de faon, couronnes de lierre, thyrses, tambourins et flûtes à la main. Au palais, le lierre et la vigne immobilisent miraculeusement les métiers à tisser. Les princesses, trop tard convaincues et saisies de folie meurtrière, déchirent un de leurs enfants pour le dévorer. Lorsqu'elles veulent rejoindre les autres Ménades, celles-ci les repoussent avec horreur. La folie et la mort sont donc bien à l'horizon de Dionysos, mais elles sont le prix que doit payer celui qui n'a pas su regarder le dieu en face, pour se découvrir soi-même à travers la face vide du masque, qui a voulu l'ignorer ou le refuser.

Parmi les formes cultuelles que prend la figure de Dionysos, le masque, en effet tel qu'il apparaît sur certains vases attiques (série dite des *Lénéennes*), est particulièrement significatif. Porté par un poteau fiché en terre ou une sorte de colonne tronquée, il est accompagné d'un vêtement drapé, du style du péplos féminin, avec nébride et ceinture : le vêtement même des Ménades. Absent et présent à la fois à travers le vêtement vide, Dionysos offre à ceux qui savent le reconnaître, une image de l'Autre, et de celui qui rend autre.

Les modalités à travers lesquelles s'exprime son pouvoir sur la vigne sont encore une autre manifestation du dangereux attrait qu'il exerce sur ceux qui ne savent pas faire bon usage de ses présents. Dieu de la végétation luxuriante et de l'humide, Dionysos est en effet aussi celui qui apporte la vigne en Attique. Mais avant que les habitants de la région n'aient appris le bon usage du vin à travers la manipulation rituelle qui en fait un moyen de sociabilité, il faudra qu'Icarios, qui a partagé le vin pur reçu du dieu avec des bergers, soit tué par eux sous l'effet de l'ivresse, que sa fille, Érigoné, se pende de désespoir et que les filles de l'Attique soient à leur tour saisies de folie.

Dionysos c'est, d'une certaine façon, le bon usage de la folie. Comme Apollon peut à la fois envoyer le mal et le guérir, Dionysos est celui qui rend fou et qui sait guérir de la folie. Les rituels dionysiaques, à travers leurs formes diverses de transgression, depuis le « manger cru », jusqu'à la pratique de la transe, en passant par l'usage mesuré du vin, semblent offrir à chacun la possibilité d'expérimenter, dans un jeu à la fois individuel et collectif, ce qui est « autre » en lui. Apprentissage qui peut aller jusqu'à la folie, s'il n'est réglé par ce dieu double, à la fois homme et femme, comme l'appelle Euripide. On comprend que le théâtre, qui permet lui aussi d'être ou de se voir autre, le temps d'une représentation, soit un autre lieu de Dionysos. C'est aussi une façon pour lui de s'installer au cœur de la cité et sous les yeux de tous. Car Dionysos ne se contente pas de la reconnaissance de sectes marginales. Il revendique sa place comme dieu à part entière au rang des divinités de la communauté civique.

En rencontrant Apollon à Delphes, Dionysos, le dieu de l'enthousiasme et de la possession côtoie le dieu de la voix articulée, l'Apollon « Sonore », dans le sanctuaire même où les Grecs plaçaient l'ombilic du monde — comme si ces deux modes de communication avec le sacré, l'un reposant sur la transmission d'une parole claire, l'autre sur un regard fasciné, trouvaient là un lieu où s'enraciner.

2.6. *Le panthéon en situation : l'exemple de la cité de Mantinée*

Nous l'avons dit, chaque cité grecque honore un certain nombre de dieux et de héros par des sanctuaires et des cultes, établit une hiérarchie entre eux et raconte à leurs sujets des récits particuliers. Le panthéon varie d'une cité à l'autre, la mythologie aussi. De plus, l'implantation des sanctuaires et le culte des divinités propres à une cité ne sont pas restés immuables depuis les origines de la cité jusqu'à la fin du monde antique. Le panthéon de chaque cité a une histoire qu'il est parfois difficile de retracer et plus encore d'interpréter. Pour mieux faire comprendre la diversité et la complexité du polythéisme grec, il nous a paru utile de prendre l'exemple d'une cité. Le choix de Mantinée est arbitraire. Cependant cette cité par sa taille, par son rôle qui n'est pas de tout premier plan dans l'histoire, par la documentation utilisable, nous a paru caractéristique d'un plus grand nombre de cités que l'exemple trop complexe d'Athènes.

Mantinée se trouve dans le Péloponnèse, dans la région de l'Arcadie (à l'est de l'Arcadie et en bordure de l'Argolide). Son territoire (13 km du nord au sud, 4 à 7 km d'est en ouest) est entouré par celui des cités de Aléa, Orchomène, Mégalopolis, Tégée, Argos.

Le texte de la *Périégèse* de Pausanias énumère les sanctuaires et les cultes dont un voyageur du IIe siècle après J.-C. pouvait trouver les vestiges en visitant Mantinée. C'est notre source principale. On notera d'emblée le nombre important de lieux de culte différents, l'existence pour certaines divinités de plusieurs cultes, les dates variées d'apparition des cultes.

La carte : « Mantinée et son territoire » indique les découvertes archéologiques et les localisations probables des sanctuaires.

Sans reprendre l'ordre topographique de l'énumération de Pausanias, quel était le *panthéon* de Mantinée ?

Poseidon Hippios est la divinité poliade, le protecteur de la cité. Le monnayage de la cité le représente avec trident ou dauphin, l'éponyme annuel de la cité est son prêtre. Son sanctuaire, aux portes de la ville, est une *abaton* inviolable, quiconque y pénètre est puni de mort. Des concours athlétiques ont lieu lors des fêtes en son honneur : les Poseidaia. Dieu civique, il est aussi maître des eaux souterraines et maître des chevaux, deux fonctions capitales dans une cité où le drainage des eaux est un constant problème et où l'élevage des chevaux est la principale activité économique. Le culte de Poseidon remonte aux origines de la cité (la fondation du premier sanctuaire est attribuée aux héros béotiens Agamédos et Trophonios, aux VIIIe et VIIe siècles) et reste vivant jusqu'à l'époque impériale : l'empereur Hadrien choisit de restaurer le sanctuaire.

Zeus à Mantinée est connu sous cinq épiclèses, soit cinq fonctions et lieux de culte différents. *Zeus Kéraunos* ou dieu-foudre, qui s'identifie avec le phénomène naturel, *Zeus Sôter,* honoré sur l'agora, est le protecteur et le garant de la reconstruction de la cité (Mantinée a été démantelée en 385 et n'est redevenue une cité qu'après 371 avant J.-C.). *Zeus Charmon* est « celui qui se réjouit » ou peut-être plus précisément « celui qui se plaît à la guerre ». *Zeus Euboulos* « bon conseiller » et *Épidotes* protègent la prospérité de la cité.

Mantinée et son territoire

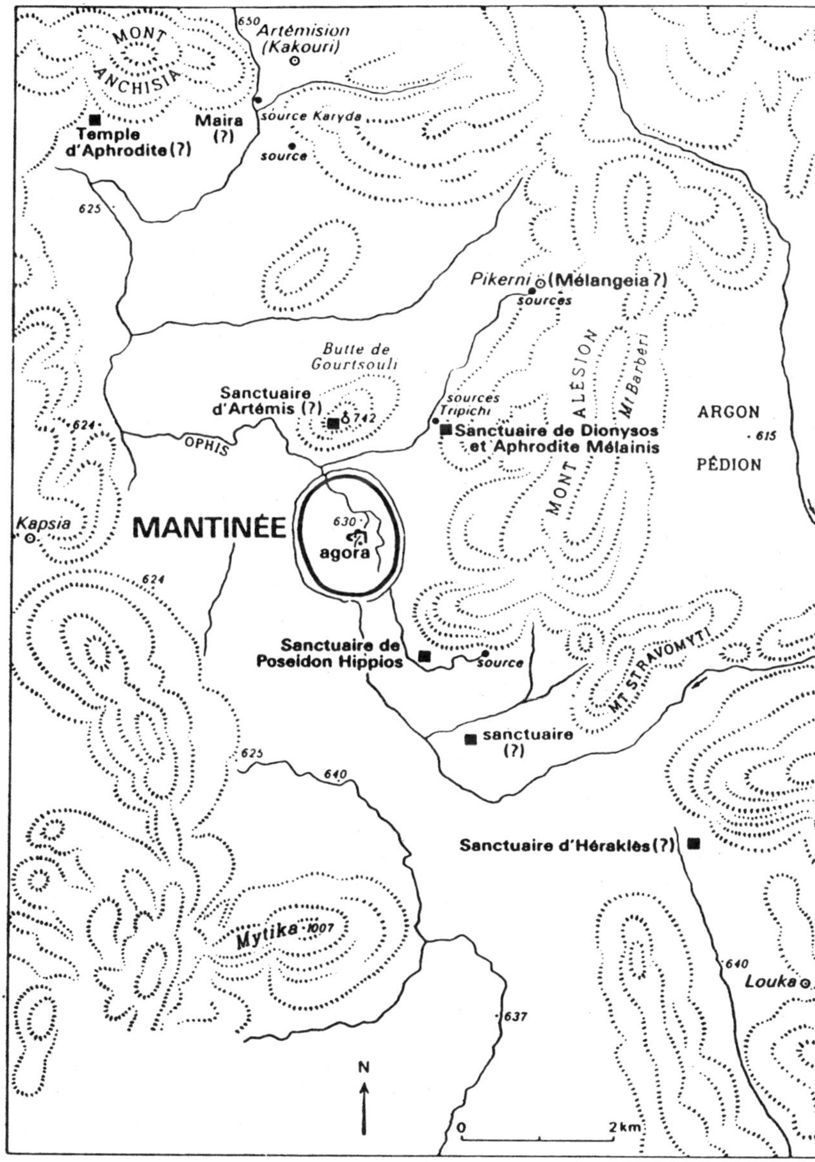

D'après G. Fougères, *Mantinée,* pl. X.

Les cultes et les sanctuaires de Mantinée

Dans la ville :

« Les Mantinéens possèdent un temple double divisé par un mur sensiblement par le milieu. Dans l'une des parties se trouve une statue d'*Asklépios,* due à Alcamène : l'autre partie est consacrée à *Léto et ses enfants.* C'est Praxitèle qui a exécuté les statues de ces divinités, deux générations après Alcamène. Sur la base sont représentés les Muses et Marsyas jouant de la flûte. (...) Les Mantinéens ont encore d'autres sanctuaires, l'un de *Zeus Sauveur* (Sôter), l'autre appelé sanctuaire du *Dispensateur* (Epidotès), car il passe pour dispenser des biens aux hommes. Il y a aussi un sanctuaire des *Dioscures* et à un autre endroit un sanctuaire de *Déméter* et *Koré.* On y entretient un feu en prenant soin qu'il ne s'éteigne pas sans qu'on s'en aperçoive. J'ai également vu près du théâtre un temple d'*Héra.* Praxitèle est l'auteur du groupe qui représente la déesse elle-même, assise sur un trône, et, debout à côté d'elle, Athéna et Hébé, fille d'Héra. Près de l'autel d'Héra se trouve le tombeau d'*Arkas,* fils de Kallisto. (...) On appelle cet endroit "les autels d'Hélios". Non loin du théâtre, des tombeaux célèbres : l'un est appelé Foyer commun (Hestia koiné) de forme ronde où est enterrée *Autonoé* la fille de Képheus. (...) Derrière le théâtre j'ai vu les restes d'un temple d'*Aphrodite Alliance (Symmachia)* et d'une statue. L'inscription de la base disait que la statue avait été dédiée par Nikippé fille de Paséas. Les Mantinéens avaient établi ce sanctuaire pour rappeler aux générations futures leur association avec les Romains dans la bataille navale d'Actium. Ils honorent aussi *Athéna Aléa,* ils possèdent un sanctuaire et une statue d'Athéna Aléa. Ils ont aussi tenu *Antinoos* pour un dieu. Des temples de Mantinée, le sien est le plus récent. C'est cet Antinoos qui fut extrêmement cher à l'empereur Hadrien. (...) Sur l'agora il y a une statue en bronze d'une femme que les Mantinéens disent être *Dioménée* la fille d'Arkas et un herôon de *Podarès* qui fut tué dans la bataille contre les Thébains et Épaminondas ».

Dans la campagne :

« Au-dessus du stade on trouve le mont Alesion, et sur cette montagne un bois sacré de *Déméter.* Au pied de la montagne est le sanctuaire de *Poseidon Hippios,* il n'est pas à plus de six stades de Mantinée. Sur ce sanctuaire, comme n'importe qui d'autre, je ne peux écrire que ce que j'ai entendu. C'est l'empereur Hadrien qui a fait édifier le sanctuaire actuel. Il mit les ouvriers sous l'autorité de surveillants, pour que nul ne jetât un regard sur l'ancien sanctuaire et ne déplaçât quoi que ce fût de ses débris ; il leur ordonna de bâtir le nouveau temple autour. Initialement ce furent Agamédès et Trophonios, à ce que l'on rapporte, qui édifièrent ce sanctuaire pour Poséidon en façonnant des pièces de chêne et en les adaptant les unes aux autres. Pour empêcher d'y pénétrer, ils ne placèrent pas de barrières devant l'entrée, mais tendirent en travers un fil de laine ; ils pensaient peut-être que cet obstacle suffirait à inspirer de la crainte aux hommes qui, à cette époque, avaient du respect pour les choses divines : peut-être aussi quelque force résidait-elle dans le fil. »

Les autres sanctuaires de la chôra ne font l'objet que d'une mention rapide chez Pausanias. Ce sont :

— dans le nord de la plaine, un sanctuaire d'*Artémis* et le tombeau de *Pénélope,* la source des Méliastes — . « Ces Méliastes célèbrent des orgies de *Dionysos* et il y a près de la source, un *mégaron* de Dionysos et un sanctuaire d'*Aphrodite Mélainis* » —, *la source Alalkoménia* (épiclèse d'*Athéna).*
— dans le sud de la plaine, « à un stade du tombeau d'Épaminondas, le sanctuaire de *Zeus* dit *Charmon* », le tombeau des Péliades et le tertre-tombeau d'Areithoos, au lieu-dit Phozion.
— sur le pourtour, « après les ruines de Nestané, il y a un sanctuaire consacré à *Déméter* et pour elle les Mantinéens célèbrent aussi tous les ans une fête ». Enfin le long de la route allant à Orchomène se trouve « le mont Anchisia et le tombeau d'*Anchise* aux pieds de la montagne. (...) Près du tombeau d'Anchise, se trouvent les ruines d'un sanctuaire d'*Aphrodite.* »

Pausanias, Livre VIII (Arcadie), chap. IX et sq. Trad. M. Jost.
op. cit., Paris, Vrin. 1985.

Sur le panthéon et les cultes de Mantinée, voir M. Jost, *Sanctuaires et cultes d'Arcadie,* coll. *Études Péloponnésiennes,* IX. Paris, Vrin, 1985.

Déméter a, dans la chôra, un sanctuaire et un bois sacré, et en ville un sanctuaire commun avec Koré, où brûle un feu éternel. Le culte de Déméter est célébré par des prêtresses. Le culte de *Koré* donne lieu à des fêtes les *Koragia* qui comprennent une procession, un sacrifice, un repas, puis des mystères, la promenade de la statue de la déesse dans la ville et le retour au sanctuaire. Il semble que la Koré honorée à Mantinée ait été au départ une déesse indépendante dont le culte s'est juxtaposé à celui de Déméter selon le modèle du culte panhellénique de Déméter et de Koré.

Athéna apparaît sous deux épiclèses, celle d'*Aléa* et celle d'*Alalkoménia* « qui repousse un danger ». Aléa (terme qui peut désigner aussi bien « l'asile » ou « la chaleur ») est une divinité indépendante connue ailleurs en Arcadie, et honorée en tant que telle à l'époque archaïque comme une déesse favorisant la fécondité et la fertilité. Puis son culte se confond peu à peu avec celui d'Athéna.

De *Dionysos,* dont le sanctuaire est proche de la source des Méliastes, on apprend que le culte comprenait des *orgia,* c'est-à-dire des rites secrets dont nous ne savons rien de plus.

Aphrodite a trois visages. *Mélainis,* la noire, elle évoque une puissance souterraine. Son sanctuaire au pied du mont Anchisia est lié à la légende récente, colportée par les Romains de son union avec Anchise (père d'Énée). Et, en tant que *Symmachia,* elle commémore aussi un événement récent : l'alliance de Mantinée avec les Romains à la bataille d'Actium.

Antinoos doit son culte à l'initiative d'Hadrien. Le culte comprenait des mystères et le jeune homme était représenté en Dionysos. Tous les cinq ans avaient lieu des concours, les *Antinoeia,* sur le modèle des concours olympiques.

Parmi les cultes héroïques, celui de *Podarès* est bien vivant ; Podarès était mort en 362, lors de la bataille de Mantinée ; son *hérôon* était sur la place publique.

Des autres divinités citées, *Artémis, Apollon, Léto, Asklépios, Héra et Hébé, les Anakes, les Dioscures,* nous ne connaissons pas les attributs particuliers à Mantinée ni les modalités du culte. Force est alors de leur attribuer les qualités qui leur sont reconnues ailleurs dans le monde grec. Pourtant ce qui frappe à l'étude du panthéon d'une cité comme Mantinée, c'est son originalité locale et l'emprise de l'histoire sur sa constitution.

Originalité locale : on trouve par exemple à Mantinée des figures féminines de déesses comme Athéna Aléa ou Koré qui sont très différentes de l'image « canonique » d'Athéna et de Koré, mais qui ressemblent beaucoup à leurs consœurs d'autres cités d'Arcadie. L'emprise de l'histoire se manifeste, d'une part, dans la modification progressive des figures divines (des figures archaïques comme celle d'Aléa ou celle de Koré s'amalgament ou se juxtaposent à des figures divines panhelléniques, comme celle d'Athéna ou de Déméter, mère de Koré). D'autre part, dans l'adoption de nouveaux dieux et la création de cultes : Aphrodite Summachia après Actium, ou Antinoos à l'époque d'Hadrien en sont des exemples. Le panthéon tel qu'il apparaît à Mantinée n'est ni stéréotypé, ni statique. Il est l'exemple même de la capacité d'adaptation et d'évolution d'une religion polythéiste.

Chapitre 6

Les formes de figuration

SOMMAIRE

1. Les différentes représentations du divin 167
2. Les figures anthropomorphes des dieux 170
3. La figuration des rituels 173

1. Les différentes représentations du divin

Les Grecs n'ont pas connu une seule et unique forme de représentation du divin (la statue anthropomorphe) mais des formes différentes qui ont coexisté à la même époque. Quelles étaient ces formes et que peuvent-elles nous apprendre des conceptions grecques du divin ?

Quelques remarques d'ordre général d'abord.

— Le caractère de la représentation religieuse est de rendre présent le dieu qu'elle figure tout en laissant entendre qu'il n'est pas là. L'image cultuelle doit à la fois être très concrète (on peut la toucher, la bouger, la manipuler) et manifester clairement qu'elle renvoie à quelque chose qui n'est pas présent.

— Le statut de l'image n'est pas le même dans la civilisation grecque et aujourd'hui. Les notions de ressemblance et d'imitation d'un modèle extérieur qui sont fondamentales dans notre définition de l'image ne l'étaient pas pour les Grecs. Jusqu'au début du Ve siècle, au moins, aucune des formes plastiques d'expression du divin n'entre dans la catégorie de la ressemblance ou de l'imitation. Elles donnent une forme à ce qui n'en a pas, mais elles n'imitent pas.

Les Grecs ont utilisé un grand nombre de termes pour désigner les représentations du divin (*xoanon, bretas, andrias, palladion, agalma, kolossos, eikon, eidolon...*) variété qui recoupe la multiplicité des formes d'expression du divin à travers les figures.

Prenons quelques exemples de type de figuration.

Bretas et xoanon : ce sont des statues presque informes, qui n'ont rien à voir avec une ressemblance, et se prêtent à différentes opérations dans le culte. Elles sont censées être tombées du ciel : par exemple le *xoanon* d'Athéna Polias conservé dans le temple de l'Érechthéion sur l'Acropole à Athènes. On promène parfois ces statues, on les baigne aussi, on les habille de vêtements confectionnés avec le plus grand soin (ainsi le péplos tissé pour la statue d'Athéna par les *Arréphores* et les *Ergastines* à Athènes) mais la plupart du temps ces statues restent enfermées dans les temples. Quand se met en place la cité, ces statues qui pouvaient appartenir à des familles, deviennent un bien commun, on les loge dans un temple.

L'hermès. C'est un pilier qui porte à sa base un sexe masculin (phallus) et au sommet une tête sculptée. On en trouve un peu partout dans le paysage des cités, à l'entrée des sanctuaires, aux points de passage, le long des routes. Le tyran de l'époque archaïque, Hipparque, en aurait fait dresser cent cinquante sur les routes de l'Attique, chacun d'eux portant une maxime. La fonction de ces *hermès* est de structurer l'espace, de marquer le caractère indissociable de l'emprise des hommes et de l'emprise des dieux sur le territoire de la cité. Ces *hermès* font, on l'a vu, l'objet de rituels, leur porter atteinte, les mutiler par exemple, est un énorme sacrilège.

Les *kouroi.* Les hellénistes appellent ainsi des statues d'hommes jeunes de l'époque archaïque, le plus souvent représentés nus. Certains *kouroi* sont funéraires, ils étaient placés sur la tombe d'un mort, d'autres sont votifs, dédiés à un dieu dans un sanctuaire. Ils n'offrent aucune ressemblance ni avec le mort, ni avec le dédicant, ni avec le dieu. Ils traduisent, dans une forme de corps humain, des attributs, des valeurs du divin. Par exemple, un *kouros* offert par un athlète exprime ce que le dieu a donné au vainqueur : vie, jeunesse, rapidité, force, virilité, beauté. On peut en dire de même des statues féminines appelées *korai.*

Ce dernier exemple permet de mieux comprendre la signification de la *statue anthropomorphe* (la statue du dieu avec une forme humaine). Que les Grecs aient sculpté de telles statues ne veut pas dire qu'ils aient cru que les dieux étaient semblables aux hommes et qu'ils aient eu un corps en tout point « humain », mais cela signifie que le corps humain dans ce qu'il a de beau, de jeune, de parfait, peut évoquer les valeurs divines.

L'anthropomorphisme grec rejoint la question plus générale du corps des dieux que J.-P. Vernant présentait ainsi : « Poser le problème du corps des dieux ce n'est pas se demander comment les Grecs ont pu affubler leurs dieux d'un corps humain mais rechercher comment fonctionne ce système symbolique, comment le code corporel permet de penser la relation de l'homme et du dieu » (*Le Temps de la Réflexion,* VII, 1986, p. 23-24).

Le *masque.* Le masque est très fréquemment utilisé pour exprimer le surnaturel chez les Grecs. Le masque est une représentation de face, un type iconographique très rare à l'époque archaïque, qui implique le spectateur, dans une relation de fascination.

Certaines divinités sont représentées par leurs masques dans des rituels, ainsi *Dionysos.* Sur de nombreuses scènes de vases, on voit le masque de Dionysos accroché à un pilier, lui-même habillé de vêtements, alors qu'autour de lui se déroule le culte.

Les participants aux cultes sont parfois masqués. Dans les rituels d'*Artémis Orthia,* à Sparte, les jeunes gens effectuent une danse masquée avant d'entrer dans le monde adulte. Ces masques représentent des figures terrifiantes et sont les symboles du monde sauvage et a-civique que les jeunes

2. Héphaïstos. Berlin Est 2273. Coupe à figures rouges, peintre d'Ambrosios, vers 500 av. J.-C. (Destin F.-L.)

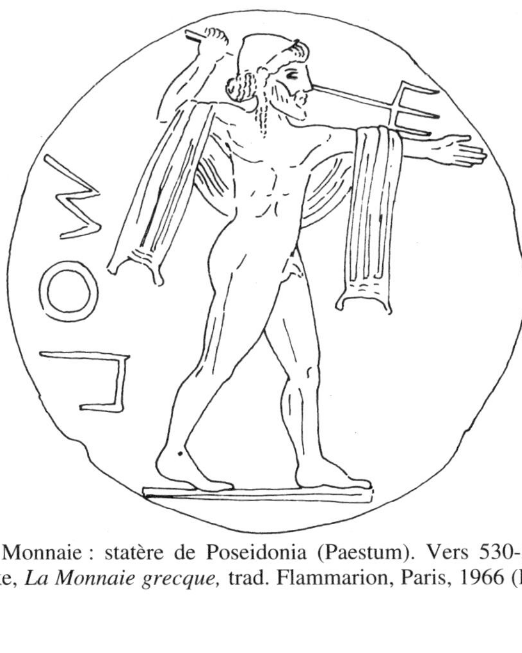

3. Poséidon. Monnaie : statère de Poseidonia (Paestum). Vers 530-510 av. J.-C. d'après Franke, *La Monnaie grecque,* trad. Flammarion, Paris, 1966 (Dessin F.-L.).

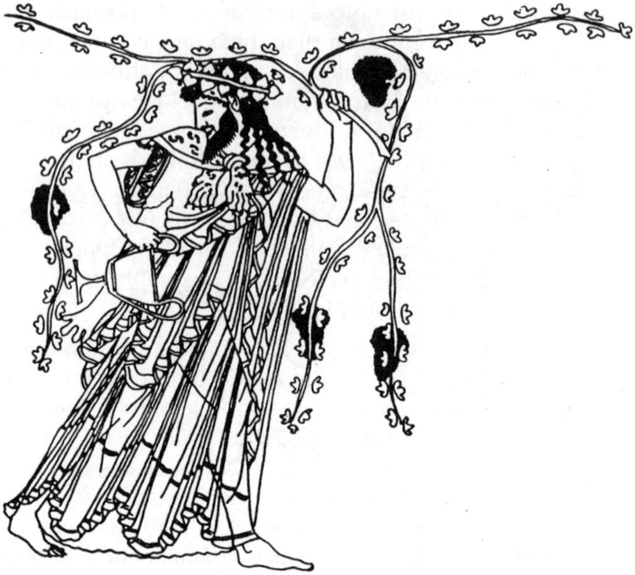

4. Dionysos. Munich 2344. Amphore à figures rouges (détail).
Peintre de Kléophradès, vers 500 av. J.-C. (Dessin F.-L.).

abandonnent en devenant citoyens. Dans les rituels dionysiaques apparaissent les masques de satyres. Porter un masque permet de cesser d'être soi et d'incarner la puissance du divin pour un temps qui est celui du rituel.

Ainsi les objets qui figurent le divin sont divers et les Grecs connaissent plusieurs types de représentation du divin à la même époque. Au Ve siècle, un Athénien par exemple rend un culte aux *hermès* de l'agora, participe à des rituels autour du *masque* de Dionysos, accompagne en procession le *xoanon* d'Athéna lors des Panathénées, et vénère aussi la *statue* chryséléphantine de la même déesse dans le Parthénon. Cet exemple et bien d'autres prouvent que les différentes formes de figuration du divin ne correspondent pas à des étapes successives du développement de la pensée religieuse grecque. Il est inexact de dire que l'évolution s'est faite d'une représentation informe à une figure ressemblant à l'humain. Chez Homère, les dieux sont parfaitement anthropomorphes et à l'époque classique des poteaux et des pierres peuvent avoir une fonction symbolique très forte et être le cœur de rituels.

2. Les figures anthropomorphes des dieux

▲ *Les dieux un à un.* Quittons les problèmes généraux que pose la figuration du divin en Grèce pour nous demander à quoi un Grec reconnaît un dieu particulier. Un ensemble d'attributs et de postures permet de distinguer à coup sûr l'identité du dieu, bien que, comme pour le panthéon, il existe des variantes locales de la représentation de tel dieu. Les dessins, ci-joint, montrent la figuration de quelques divinités dans la céramique. En règle générale, on reconnaît immédiatement Zeus à la foudre qu'il brandit, Poséidon à son trident, Dionysos au thyrse, Athéna à l'égide, Artémis à l'arc, au carquois et aux flèches, Déméter à l'épi de blé... Mais si les représentations d'un même dieu obéissent à certains traits génériques, elles sont aussi sujettes à des modifications, des manipulations qui ont toujours un sens. Prenons l'exemple de la représentation de Dionysos dans la céramique.

▲ *Dionysos.* Il apparaît tout d'abord doté d'un corps anthropomorphe, vêtu d'une longue robe à plis. Maître du vin qu'il peut boire pur, il est représenté tenant en main un canthare (un vase dont la forme est celle d'une vasque à ressaut avec un pied évasé et des anses verticales) ou une corne à boire, qui sont ses attributs. Des branches de vigne ou de lierre l'entourent, le couronnent et ses compagnons portent un bâton terminé par une touffe de lierre, le thyrse. Les animaux qui l'accompagnent sont le lion, la panthère, le serpent, connus pour leur sauvagerie, l'âne et le bouc, emblèmes de lubricité. Parfois seul, il est souvent entouré de tout un cortège de satyres et de ménades.

Il est aussi représenté par un poteau habillé d'une robe longue et surmonté d'un masque, ou portant seulement le masque du dieu de face ou de profil, poteau autour duquel se déroule le rituel. Enfin le visage de Dionysos de face apparaît seul, il peut par exemple s'introduire entre le motif des « yeux » fréquent sur les coupes à boire et sur les amphores. Comme le rappelle F. Frontisi : « Lorsque entre ces deux yeux vient s'inscrire le visage de Dionysos et son regard hallucinant, plus question de maîtrise ni de précaution. Il faut succomber à l'emprise du dieu. Dans le masque qui veille au flanc des amphores comme dans celui que le convive approche de son propre visage, c'est le vin qui se visualise avant d'être absorbé, le vin vu, de même que sera bu, dans le feu du liquide divin, le dieu lui-même. Le face à face du buveur et de Dionysos, par la coupe tendue, réalise une communication quasi initiatique, jeu de miroir où le dieu renvoie à l'homme un reflet de sa divinité » *(La Cité des Images,* p. 150). Ce dernier exemple, la figuration divine sur une coupe et sa manipulation quotidienne par le buveur, indique clairement à quel point les images des dieux envahissent le monde des hommes et dans quelle mesure les Grecs ont pu avoir une perception du divin très différente de celle d'une religion monothéiste comme le christianisme.

▲ *Les images de dieux en groupe.* Les divinités apparaissent seules (comme Dionysos dans les exemples ci-dessus) ou en groupe (voir p. 3). La manière dont ces groupes sont constitués : présence de telles

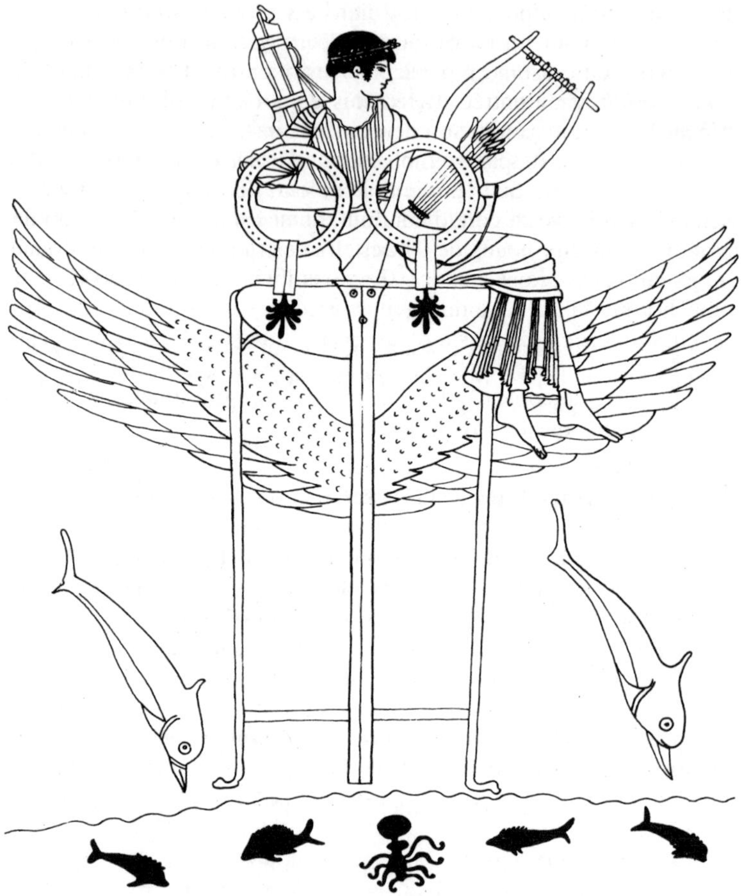

5. Apollon, Rome, Musée du Vatican, Hydrie à figures rouges.
Vers 490-480 av. J.-C. (Dessin F.-L.).

divinités, absence d'autres, indication de hiérarchie entre les dieux et le contexte de leur réunion, ont un sens. Des groupes de dieux se trouvent au fronton des temples, souvent en relation avec la divinité principale honorée en ce lieu et quelque épisode fameux de son histoire. À Athènes, sur le Parthénon, nous avons vu qu'étaient représentés la naissance d'Athéna d'un côté, la dispute entre Athéna et Poséidon pour le patronage de l'Attique de l'autre, et autour d'Athéna les dieux et les personnages mythiques acteurs de ces épisodes. Les figurations d'assemblées des dieux (comme autour de la naissance d'Athéna) sont plus rares dans les ensembles sculptés qu'ils ne le sont dans la céramique.

Sur la céramique athénienne, les dieux en groupes sont le plus souvent rassemblés pour un motif, autour d'une action. Les occasions de ce type de figuration sont en particulier les noces de Thétis et Pélée, la naissance d'Athéna, l'entrée d'Héraclès dans l'Olympe. Les attitudes des dieux, leurs gestes, sont soigneusement construits dans l'image. La scène peut avoir un axe, par exemple Zeus assis sur un trône, ou Apollon jouant de la lyre alors que les dieux écoutent, ou au contraire montrer l'ensemble des dieux en cercle continu : ainsi les défilés des chars des dieux se rendant aux noces de Thétis. Il n'est pas question de donner une explication de ces scènes ici. Ces exemples montrent la diversité, la complexité et la richesse des formes grecques de figuration du divin et doivent inciter les lecteurs à regarder des images en sachant qu'elles ont besoin, tout comme les textes, d'être mises en série, décomposées et replacées dans le contexte de l'ensemble des représentations symboliques des Grecs pour être réellement comprises.

3. La figuration des rituels

Les images grecques ne se contentent pas de figurer des dieux et des héros, elles dépeignent les rituels les plus divers. Ce faisant, elles font un tri, un choix entre les éléments du rituel qu'elles vont représenter ; comme pour les images des dieux, elles offrent une construction qui leur est propre. Ce qui est souligné dans l'image fait référence au code des gestes et des conduites de la culture grecque. Les représentations du sacrifice, déjà fort bien étudiées (voir la bibliographie), peuvent nous faire comprendre comment procède la représentation figurée d'un rituel.

▲ *Représentation du sacrifice.* Le défilé tout d'abord conduit les hommes et les bêtes vers l'autel. Les hommes portent des couronnes et exécutent la plupart des rites debout. La libation préliminaire au sacrifice est fréquemment représentée mais la mise à mort de la bête l'est rarement. L'autel toutefois porte des traces de sang comme signe de cette étape importante du rituel où, la bête égorgée, on fait couler le sang sur l'autel. Puis vient le stade de la découpe, celui où parts des hommes et parts des dieux sont séparées. Les viscères sont grillés. Les viandes coupées sont mises à cuire au chaudron et/ou enfilées sur d'énormes broches et rôties sur le feu. La présence dans l'image d'un ou plusieurs des objets qui servent dans le rituel : autel, vasque pour l'eau, vase à recueillir le sang de l'animal, corbeille à trois anses contenant les graines et le couteau sacrificiel, table pour la découpe, suffit à indiquer le sacrifice.

Rares sont les images où plusieurs séquences du rituel sont représentées (la suite sacrificielle de l'hydrie de la Villa Giulia est exceptionnelle). La représentation de l'un ou l'autre des moments suffit à évoquer l'ensemble du rituel. Si les textes insistent sur l'étape ultime

6. Scène de sacrifice, Cratère à figures rouges, Boston MFA 95.25.
Vers 440 av. J.-C. (Dessin F.-L.).

« De part et d'autre d'un autel cubique se tiennent deux officiants. L'un, à droite, porte de la main gauche un *kanoun,* panier sacrificiel contenant les graines et la *makhaira,* couteau de l'égorgement : de la main droite, il présente, au-dessus de l'autel, un récipient, *kernips,* où l'officiant de gauche s'apprête à plonger les mains. Tenus symétriquement par le même personnage, les deux instruments sont mis sur le même plan : ils contiennent l'eau et les graines, qui, jetées sur la victime sacrificielle, obtiendront son acquiescement. L'animal est paisiblement maintenu, à gauche de l'autel, par un acolyte que suit un flûtiste. À droite de l'image, dont il construit la symétrie, se tient le prêtre, sous le regard de qui se déroule, sans aucune trace de violence, l'ensemble de la cérémonie. »

Commentaire de J.-L. Durand et F. Lissarrague, « Héros cru ou hôte cuit : histoire quasi cannibale d'Héraklès », *Image et céramique grecque.* éd. F. Lissarrague et F. Thélamon, Rouen, 1983, p. 154.

du rite qu'est la consommation en commun des viandes, l'image ne montre pas cette séquence dans un rapport direct avec la scène d'abattage et de découpe, alors que par ailleurs les scènes de banquet sont innombrables. Enfin en partant de la norme, il est aussi possible de repérer les écarts dans de nombreuses scènes de sacrifice. Ainsi les scènes de sacrifice d'Héraclès omettent le partage, insistent sur la violence de l'acte, présentent le héros comme un quasi-cannibale…

Bref, les figurations des rituels sont à leur tour une mine pour comprendre les gestes et les représentations qui entourent les cultes, à condition de voir ces images non comme des illustrations des textes qu'elles

7. Scène de sacrifice. Cratère à figures rouges, Naples.
Vers 470 av. J.-C. (Dessin F. L.).

« La scène organise selon le même modèle symétrique, autour de l'autel, le temps du sacrifice où sont présentes les viandes à consommer. Au centre de l'image, l'autel, sur la flamme duquel rôtissent les viandes — *splanchna* — porte des traces sanglantes, seule marque repérable d'une mise à mort préalable de la victime. À gauche un personnage barbu fait, avec une coupe, libation sur les viandes que présente pour les rôtir le jeune homme de droite. Ces viandes sont tendues à la pointe de broches — *obeloi* — au-dessus du feu. À l'extrême droite une broche du même type est posée verticalement, la garde près du sol. À l'arrière-plan à droite, un hermès pilier est vu de face. À gauche un autre jeune homme porte sur l'épaule le panier sacrificiel à trois pointes contenant les graines. L'image montre clairement en quoi les broches sont liées à la consommation de viandes. »

Commentaire de J.-L. Durand et F. Lissarrague, art. cit.

ne feraient que répéter, mais comme des documents ayant leur propre logique et apportant des éléments nouveaux à l'approche de la religion grecque.

Ce très rapide aperçu des questions que soulève l'étude de la figuration du divin en Grèce laisse entendre à quel point tous les systèmes de représentation, les panthéons, les mythes et la figuration, sont solidaires. Si une logique est à l'œuvre dans la constitution du panthéon, dans l'élaboration des mythes, elle l'est aussi dans la création des images du divin qui peuplent la cité. Plus encore, ces systèmes de représentations sont à leur tour indissociables des rituels qui les expriment. Il paraît par exemple impossible d'étudier une statue en faisant abstraction de l'usage qui en était fait. Ce que nous avons décrit successivement dans ce livre, les pratiques cultuelles d'une part, les systèmes de représentation du divin de l'autre, doivent être pensés ensemble.

Conclusion

Tout au long de ce livre nous avons tenté de montrer que la religion des Grecs était « autre », qu'elle avait ses catégories et ses références propres et qu'il fallait la définir par rapport aux valeurs de la cité dans le cadre de laquelle ses structures se sont imposées. Nous avons rappelé aussi que les croyances des Grecs étaient fonction, comme dans toute civilisation, de catégories psychologiques qui organisaient leur perception du monde et que le malentendu pouvait naître, dans l'analyse de leurs conceptions religieuses, d'une mauvaise appréciation de ces catégories, confondues avec les nôtres. La tendance à étudier la religion grecque en privilégiant certains aspects qui semblent annoncer une « piété » supérieure parce que plus proche des valeurs qui seront celles du christianisme, a abouti souvent à interpréter les pratiques des sectes comme celles des Pythagoriciens et des Orphiques comme annonciatrices d'une autre conception du divin. Dans le même esprit, les cultes à mystères et les pratiques d'initiation sont souvent interprétés dans le sens de religions de salut et présentés comme une préparation à un au-delà qui implique des croyances dont nous avons vu qu'elles n'appartenaient pas au cadre de la religion des cités. Il nous a paru plus intéressant, pour comprendre la religion des Grecs, de rapporter toutes ces pratiques à celles qui leur sont contemporaines et auxquelles elles répondent, en constituant avec elles un ensemble cohérent.

Le sort de la notion de *psuché,* volontiers traduite par le mot « âme », illustre bien les raccourcis hasardeux auxquels peuvent donner lieu de trop hâtives assimilations. Nous dirions volontiers, si la formule ne risquait de passer pour une provocation facile, que les Grecs n'ont pas d'âme, au moins jusqu'à Platon. Pour les Grecs de l'époque archaïque et classique, la *psuché* est le « double » du mort : le spectre qui erre entre le monde des vivants et celui des morts lorsque le cadavre n'a pas reçu les rites funéraires prescrits ; une puissance de l'au-delà, c'est-à-dire du monde des morts, qui peut devenir visible par exemple en se fixant dans l'idole grossière que l'on appelle *colossos* et dont plusieurs témoignages nous montrent qu'elle peut être un substitut du mort. Cette catégorie du « double » renvoie à une organisation mentale différente de la nôtre. C'est, pour les Grecs, une réalité extérieure en même temps qu'insaisissable. Lorsque la notion d'âme apparaît, entre le VIe et le Ve siècle dans le milieu des sectes pythagoriciennes puis relayée par la pensée philosophique, elle est liée à la notion de *daimôn.* Pour Platon, puis pour les Stoïciens, ce terme désigne, dans l'homme, un élément étranger à sa nature mortelle et apparenté au divin. Associée à cette notion nouvelle, la *psuché,* de fantôme et double de l'homme mort, devient chez Platon : « une puissance installée au cœur de l'homme vivant... à la fois réalité objective et expérience vécue dans l'intimité du sujet » (J.-P. Vernant, « La personne dans la religion », *Mythe et pensée chez les Grecs*). Elle marque la naissance, dans la civilisation grecque, de la notion psychologique de « personne ». Il restera à passer de la *psuché,* double fantomatique du corps, au corps, double fantomatique de l'âme, pour ouvrir la porte à tout un courant de réinterprétation tendant à privilégier une « religion des philosophes », en face des notions religieuses communes aux Grecs des cités.

Pourtant, cette religion ne disparaît pas avec la fin de l'indépendance des cités grecques, et l'établissement des royautés hellénistiques ne marque nullement la fin du système religieux qui s'était imposé au cours des siècles classiques. Au contraire, de nombreux témoignages attestent la permanence des cultes officiels, auxquels participent rois et cités. Les dieux reçoivent toujours des statues et des temples, comme le montrent les dédicaces retrouvées, les sanctuaires continuent d'être entretenus et restaurés, de nouvelles fêtes sont fondées, les trésors sacrés s'enrichissent. De même, offrandes et dédicaces privées témoignent des marques nombreuses de la piété personnelle. Certes, depuis longtemps, à l'intérieur même des cités, des voix s'étaient fait entendre qui critiquaient l'anthropomorphisme des dieux et leurs défauts trop humains. Mais les spéculations des philosophes, lorsqu'elles ne paraissaient pas entamer les lois de la cité, demeuraient largement en dehors de la pratique quotidienne et sans effet sur les croyances communes. Toutefois, l'ouverture des cités sur le monde entraîne aussi des modifications dans les comportements religieux. Un signe parmi d'autres : les cultes orientaux se multiplient et viennent répondre aux aspirations d'individus que ne satisfont plus les seules célébrations traditionnelles. Le système religieux dans son ensemble continue à fonctionner, et continuera encore longtemps, puisque Delphes sera un lieu de consultation jusqu'à la fin du IVe siècle ap. J.-C., et Olympie accueillera athlètes et curieux jusqu'à l'interdiction de Théodose en 393 après J.-C. Mais l'esprit de ces manifestations se modifie. La dimension collective de la religion, sa fonction de réassurance de la communauté civique se perd. L'échange personnel avec le dieu tend à l'emporter, tandis que la répétition formelle de rites, dont le sens n'est plus perçu, fige les pratiques, et que fleurit le recours à la magie et aux devins.

C'est contre cette tendance que s'exprime le discours de ceux qui se tournent vers le passé pour y trouver des références et des modèles et définissent une piété fidèle à une image reconstituée des hommes d'autrefois. Au terme de cette tradition, en face du christianisme montant, des hommes témoignent encore, par leur pratique et leur discours, de la cohérence d'un modèle religieux qui répond pour eux à un système de valeurs inséparable d'un monde dans lequel ils se reconnaissent, et qui est désormais menacé : Pausanias, le parcoureur infatigable des lieux de culte du passé et l'initié de Déméter, Plutarque, le prêtre d'Apollon, Porphyre, qui compose un traité, *Contre les Chrétiens,* pour défendre la religion de la cité. Aux préoccupations de ces intellectuels répondent les témoignages inscrits sur la pierre ou confiés aux papyrus, les ex-voto et les récits attestant une piété populaire encore vivante aussi longtemps que la cité survit à travers les vicissitudes de ce qui est désormais l'empire romain.

Les cités grecques à l'époque classique, Ve siècle

Source : Atlas historique, Histoire de l'humanité de la préhistoire à nos jours, Paris, Hachette, 1987, p. 47.

Glossaire

Abaton : lieu sacré où il est interdit d'entrer, sauf à des conditions bien précises.
Acropole : ville haute.
Adyton : lieu caché où seuls entrent les desservants du dieu. À Delphes, endroit où se tient la Pythie.
Agon : concours. Souvent traduit par « jeu ». Ex. les « jeux olympiques ».
Agora : place publique, lieu de nombreux cultes.
Agrios : sauvage (par opposition à « cultivé »).
Ambroisie : nourriture d'immortalité réservée aux dieux.
Amphictionie : association de cités ou de peuples voisins qui administrent en commun un sanctuaire. Ex : l'amphictyonie pylaio-delphique autour du sanctuaire d'Apollon à Delphes regroupe douze peuples de la Grèce du Nord et du Centre.
Anarrhusis : nom du 2e jour de la fête des Apatouries.
Aparchai : offrandes préliminaires au sacrifice, prémices.
Apotropaïque : un rite apotropaïque a pour fonction de préserver celui qui l'accomplit de toute influence mauvaise. De tels rites sont par exemple pratiqués pour se prémunir contre les morts et leur possible retour parmi les hommes.
Archégète : fondateur. Des héros et des dieux portent cette épithète.
Architrave : partie d'architecture qui repose sur les chapiteaux au sommet des colonnes.
Archonte : « celui qui commande », peut être le responsable d'une association ou le magistrat d'une cité.
Archonte-éponyme : magistrat qui donne son nom à l'année.
Archonte-roi : à Athènes, magistrat chargé des cultes hérités des ancêtres. Préside aux Mystères d'Eleusis et aux Lénéennes.
Arréphores : deux jeunes Athéniennes qui accomplissent un rituel lors de la fête des Arréphories en l'honneur d'Athéna à Athènes.
Asébeia : impiété.
Asulon, Asylie : un lieu ***asulon*** est un lieu sur lequel il ne peut y avoir de prise, de représailles. Les sanctuaires ont souvent ce privilège d'***asylie :*** les biens sont protégés et les personnes qui s'y réfugient jouissent de l'immunité.
Athlothète : magistrat chargé de la préparation d'un concours et de la remise des prix aux vainqueurs.

Bacchants et **Bacchantes :** fidèles du dieu Dionysos. Ils tirent leur nom de l'épithète du dieu appelé **Bacchos**.
Basileus : roi. À Athènes, désigne l'archonte-roi.
Basilina : reine. À Athènes, désigne la femme de l'archonte-roi.
Bômos : autel.
Boulè : nom du conseil des 500 membres à Athènes.
Boutupos : « l'assommeur de bœuf », nom d'un des acteurs du sacrifice sanglant.

Caducée : baguette qui est l'attribut d'Hermès, bâton autour duquel s'enroulent deux serpents.
Canéphore : porteuse de corbeille. Jeunes filles participant aux rituels en l'honneur d'Athéna et Artémis à Athènes.
Canthare : vase à boire, attribut de Dionysos (vasque à ressaut avec un pied évasé et des anses verticales).
Cella : pièce centrale à l'intérieur du temple où se trouve la statue du dieu.
Chora : la terre cultivée.
Chorège, Chorégie : le chorège est un homme chargé, à Athènes, de recruter et entretenir un chœur pendant la durée de la préparation des fêtes théâtrales en l'honneur de Dionysos. La chorégie est le nom de la *Liturgie* à laquelle il est astreint.
Chthonien : de ***chthôn,*** la terre, désigne des divinités et des pratiques en rapport avec le monde souterrain.
Chresmologue : transmet et interprète les textes sacrés.
Ciste : corbeille.
Cléromancie : divination par les sorts.
Cosmogonie : récit de la création du monde, le ***cosmos***.
Crépis ou **krépis :** soubassement à trois degrés du temple.
Crocote : tunique couleur safran portée par les petites filles qui faisaient les « ourses » en l'honneur d'Artémis au sanctuaire de Brauron en Attique.

Dadouque : « porteur de torche », un des prêtres chargés des Mystères d'Éleusis.
Daimon : Génie. Ni un dieu, ni un héros, un être surnaturel au statut changeant.
Dème : subdivision territoriale de l'Attique. Correspond à notre « commune ».
Démos : peuple. Désigne l'ensemble des citoyens.
Dendromancie : divination par les arbres, pratiquée dans le sanctuaire de Zeus à Dodone.
Devin : interprète les oracles et les prophéties.
Diasparagmos : forme de sacrifice en vigueur dans le rituel dionysiaque qui consiste à déchiqueter un animal vivant à main nue.
Dithyrambe : rituel en l'honneur de Dionysos, célébré par un chœur dirigé par un homme qui donne le signal de la danse et accompagné d'un sacrifice. Un des quatre genres dramatiques grecs aux côtés de la tragédie, de la comédie et du drame satyrique.

Dokimasie : enquête faite par la cité, avant l'entrée dans toute magistrature, vérifiant entre autres la qualité de citoyen du candidat.
Dorpia : nom du 1er jour de la fête des Apatouries.
Drachme : monnaie. A Athènes, 1 drachme = 6 oboles.

Eirésioné : rituel lors de la fête des Pyanepsies à Athènes ; des jeunes garçons promènent une branche d'olivier, chargée de fruits et entourée de laine, en chantant « une mesure de miel, de l'huile, un coup de vin pur, pour aller ivre au lit ».
Ekphora : transport du cadavre du mort de chez lui au cimetière.
Enagismata : offrandes de nourriture consacrées sur un tombeau.
Entera : parties qui composent le système digestif de l'animal, mises à part dans le sacrifice et utilisées ensuite à la confection de saucisses et boudins.
Épiclère : statut d'une fille à Athènes qui peut transmettre le ***cleros*** (propriété foncière) paternel à un de ses descendants mâles, ceci en l'absence d'héritier masculin.
Épimélète : personne « qui s'occupe de quelque chose », terme donc général, mais qui, dans les Mystères d'Éleusis, désigne ceux qui aident l'archonte-roi à organiser les fêtes.
Épinicie : poème composé pour célébrer la victoire d'un vainqueur aux concours.
Épiphanie : apparition d'une divinité.
Épistate : président. Sens particulier d'administrateur des biens sacrés et de magistrats chargés du contrôle financier des cultes.
Époptie : cérémonie finale des Mystères d'Éleusis consistant à montrer les ***hiéra,*** des objets sacrés.
Éranos : repas où chacun apporte son écot. Désigne aussi un groupe d'individus regroupé autour d'un culte et qui pratique la solidarité entre ses membres.
Ergastine : jeune fille tissant le péplos d'Athéna.
Eschara : autel bas ou fosse creusée dans le sol sur laquelle on faisait des sacrifices, plus particulièrement consacrés aux divinités chthoniennes.
Eusébéia, eusébès : piété, pieux.
Exégète : interprète des textes sacrés.

Gamélia : sacrifice et banquet offerts par un citoyen athénien aux membres de sa phratrie pour marquer son mariage.
Gamos : mariage.
Génos : association cultuelle reposant souvent sur des liens de parenté.

Hécatombe : sacrifice de cent bêtes.
Hellanodice : juge des concours à Olympie.
Héortè : fête religieuse.
Hermès : borne de pierre portant un phallus et une tête sculptée.
Héroon : sanctuaire-tombeau consacré à un héros.
Hestia : foyer, lieu où brûle de façon continue le feu, dans la maison aussi bien que dans la cité. Le foyer commun à la cité porte le nom de ***hestia koiné*** : lieu de rituels.
Hestiasis : liturgie consistant à offrir un repas public lors de certaines fêtes de la cité.
Hiéra : les choses sacrées.
Hiérodule : esclave consacré à un dieu.
Hiérogamie : mariage sacré, union entre deux dieux.
Hiéromnémon : magistrat chargé des cultes. Membre du conseil amphictyonique à Delphes.
Hiérophante : « celui qui montre les choses sacrées », principal prêtre du culte d'Éleusis.
Hiéron : le sanctuaire.
Hiéros : sacré.
Hiérope : celui qui est chargé des choses sacrées. À Athènes, les hiéropes forment un collège de dix membres. Dans certaines cités, des hiéropes administrent le sanctuaire comme à Délos celui d'Apollon.
Holocauste : sacrifice où l'offrande (animale ou végétale) est entièrement consumée par le feu.
Hoplite : soldat fantassin.
Horkos : serment.
Horos : borne.
Hybris : démesure.

Ichor : substance qui coule dans les veines des dieux.
Incubation : forme de divination, un songe arrive pendant le sommeil.
Isonomie : égalité devant la loi.

Katharmos : rite ou moyen de purification.
Katharsis : purification. Apollon est le dieu purificateur : ***Katharsios.***
Koinon : ce qui est commun. Nom donné aux associations cultuelles.
Komos : cortège bruyant se formant à la fin des banquets, plus particulièrement cortège dionysiaque.
Koré : jeune fille. Nom donné à des statues représentant des femmes jeunes.
Kouréion : sacrifice qui accompagne l'offrande par le jeune garçon de sa chevelure à une divinité (souvent Artémis) au moment où il quitte le monde de l'enfance pour entrer dans le monde adulte.
Kouréotis : troisième jour de la fête des Apatouries où avait lieu le sacrifice du ***kouréion***.
Kouros : garçon, jeune homme. On appelle ainsi les statues représentant un jeune homme.
Kykéon (Cycéon) : breuvage bu par les initiés lors des Mystères d'Éleusis.

Liturgie : prise en charge par un particulier d'une tâche d'intérêt public dont il assure le bon déroulement et le financement. Voir l'exemple de la ***chorégie*** et de l'***hestiasis,*** deux liturgies athéniennes.

Mageiros : homme chargé de tuer la bête lors du sacrifice et d'apprêter les viandes.
Mania : délire s'emparant de l'individu possédé par le dieu, en particulier dans le culte dionysiaque.
Mantique : divination.
Méion : sacrifice qui a lieu lors de la fête des Apatouries et dont la fonction n'est pas bien connue.
Ménade : femme accomplissant le rituel en l'honneur de Dionysos. Le terme met l'accent sur la ***mania*** qui la saisit.
Méria : fémurs des cuisses des bêtes sacrifiées qui sont brûlés pour les dieux.
Métèque : étranger jouissant d'un statut particulier dans une cité donnée.
Mètis : l'intelligence rusée. Catégorie importante présente dans de nombreux récits grecs (et pas seulement attachée à des divinités).
Miasma : souillure.
Mystagogue : le conducteur des mystes.
Mystères : cultes qui comportent une initiation.
Mystes : candidats à l'initiation aux Mystères puis initiés (ceux d'Éleusis).

Naos : temple. Désigne parfois de façon précise la pièce fermée qui est à l'intérieur du temple (appelée aussi ***cella***).
Nectar : boisson des dieux.
Néocore : personnage chargé de l'entretien du temple.
Néopes : prêtres.
Nomos : la loi, mais aussi la coutume, ***Hiéros nomos*** = la loi sacrée.

Obole : monnaie (une drachme = 6 oboles).
Oenochoé : cruche à une anse servant aux libations.
Oikos : maison, maisonnée, unité domestique.
Oinos : vin.
Omophagie : le fait de manger des aliments crus, particulièrement de la viande. Caractéristique du rituel dionysiaque.
Omphalos : pierre brute qui se trouve dans l'***adyton*** du temple d'Apollon à Delphes qui est pour les Grecs le nombril du monde.
Oniromancie : divination par les songes.
Opisthodome : chambre arrière du temple.
Oribasie : course à travers la montagne à laquelle se livrent les fidèles de Dionysos.
Orgéon : association cultuelle.
Orgies (orgia) : le terme signifie « ce qui est accompli ». Il désigne plus spécifiquement les rites du culte de Dionysos.
Orphisme : ensemble de doctrines autour du personnage mythique d'Orphée.
Oschophores : deux jeunes garçons qui marchent en tête de la procession de la fête des Oschophories en l'honneur d'Athéna. Vêtus d'une robe féminine, ils portent un rameau de vigne chargé de grappes.
Ourses : nom donné aux petites filles qui, dans le sanctuaire de Brauron en Attique, se consacraient au culte d'Artémis pendant un an.

Panégyrie : rassemblement, fête.
Péan : chant solennel à plusieurs voix, particulièrement dédié à Apollon, chant de combat ou de victoire. Il peut aussi, selon les cas, être chant funèbre ou chant de joie, il s'oppose alors au thrène funèbre.
Pélanos : gâteau que l'on offre au dieu. À Delphes, le ***pélanos*** est devenu une taxe payée en argent qui donne droit de sacrifier dans le sanctuaire.
Péplos : tunique en tissu lourd (laine souvent), attachée par deux agrafes aux épaules, tombe en formant des plis. Les Athéniens offrent, lors des Panathénées, un ***péplos*** brodé à Athéna.
Péribole : mur (ou toute autre marque) d'enceinte du sanctuaire.
Phiale : vase à libation (forme d'une coupe sans pied et sans anses).
Phratrie : groupe de personnes se considérant comme « frères » et pratiquant des cultes communs. Unité qui joue un rôle important dans la vie religieuse à Athènes et ailleurs.
Phratriarque : personnage qui est à la tête de la phratrie et en particulier est chargé des cultes.
Polémarque : magistrat dont les fonctions principales sont militaires. Chargé de certains sacrifices à Athènes.
Pompè : procession.
Proédrie : honneur qui consiste à avoir une place réservée dans les premiers rangs dans tous les concours organisés dans une cité.
Pronaos : partie avant du temple, vestibule.
Prothêsis : exposition du cadavre dans la maison du mort lors des funérailles.
Prytane : nom de magistrat dans de nombreuses cités.
Prytanée : lieu de réunion des prytanes. Souvent aussi le siège du foyer commun de la cité.
Psychopompe : conducteur des âmes des morts, épithète d'Hermès.
Puanopsion : bouillie de légumes divers, offerte à Apollon lors des Pyanepsies.
Pyromancie : divination par le feu.
Pyrrhique : danse en armes.
Pythie : prêtresse d'Apollon à Delphes chargée de transmettre la parole oraculaire.

Rhapsode : homme qui compose et chante de la poésie.

Satyres : personnages de l'entourage de Dionysos, reconnaissables à leurs oreilles de faune, à leur queue de cheval et à leur lubricité.
Sékos : mur intérieur du temple au sommet duquel peut courir une frise comme au Parthénon à Athènes.
Sitésis : droit de manger au prytanée toute sa vie à Athènes.
Splanchna : les viscères, poumons, cœur, foie, rate, rein. Font l'objet d'un traitement spécial dans le sacrifice.
Sponde : libation. Geste qui consiste à verser un peu de liquide sur un autel ou sur le sol en prononçant une prière.
Spondophores : à Olympie, hommes chargés d'aller annoncer la trêve aux autres cités grecques.
Stylobate : dernier degré du soubassement du temple sur lequel repose les colonnes.
Symposion : réunion autour de la consommation du vin sous l'égide de Dionysos. En général, le deuxième temps du banquet, après la consommation des aliments.

Talent : unité de compte qui vaut 6 000 drachmes.
Technè : art, technique.
Téménos : espace sacré, sanctuaire. Le terme met l'accent sur l'idée d'un espace qui a été coupé, délimité.
Thambos : stupeur qui frappe l'homme devant toute manifestation du divin.
Thargélos : pain fait des premières graines de l'année, offert à Apollon lors des Thargélies.
Théogonie : histoire de l'origine des dieux.
Théore : ambassadeur religieux, homme chargé par exemple d'annoncer les débuts d'une fête de sa cité aux autres cités grecques.
Théorie : ambassade religieuse.
Thiase : groupe de personnes réunies autour de la célébration d'un culte particulier. Nom donné aux associations cultuelles dionysiaques.
Tholos : bâtiment de forme ronde pouvant avoir diverses fonctions dont celle de temple.
Thrène : chant funèbre.
Thyrse : bâton terminé par une touffe de lierre, porté en particulier par des fidèles de Dionysos.
Thuein, Thusia : sens premier « faire brûler pour les dieux », puis « offrir aux dieux ». Désigne à la fois l'immolation et le repas qui suit.
Trapeza : table, sert au dépôt des offrandes comme à la découpe de l'animal.
Trapezomata : objets déposés sur les tables en offrandes aux dieux.

Xénia : hospitalité.
Xoanon : type de statue utilisée dans les cultes.

Lexique : dieux, héros, personnages mythologiques

Actéon : Héros, fils d'Aristée et Autonoé. Chasseur, il veut rivaliser avec Artémis qui le métamorphose en cerf et le fait déchirer par ses chiens.

Adonis : Né de Myrrha, transformée en myrrhe pour avoir eu des relations incestueuses avec son père. Adonis éveille le désir chez les déesses Perséphone et Aphrodite, avant de mourir fort jeune, victime d'un sanglier. Fêté lors de la fête des ***Adonies.***

Amphitrite : Déesse, fille d'Océanos ou de Nérée, épouse de Poséidon, avec lequel elle habite un palais au fond des eaux.

Aphrodite : Née du sexe d'Ouranos, tranché par Kronos, mêlé à l'écume marine. Déesse du désir amoureux.

Apollon : Dieu, fils de Létô et de Zeus et frère d'Artémis.

Arès : Fils d'Héra, dieu de la guerre, ou plus exactement de la fureur guerrière.

Argonautes : Noms des Grecs embarqués sur la nef Argo, aux côtés de Jason, pour ramener de Colchide la Toison d'or.

Artémis : Déesse, fille de Létô et de Zeus, sœur d'Apollon. Ses attributs sont l'arc et les flèches. Elle protège le monde sauvage, et tout particulièrement les jeunes.

Asclépios : Héros ou dieu, fils de Sémélé et d'Apollon, célèbre pour ses talents de guérisseur.

Athéna : Déesse, fille de Métis et de Zeus, divinité poliade d'Athènes.

Atrides : Les descendants d'Atrée, parmi eux Agamemnon.

Bellérophon : Héros, fils de Poséidon, il dompte Pégase, chasse la Chimère, combat les Amazones.

Borée : Divinité primordiale, souffle glacé du bout du monde.

Cabires : Puissances de la mer, fils d'Héphaïstos, ce sont des métallurges.

Cadmos : Héros fondateur de Thèbes.

Calypso : Fille d'Atlas, c'est une nymphe qui retient Ulysse auprès d'elle lors du retour du héros à Ithaque.

Cécrops ou **Kékrops :** Roi mythique d'Athènes.

Centaures : Êtres doubles, mi-hommes mi-chevaux, vivant à la périphérie du monde habité, ils sont à la fois des êtres sauvages et des inventeurs que rencontrent les héros grecs lors de leurs aventures. Le centaure Chiron est le maître d'Asclépios, de Jason et d'Achille, un modèle de conduite morale.

Cent-Bras (Hékatoncheires) : Fils de Gaia et d'Ouranos, ils sont trois : Kottos, Briarée et Gugès. Combattants invincibles, ils aident Zeus dans sa lutte contre les Titans.

Cerbère : Le chien d'Hadès, monstre qui garde le royaume des morts.

Chaos : Dieu primordial, gouffre sans fond et sans forme.

Chimère : Monstre à la fois chèvre, lion et serpent, combattu par Bellérophon.

Chiron : Un centaure (voir ce mot).

Circé : Magicienne de l'***Odyssée,*** fille d'Hécate.

Coré ou **Koré :** Fille de Déméter et de Zeus. Épouse sous le nom de Perséphone d'Hadès avec lequel elle règne sur les Enfers.

Corybantes ou ***Courètes :*** Les trois éducateurs de Zeus enfant en Crète ont tous les traits des héros civilisateurs.

Cyclopes : Fils de Gaia et d'Ouranos, ils sont trois : Brontês (Tonnant), Steropês (Éclatant) et Argês (Éclairant). Ils ont un œil au milieu du front, une force formidable et ont le savoir-faire des métallurges : ils créent la foudre et la donnent à Zeus, l'aidant dans sa lutte contre les Titans.

Cyrène : Jeune fille se livrant à la chasse et fuyant le mariage. Aimée d'Apollon, elle devient la divinité de la Lybie.

Dactyles : Au nombre de dix, ce sont des divinités métallurges.

Danaïdes : Les cinquante filles du roi Danaos qui fuient le mariage avec les fils d'Égyptos. À l'exception de deux d'entre elles, elles assassinent leur époux, sont tuées à leur tour et sont condamnées dans le Tartare à porter de l'eau dans un récipient sans fond. Elles miment ainsi la ***loutrophorie,*** rite important du mariage qui consiste à aller quérir de l'eau à la fontaine pour le bain de la future épousée, rite qu'elles ont omis de pratiquer sur terre en refusant de se marier.

Dédale : Fils de Métion (« l'homme à la mètis »). Dédale est un héros inventeur passé maître dans la ***techné.***

Déméter : Déesse de la terre cultivée, elle fait pousser les céréales comme les enfants légitimes. Sa fille Coré (née d'une union avec Zeus) lui est ravie et, dans sa quête pour la retrouver, elle institue les mystères d'Éleusis.

Deucalion : Après le Déluge, il fait renaître la race des hommes en jetant des pierres sur le sol.

Dionysos : Né d'une mortelle, Sémélé, et de Zeus, Dionysos est pourtant un dieu, accueilli comme tel dans l'Olympe par les dieux. De ses multiples visages, un trait domine : Dionysos représente ce qu'il y a d'étrange et d'étranger, à l'intérieur de chaque homme, comme à l'intérieur de la cité.

Dioscures : Jumeaux nés de Léda et de Zeus. Castor est mortel, Pollux immortel, mais leur destin se mêle et ensemble ils sont les protecteurs des jeunes gens et les garants de la souveraineté royale.

Eileithyia : Déesse dont la fonction principale est de favoriser l'accouchement.

Épiméthée : Fils de Japet et frère de Prométhée. Il reçoit un cadeau empoisonné des dieux : Pandora, la première femme.

Érèbe : Entité divine primordiale née de Chaos, qui représente les ténèbres complets et permanents. L'opposé d'Éther.

Érechthée ou **Érichthonios :** Héros né de la terre attique fécondée par le sperme d'Héphaïstos. Un autochtone.

Érinyes : Déesses de la vengeance nées des gouttes de sang du sexe tranché d'Ouranos tombées sur Gaia, la Terre.
Éros : Une des trois divinités primordiales avec Chaos et Gaia chez Hésiode. Il est le principe d'union qui assure la reproduction de tous les êtres. Son importance est grande également dans la théogonie orphique. Mais les Grecs en font aussi le fils d'Aphrodite et de différents autres dieux ; il escorte la déesse sous les traits d'un jeune garçon muni d'un arc et de flèches.
Éther : Enfant de Chaos, Éther est le ciel constamment illuminé qui ne connaît pas la nuit et où vivent les dieux. L'opposé d'Érèbe.
Europe : Jeune fille enlevée par Zeus sous les traits d'un taureau, emmenée en Crète où elle eut trois fils : Minos, Sarpédon et Rhadamanthe.
Eurydice : Une Dryade, nymphe des arbres, aimée d'Orphée, qui va la chercher jusqu'aux Enfers.
Gaia : « Terre », divinité primordiale, elle produit une série de puissances divines qui vont constituer l'univers.
Ganymède : Jeune garçon enlevé par Zeus pour en faire son échanson dans l'Olympe.
Gorgones : Filles de Phorkys et de Kéto, divinités marines, elles sont trois : Sthèno, Euryale et Méduse. Elles transforment en pierre quiconque les regarde.
Hadès : Dieu, souverain des morts, qui habite l'« ombre brumeuse », époux de Perséphone-Koré.
Harpies : Nées de Thaumas, puissance marine, elles enlèvent les vivants pour les conduire aux Enfers.
Hécate : Fille d'Astérie, sa puissance s'exerce sur terre comme sur mer et au ciel. Elle a, dans le monde divin, une place à part.
Héphaistos : Dieu, fils d'Héra qui l'a engendré seule.
Héra : Déesse épouse de Zeus.
Héraclès : Fils de Zeus et d'une mortelle, Alcmène, épouse d'Amphytrion, Héraclès est, pour les Grecs, le type même du héros : un homme qui, après avoir accompli les exploits les plus divers, meurt, devient immortel et reçoit un culte un peu partout dans le monde grec. Les douze travaux qu'il doit accomplir sur l'ordre de son cousin Eurysthée sont : tuer le lion de Némée, l'hydre de Lerne, le sanglier d'Érymanthe, rapporter la biche aux cornes d'or, tuer les oiseaux anthropophages du lac Stymphale, nettoyer les écuries d'Augias, capturer le taureau de Crète, tuer le roi Diomède de Thrace, rapporter la ceinture d'Hippolyte, reine des Amazones, tuer le triple Géryon, cueillir les fruits d'or du jardin des Hespérides, ramener Cerbère gardien de l'Hadès. Une tradition lui attribue la fondation des concours d'Olympie (p. 93).
Hermès : Dieu, fils de Zeus et de la nymphe Maia, à la fois médiateur et rusé, il est le dieu de l'espace ouvert, du passage et des échanges.
Hespérides : Filles de Nuit, elles sont trois : Hespéria « la Vespérale », Aiglé « la Brillante » et Érytheia « la Rougeoyante ». À la limite du monde, elles gardent l'arbre aux pommes d'or qui confèrent l'immortalité.
Hestia : Déesse, fille de Cronos et de Rhéa, elle est, au centre de la maison et de la cité, auprès du foyer qui porte son nom, celle qui garantit la permanence du groupe.
Hippodamie : Fille d'Oenomaos, roi de Pise et épouse de Pélops.
Hippolyte : Héros, fils de Thésée et d'une Amazone, il se voue à Artémis, fuyant le monde d'Aphrodite.
Hyakinthos : Jeune homme aimé d'Apollon qui le tua par mégarde lors d'un lancer de disque. Fêté lors des Hyakinthies à Sparte.
Hyperboréens : Peuple mythique, qui accueille les dieux, en particulier Apollon.
Hypnos : Le Sommeil, frère de Thanatos.
Icare : Fils de Dédale, il périt noyé pour avoir voulu trop se rapprocher du soleil alors qu'il volait grâce aux ailes fabriquées par son père.
Io : Prêtresse d'Héra et princesse d'Argos, aimée de Zeus, elle fut transformée en génisse blanche et fut poursuivie par la haine d'Héra jusqu'en Égypte.
Iris : Fille de Thaumas, divinité marine, sœur des Harpies, elle est la messagère des dieux, chargée d'établir le contact entre le monde des hommes et celui des dieux.
Jason : Héros, descendant du roi Éole, il est chargé par Pélias, roi d'Iolcos, de rapporter la Toison d'or, ce qu'il fait, aidé des Argonautes. Son destin le lie à Médée, fille du roi Aiétès et à Créuse, fille du roi de Corinthe.
Kékrops : ou Cécrops (voir supra).
Létô : Fille de Koios et Phoibè, mère d'Apollon et Artémis.
Méduse : L'une des trois ***Gorgones.*** Persée lui coupa la tête.
Mètis : Déesse, épouse de Zeus, qui l'avala pour éviter d'être détrôné par un enfant né d'elle, alors qu'elle portait Athéna. Personnification de l'intelligence.
Mnémosynè : « Mémoire », une Titane, mère des Muses.
Moires : Les « Destinées », trois sœurs, filles de Zeus et de Thémis, qui déterminent la part attribuée à chacun, part d'honneur comme part de vie.
Muses : Filles de Mnémosynè et de Zeus. Au nombre de neuf : Calliope s'occupe de la poésie épique, Clio de l'histoire, Melpomène de la tragédie, Thalie de la comédie, Érato de la poésie lyrique, Polymnie de la Rhétorique, Euterpe de la musique, Terpsichore de la danse et Uranie de l'astronomie.
Myrrha : Mère d'Adonis.
Myrtilos : Cocher d'Oenomaos, Pélops lui doit sa victoire.
Naïades : Nymphes des eaux.
Narcisse : Beau jeune homme, il refuse l'amour des garçons comme des filles (la nymphe Écho). Aphrodite le prend au piège de son propre visage, Narcisse se noie dans la fontaine éperdument amoureux de son reflet dans l'eau.
Némésis : Divinité primordiale, elle est la juste répartition et fait partie des enfants de la Nuit dans la ***Théogonie*** d'Hésiode.
Nux : La Nuit. Divinité primordiale, née de Chaos.

Nymphes : Les Oreiades sont les nymphes des montagnes ; les Naïades et les Hydriades : les nymphes des eaux, les Dryades sont liées aux arbres, les Krênides sont les nymphes des sources et les Épimêlides protègent les troupeaux.

Œdipe : Roi de Thèbes. Il a, sans le savoir, tué son père et épousé sa mère, Jocaste, dont il a des enfants. Son histoire appartient au cycle légendaire des origines de Thèbes, mais elle est surtout connue à travers les tragédies de Sophocle : ***Œdipe Roi*** et ***Œdipe à Colone.***

Oenomaos : Roi de Pise (cité proche d'Olympie), père d'Hippodamie. Il provoque à la course en chars les prétendants à la main de sa fille, gagne et les tue, jusqu'au jour où Pélops remporte l'épreuve.

Okéanos : Un des Titans, fils d'Ouranos et de Gaia. Produit avec Thétys les fleuves et les sources, les eaux nécessaires à la vie.

Orion : Héros, chasseur compagnon d'Artémis, transformé en constellation parce qu'il prétend rivaliser à la chasse avec la déesse ou parce qu'il a voulu la violer.

Orphée : Fils d'une Muse, ce héros séduit qui l'écoute y compris le chien Cerbère lorsqu'il part aux Enfers chercher sa femme Eurydice. Lié à la geste des Argonautes, c'est de lui que se réclament les sectes dites orphiques.

Ouranos : Divinité primordiale (le Ciel), né de Gaia. Leur union engendre les Titans, les Cent-Bras, les Cyclopes. Châtré par Kronos, Ouranos prend place au sommet du monde.

Pan : Fils d'Hermès et d'une Nymphe, cette divinité (dieu ou demi-dieu) a une forme mi-humaine, mi-caprine. Il règne sur les montagnes et protège avant tout l'univers pastoral.

Pandora : La première femme, façonnée par les dieux et offerte en mariage à Épiméthée. C'est une création de Zeus qui répond, en envoyant ce « beau mal » aux hommes, au vol du feu par Prométhée.

Peithô : « Persuasion », elle accompagne Aphrodite, mais elle a aussi un côté plus sombre de déesse entraînant vers la mort.

Pélops : Fils de Tantale, il est le héros d'Olympie, le fondateur des Jeux. Prétendant puis époux d'Hippodamie, après avoir gagné la course de char contre Oenomaos, qu'il tue, il devient roi de Pise.

Persée : Héros, fils de Zeus et de Danaé, fille du roi d'Argos. Il dut rapporter la tête de la Gorgone et accomplit à cette fin de multiples exploits.

Phaéton : Fils d'Hélios le Soleil, ne réussit pas à conduire convenablement le char solaire et périt foudroyé par Zeus.

Ploutos : Fils de Déméter, ce dieu apporte l'opulence.

Pontos : Le Flot marin, une divinité primordiale.

Poséidon : Dieu, fils de Kronos et de Rhéa, il a reçu en partage la mer. « Ébranleur du sol » il est aussi responsable de tous les phénomènes tectoniques inquiétants.

Priape : Fils d'Aphrodite, ce dieu est caractérisé par un phallus démesuré, il protège les cultures contre les voleurs et a une fonction apotropaïque.

Prométhée : Fils de Japet et frère d'Épiméthée, ce héros invente le sacrifice et dérobe le feu aux dieux. Il est à la fois le bienfaiteur des mortels et celui qui a provoqué le partage irrémédiable entre le monde des hommes et celui des dieux.

Rhéia : ou (Rhéa). Divinité primordiale, une Titane qui fait couple avec Kronos, mère de Zeus.

Sirènes : Êtres mi-femmes, mi-oiseaux, qui charment les vivants par leurs chants et les entraînent dans la mort.

Sisyphe : Héros plein de ruse, il réussit à enchaîner Thanatos, la Mort.

Condamné ensuite par les dieux, il doit rouler au sommet d'une pente un énorme rocher qui aussitôt retombe.

Sôpatros : Premier homme à avoir tué un bœuf laboureur, et de ce fait fondateur de la pratique du sacrifice sanglant dans la cité.

Styx : Divinité primordiale, fleuve des Enfers.

Tantale : Voulant éprouver les dieux, il leur offre un festin où la viande n'est autre que la chair de son fils Pélops. Il est alors condamné par les dieux à souffrir éternellement de soif et de faim, auprès d'une rivière et d'un arbre chargé de fuits qui se dérobent dès qu'il tend la main.

Tartare : Espace non mesurable, lieu de la confusion extrême, dont on ne peut sortir. Les Titans y sont précipités après leur défaite.

Telchines : Divinités métallurges.

Thanatos : « Mort », dieu primordial, fils de Nuit et frère d'Hypnos et des Songes.

Thémis : Déesse primordiale, une Titane, elle représente ce qui est fixé. C'est une puissance oraculaire.

Thésée : Héros, fils d'Égée, roi d'Athènes (ou de Poséidon) et d'Aithra, fille du roi de Trézène. Il accomplit de nombreux exploits (parmi lesquels tuer le Minotaure dans le labyrinthe crétois) avant de devenir à son tour le roi d'Athènes.

Thétis : Déesse, fille de Nérée, épouse d'un mortel Pélée et mère d'Achillle.

Titans : Les douze Titans et Titanes sont les descendants de Gaia et Ouranos. Ce sont Okéanos et Thétys, Hypérion et Théia, Koios et Phoibè, Japet, Krois, Thémis, Mnémosynè, Kronos et Rhéia. Ils luttent contre Zeus et la nouvelle génération de dieux, sont vaincus, foudroyés par Zeus et enchaînés au Tartare.

Zeus : Fils de Kronos et de Rhéia, devenu le roi des dieux et maître de l'Olympe, après avoir affirmé son pouvoir sur les générations de dieux précédentes (les Titans) et avoir partagé le pouvoir avec les autres Kronides. Époux d'Héra.

Bibliographie

▲ *Sources*

Les textes littéraires signalés p. 13-14 se trouvent en traduction dans diverses éditions au format de poche, ou en édition bilingue dans la Collection des Universités de France (CUF), Belles-Lettres.

Les textes épigraphiques se trouvent :

— dans les volumes des *Inscriptions Grecques* (IG) publiées par l'Académie de Berlin, ainsi que le : *Supplément. Épigraphique Grec* (SEG) ;

— dans le Recueil de W. Dittenberger, 3e édition, 1915-24. *Sylloge Inscriptionum Graecarum* (Syll.).

Les lois sacrées sont notamment publiées par :

I. PROTT et L. ZIEHEN, *Leges Graecorum sacrae e titulis collectae,* Leipzig, 1896-1906 (LGS).

F. SOKOLOWSKI, *Lois sacrées de l'Asie Mineure* (École française d'Athènes), Paris, 1955 (LSA).

— *Lois sacrées des cités grecques.* Supplément (École française d'Athènes), Paris, 1962 (LSS).

— *Lois sacrées des cités grecques* (École française d'Athènes), Paris, 1969 (LSG).

J. POUILLOUX, *Choix d'inscriptions grecques,* Paris, Belles Lettres, 1960. Institut Fernand COURBY, *Nouveau choix d'inscriptions grecques,* Paris, Belles Lettres, 1971.

B. LE GUEN-POLLET, *La Vie religieuse dans le monde grec du Ve au IIIe siècle avant notre ère. Choix de documents épigraphiques traduits et commentés,* PUM, 1991.

▲ *Encyclopédies*

DAREMBERG, SAGLIO, POTTIER, *Dictionnaire des Antiquités grecques et romaines,* Paris, 1873-1919.

PAULY, WISSOWA, KROLL, *Realencyclopädie der klassischen Altertumswissenschaft,* Stuttgart, 1894 et sq.

ROCHER, *Ausführliches Lexicon der griechischen und römischen Mythologie,* Leipzig, 1882-1921. Supplément, 1921 sq.

LIMC (*Lexicon Iconographicum Mythologiae Classicae*), en cours de parution (depuis 1981).

— *Dictionnaire des Mythologies,* sous la direction de Y. Bonnefoy, Flammarion, Paris, 1981. On trouvera à la fin de chaque article de ce « dictionnaire » une importante bibliographie sur le sujet traité. Très utile instrument de travail.

P. GRIMAL, *Dictionnaire de la mythologie grecque et romaine,* PUF, Paris, 1969.

— *Atlas des Religions,* Encyclopaedia Universalis, Paris, 1988.

À consulter également : les livres généraux sur la civilisation grecque et sur l'art grec, parmi lesquels : F. CHAMOUX, *La Civilisation grecque,* Arthaud, Paris, 1963. F. CHAMOUX, *La Civilisation hellénistique,* Arthaud, Paris, 1981. Les quatre volumes de la collection *L'Univers des Formes :* J. CHARBONNEAUX, R. MARTIN, F. VILLARD, *Naissance de l'art grec, Grèce archaïque, Grèce classique, Grèce hellénistique,* Gallimard, Paris, 1966-1970.

▲ *Études générales*

U. BIANCHI, *La religione greca,* dans *Storia delle religioni,* sous la direction de P. TACCHI-VENTURI, t. II, Turin, 1962.

W. BURKERT, *Griechische Religion der archaischen und klassischen Epoche,* Stuttgart, 1977. Trad. angl. *Greek Religion,* Harvard University Press, Cambridge, Massachussets, 1985. Une synthèse récente très complète.

I. CHIRASSI COLOMBO, *La religione in Grecia,* Rome, 1983.

E. DES PLACES, *La Religion grecque.* Dieux, cultes et sentiment religieux dans la Grèce antique, Paris, 1969. Ouvrage qui donne une grande place à l'analyse de l'évolution du sentiment religieux.

E.-R. DODDS, *Les Grecs et l'irrationel,* trad. fr. Aubier-Montaigne, Paris, 1965. Non pas une histoire de la religion, mais une étude de la façon dont les Grecs eux-mêmes interprétaient l'irrationnel.

P.-E. EASTERLING et J.-V. MUIR (ed.), *Greek Religion and Society,* Cambridge, 1985. Les chapitres rédigés par les meilleurs connaisseurs anglo-saxons de la religion forment un manuel très accessible.

L. R. FARNELL, *Cults of the Greek States,* 5 vol., Oxford, 1896-1907. Un ouvrage de référence.

A.-J. FESTUGIÈRE, *La Religion grecque,* dans *Histoire générale des religions* sous la direction de M. Gorce et A. Mortier, t. II, Quillet, Paris, 1944. Une approche de la religion grecque qu'il faut connaître.

L. GERNET et A. BOULANGER, *Le Génie grec dans la religion,* Albin Michel, Paris, 1932. Époque classique et hellénistique. Nombreuses rééditions (celle de 1970 comprend une bibliographie complémentaire fort utile). Livre qui demeure irremplaçable.

L. GERNET, *Anthropologie de la Grèce ancienne,* Maspéro, Paris, 1968. Rééd. Collection « Champs », Flammarion. Plusieurs chapitres concernent directement la religion.

M. JOST, *Aspects de la vie religieuse en Grèce, du début du Ve siècle à la fin du IIIe siècle av. J.-C.,* SEDES, Paris, 1992.

P. LÉVÊQUE, *Bêtes, dieux et hommes,* Paris, 1985.

R. MARTIN, H. METZGER, *La Religion grecque,* PUF, Paris, 1976. Pas une synthèse, mais des chapitres sur plusieurs aspects de la religion grecque.

M. P. NILSSON, *Geschichte der griechischen Religion,* 3e éd. vol. I ; Munich, 1967 ; vol. II, Munich, 1974. Un classique.

J. RUDHART, *Notions fondamentales de la pensée religieuse et actes constitutifs du culte dans la Grèce ancienne,* Genève, 1958. Livre auquel nous faisons constamment référence.

L. SÉCHAN et P. LÉVÊQUE, *Les Grandes Divinités de la Grèce,* De Boccard, Paris, 1966, Nouvelle édition, A. Colin, Paris, 1990. À partir de l'étude des différents dieux, les principaux aspects de la religion grecque abordés de façon très claire.

G. SISSA et M. DETIENNE, *La Vie quotidienne des dieux grecs,* Hachette, Paris, 1989. Plus qu'une « vie quotidienne », les dieux parmi les hommes.

J.-P. VERNANT, *Mythe et pensée chez les Grecs,* Maspéro, Paris, 1965 (2e éd. revue et augmentée 1971 ; 3e éd. augmentée 1985) et *Mythe et société en Grèce ancienne,* Maspéro, Paris, 1974.

J.-P. VERNANT, *Mythe et religion en Grèce ancienne,* Le Seuil, Paris, 1990.

Et parmi les monographies :

Sur Thasos : J. POUILLOUX, *Recherches sur l'histoire et les cultes de Thasos,* t. I, Paris, 1954 : t. II avec C. Dunand, Paris, 1958.

Sur Délos : Ph. BRUNEAU, *Recherches sur les cultes de Délos à l'époque hellénistique et à l'époque impériale,* Paris, 1970.

Sur l'Arcadie : M. JOST, *Sanctuaires et cultes d'Arcadie,* Paris, 1985.

▲ Compléments de lecture au fil des chapitres

Nous ne répétons pas, sauf exception, les titres des ouvrages cités dans la rubrique : études générales.

▲ Introduction

Sur la place de la religion dans les cités :

J. RUDHARDT, Du mythe, de la religion grecque et de la compréhension d'autrui, *Revue européenne des sciences sociales,* tome XIX, 1981, n° 58.

J.-P. VERNANT, *Religions, histoires, raisons,* Maspéro, Paris, 1979.

P. VEYNE, *Les Grecs ont-ils cru à leurs mythes ?* Le Seuil, Paris, 1983.

Sur la notion de sacré

E. BENVENISTE, *Le Vocabulaire des institutions européennes,* tome II, « Le sacré », p. 198-207, Éd. de Minuit, Paris, 1969.

Sur la notion de pur

L. MOULINIER, *Le Pur et l'impur dans la pensée et la sensibilité des Grecs jusqu'à la fin du* IVe *siècle avant J.-C.,* Paris, 1952, et le compte rendu de J.-P. Vernant dans *Mythe et Société,* p. 121-140.

R. PARKER, *Miasma, Pollution and Purification in Early Greek Religion,* Oxford, 1983.

Sur la piété

J. SCHEID, *Religion et piété à Rome,* La Découverte, Paris, 1985, particulièrement le premier chapitre : piété et impiété.

▲ Les rites, les acteurs et les lieux

Les rituels

Sur le sacrifice : un point de départ très utile, J. SVENBRO, Bibliographie du sacrifice grec, dans M. DETIENNE et J.-P. VERNANT (éds.), *La Cuisine du sacrifice en pays grec,* Gallimard, Paris, 1979.

Outre l'ensemble de ce livre, voir aussi :

B. GRANGE et O. REVERDIN (éds.), « Le sacrifice dans l'Antiquité », *Entretiens sur l'Antiquité classique,* Fondation Hardt, t. XXVII, Vandœuvre-Genève, 1981.

G. BERTHIAUME, *Les Rôles du mageiros. Étude sur la boucherie, la cuisine et le sacrifice dans la Grèce ancienne,* Éd. Brill, Leyde, 1982.

J.-L. DURAND, *Sacrifice et labour en Grèce ancienne,* La Découverte, Paris, 1986.

C. GROTTANELLI et N. PARISE (éds.), *Sacrificio e societa nel mondo antico,* Laterza, Rome, 1988.

P. BONNECHERE, *Le sacrifice humain en Grèce ancienne*, Athènes-Liège, 1994.

Sur la prière

H.-S. VERSNEL (ed.), *Faith, Hope and Worship,* Éd. Brill, Leyde, 1981.

D. AUBRIOT-SEVIN, *Prière et conceptions religieuses en Grèce ancienne jusqu'à la fin du* Ve *siècle av. J.-C.,* Paris, 1996.

Le personnel religieux

J. MARTHA, *Les Sacerdoces athéniens,* Paris, 1882.

R.-S.-J. GARLAND, « Religious Authority in Archaïc and Classical Athens », *Annual of the British School at Athens,* LXXIX, 1984, 75-123.

Les lieux de culte

G. ROUX (éd.), *Temples et sanctuaires,* Maison de l'Orient, Lyon, 1984.

Sur le développement des sanctuaires au début des cités

F. de POLIGNAC, *La Naissance de la cité grecque. Cultes, espaces et société, VIIIe-VIIe siècles avant J.-C.,* La Découverte, Paris, 1984 (nouvelle éd. 1995).

▲ Religion et vie civique

Les rites de passage, sur les jeunes et l'entrée dans le monde adulte

A. BRELICH, *Paides e Parthenoi,* Rome, 1969.

L. BRUIT ZAIDMAN, « Les filles de Pandore. Femmes et rituels dans les cités », in G. DUBY et M. PERROT, éd. *Histoire des femmes en Occident, l'Antiquité,* vol. dirigé par P. SCHMITT PANTEL, Plon, Paris, 1991.

P. BRULÉ, *La Fille d'Athènes,* Les Belles Lettres, Paris, 1987.

C. CALAME, *Les Chœurs de jeunes filles en Grèce archaïque,* Rome, 1977.

H. JEANMAIRE, *Couroi et Courètes. Essai sur l'éducation spartiate et les rites d'adolescence dans l'Antiquité hellénique,* Lille-Paris, 1939.

P. VIDAL-NAQUET, *Le Chasseur noir,* Maspéro, Paris, 1981 (2e éd. 1983).

Sur la mort

R. GARLAND, *The Greek Way of Death,* Cornell University Press, Ithaca, 1985.

G. GNOLI et J.-P. VERNANT (eds.), *La Mort, les morts dans les sociétés anciennes,* Cambridge University Press, Cambridge, et Éd. de la Maison des Sciences de l'Homme, Paris, 1982.

D. -C. KURTZ et J. BOARDMAN, *Greek Burial Customs,* Londres, 1971.

J.-P. VERNANT, *La Mort dans les yeux,* Paris, Hachette, 1985.

J.-P. VERNANT, *L'Individu, la mort, l'amour,* Gallimard, Paris, 1989.

Les milieux de la vie religieuse

M. P. NILSSON, *La Religion populaire dans la Grèce antique,* trad. fr., Plon, Paris, 1954.

J. D. MIKALSON, *Athenian Popular Religion,* Chapel Hill, Londres, 1983.

D. ROUSSEL, *Tribu et Cité,* Les Belles Lettres, Paris, 1976.

Sur les dèmes plus particulièrement

G. DAUX, La grande démarchie : un nouveau calendrier sacrificiel d'Attique, *Bulletin de Correspondance Hellénique,* 87, 1963, 603-634.

G. DAUX, « Le calendrier de Thorikos au musée J. -P. Getty », *L'Antiquité Classique,* 1983, 150-174.

S. DOW, Six Athenian Sacrificial Calendars, *Bulletin de Correspondance Hellénique,* 92, 1968, 10-186.

G. WHITEHEAD, *The Demos of Attica,* Princeton University Press, Princeton, 1986.

Sur les associations religieuses

W.-S. FERGUSON, The Attic Orgeones, *Harvard Theological Review,* 37, 1944, 61-140.

G. et M.-L. FREYBURGER et J.-C. TAUTIL, *Les Sectes religieuses en Grèce et à Rome,* Les Belles Lettres, Paris, 1986.

Religion et vie politique

M. P. NILSSON, *Cults, Myths, Oracles and Politics in Ancient Greece,* Lund, 1951.

R. PARKER, *Athenian Religion : A History,* Oxford, 1997.

Sur la fondation des cités

I. MALKIN, *Religion and Colonization in Ancient Greece,* Ed. Brill, Leyde, 1987.

Sur la guerre

R. LONIS, *Guerre et religion en Grèce à l'époque classique,* Les Belles Lettres, Paris, 1979.

Sur l'agora d'Athènes

J. M. CAMP, *The Athenian Agora,* Thames and Hudson, Londres, 1986.

Sur l'acropole d'Athènes

R. J. HOPPER, *The Acropolis,* Londres, 1970.

Les systèmes des fêtes : l'exemple d'Athènes

L. DEUBNER, *Attische Feste,* Berlin, 1932 (2e éd. 1956).

H. W. PARKE, *Festivals of the Athenians,* Thames and Hudson, Londres, 1977.

Sur le théâtre :

H.-C. BALDRY, *Le Théâtre tragique des Grecs,* trad. fr., Maspéro, Paris 1975.

J.-C. CARRIÈRE, *Le Carnaval et la Politique, une introduction à la comédie grecque.* Les Belles Lettres, Paris, 1979.

J.-P. VERNANT et P. VIDAL-NAQUET, *Mythe et Tragédie en Grèce ancienne,* Maspéro-La Découverte, Paris, 1972 (nouvelle éd. 1986).

J.-P. VERNANT et P. VIDAL-NAQUET, *Mythe et Tragédie deux,* La Découverte, Paris, 1986.

▲ Les cultes panhelléniques

M. DELCOURT, *Les Grands Sanctuaires de la Grèce antique,* PUF, Paris, 1947.

R.-V. SCHODER, *La Grèce antique vue du ciel,* Seghers, Paris, 1975, les sites archéologiques photographiés d'avion. Avec pour chaque site outre la photo, un plan, une description et une blibliographie. Très utile.

Sur Olympie et les concours

W. DÖRPFELD, *Alt-Olympia,* Berlin, 1935.

L. DREES, *Olympia : Gods, Artists, Athletes,* Londres, 1968.

M. I. FINLEY et H. PLEKET, *The Olympic Games : The First Thousand Years,* Londres, 1976.

Sur Delphes et la divination

M. DELCOURT, *L'Oracle de Delphes,* Paris, 1955.

W. W. PARKE et D. E. W. WORMELL, *The Delphic Oracle*, 2 vol., Oxford, 1956.

G. ROUGEMONT, *Corpus des Inscriptions de Delphes, Lois sacrées et règlements religieux,* École française d'Athènes, De Boccard, Paris, 1977.

G. ROUX, *Delphes, son oracle et ses dieux,* Les Belles Lettres, Paris, 1976.

G. SISSA, *Le Corps virginal,* Vrin, Paris, 1987 (sur la Pythie).

J.-P. VERNANT (éd.), *Divination et rationalité,* Le Seuil, Paris, 1974.

Sur Épidaure

G. ROUX *L'Architecture de l'Argolide aux IVᵉ et IIIᵉ siècles*, Paris, 1961.

A. TAFFIN, « Comment on rêvait dans les temples d'Esculape », *Bulletin de l'Association G. Budé, 1960.*

Sur Éleusis

P. FOUCART, *Les Mystères d'Éleusis*, Paris, 1914.

G. E. MYLONAS, *Eleusis and the Eleusinion Mysteries,* Princeton, 1961.

W. BURKERT, *Ancient mystery cults,* Cambridge (mass.), 1987 ; trad. française, 1992.

K. CLINTON, *The Sacred Officials of the Eleusinian Mysteries,* 1974.

▲ Mythes et mythologie

Lectures de la mythologie

P. ELLINGER, « Vingt ans de recherches sur les mythes », *Revue des Études Anciennes,* 1984, 7-29, dresse un panorama très complet des recherches sur les mythes et donne une bibliographie détaillée à laquelle il faut se reporter.

Nous rappelons seulement quelques titres :

G. DUMÉZIL, *Mythe et Épopée,* Gallimard, Paris, I : 1968 ; II : 1971 et III : 1973.

C. LÉVI-STRAUSS, *Anthropologie structurale,* Plon, Paris, I : 1958, II : 1973.

C. LÉVI-STRAUSS, *Les Mythologiques,* 4. vol. de 1964 à 1971.

M. DETIENNE, *L'Invention de la mythologie,* Gallimard, Paris, 1981.

J.-P. VERNANT, *Mythe et pensée chez les Grecs* et *Mythe et société,* Maspéro, Paris, déjà cités parmi les études générales.

F. VIAN, *La Guerre des Géants, le mythe avant l'époque hellénistique,* Paris, 1952.

P. ELLINGER, *La Légende phocidienne. Artémis, les situations extrêmes et les récits de guerre d'anéantissement,* Athènes, 1993 (BCH suppl. XXVII).

N. LORAUX, *Né de la terre. Mythe et politique à Athènes*, Le Seuil, Paris, 1996.

▲ Théogonie, cosmogonie

A. BALLABRIGA, *Le Soleil et le Tartare, l'image mythique du monde en Grèce archaïque,* Paris, 1986.

F. M. CORNFORD, *Principium Sapientiae, The Origins of Greek Philosophical Thought,* Oxford, 1952.

C. RAMNOUX, *La Nuit et les enfants de la Nuit,* Paris, 1959.

J.-P. VERNANT, *Les Origines de la pensée grecque,* PUF, Paris, 1962.

M. WEST (édition et commentaire), Hesiod, *Theogony,* Oxford, 1966.

Sur la cosmogonie orphique

M. DETIENNE, « Dionysos orphique et le bouilli rôti », dans *Dionysos mis à mort,* Gallimard, Paris, 1977.

D. SABBATUCCI, *Essai sur le mysticisme grec,* trad. fr., Flammarion, Paris, 1982.

A. LAKS et G. W MOST, *Studies in the Derveni papyrus,* Oxford, 1997.

▲ Une religion polythéiste

Les puissances divines

W.-F. OTTO, *Les Dieux de la Grèce,* trad. fr., Payot, Paris, 1981.
Ch. R. LONG, *The Twelve Gods of Greece and Rome,* Leyde, 1987.
N. LORAUX, « Qu'est-ce qu'une déesse ? », in G. DUBY et M. PERROT éd., *Histoire des femmes en Occident, L'Antiquité,* vol. dirigé par P. SCHMITT PANTEL, Plon, Paris, 1991.
Les grandes figures religieuses, lire les polythéismes 1, Les Belles Lettres, Paris, 1986.
A. F. LAURENS éd., *Entre hommes et dieux,* Les Belles Lettres, Paris, 1990.

Sur les héros

A. BRELICH, *Gli eroi greci,* Rome, 1958.
A. D. NOCK, *« The Cult of Heroes », Essays on Religion and the Ancient World,* vol. II, Oxford, 1972.
N. LORAUX, *Les Enfants d'Athéna,* Maspéro, Paris, 1981. Sur les héros autochtones d'Athènes.
F. VIAN, *Les Origines de Thèbes, Cadmos et les Spartes,* Paris, 1963.

Approches du Panthéon

G. DUMÉZIL, *Le Religion romaine archaïque,* Payot, Paris, 1966.
M. DETIENNE et J.-P. VERNANT, *Les Ruses de l'intelligence, la mètis des Grecs,* Flammarion, Paris, 1974, rééd. Collection « Champs ».

Autour du mariage

M. DETIENNE, *Les Jardins d'Adonis. La mythologie des aromates en Grèce,* Gallimard, Paris, 1974 (2e éd. 1989).
Article « Mariage » du *Dictionnaire des Mythologies,* dû à J.-P. DARMON et M. DETIENNE.

Autour de la fonction technique

M. DELCOURT, *Héphaïstos ou la légende du magicien,* Les Belles Lettres, Paris, 1957, rééd. 1982.
F. FRONTISI-DUCROUX, *Dédale, mythologie de l'artisan en Grèce ancienne,* Maspéro, Paris, 1975.
Article « Artisan » du *Dictionnaire des Mythologies,* dû à L. BRISSON (Héphaïstos) et F. FRONTISI-DUCROUX (Athéna et Dédale).

Apollon

G. DUMÉZIL, *Apollon sonore et autres essais,* Gallimard, Paris, 1982. Voir aussi la bibliographie sur Delphes.
M. DETIENNE, *Apollon le couteau à la main. Une approche expérimentale du polythéisme grec,* Gallimard, Paris, 1998.

Aphrodite

V. PIRENNE-DELFORGE, *L'Aphrodite grecque*, Athènes-Liège, 1994.

Hermès

L. KAHN, *Hermès passe,* Maspéro, Paris, 1978.

Dionysos

H. JEANMAIRE, *Dionysos, histoire du culte de Bacchus,* Payot, Paris, 2e éd. 1970.
W. OTTO, *Dionysos, le mythe et le culte,* trad. fr., Paris, 1979.
M. DETIENNE, *Dionysos mis à mort,* Gallimard, Paris, 1977.
M. DETIENNE, *Dionysos à ciel ouvert,* Hachette, Paris, 1985.

▲ Les formes de figuration

Problèmes généraux

J.-P. VERNANT, « Figuration de l'invisible et catégorie psychologique du double », *Mythe et Pensée chez les Grecs,* Maspéro, Paris, 1965.
J.-P. VERNANT, « Naissance d'images », *Religions, histoires, raisons,* Maspéro, Paris, 1979.
J.-P. VERNANT, *Figures, idoles, masques,* Julliard, Paris, 1990.
F. FRONTISI-DUCROUX, *Le Dieu-masque. Une figure du Dionysos d'Athènes,* Paris-Rome, 1991.
T. H. CARPENTER et C. A. FARAONE éds., *Masks of Dionysos,* Ithaca and London, 1993.

Études particulières

Hommes, Dieux et Héros de la Grèce, catalogue de l'exposition, musée départemental des Antiquités, Rouen, 1982.
F. LISSARRAGUE et F. THELAMON (éds.), *Image et céramique grecque,* Actes du colloque de Rouen, nov. 1982, Rouen, 1983.
La Cité des images, Religion et société en Grèce antique, Nathan, Paris, 1984.
C. BÉRARD, C. BRON, A. POMARI (éds.), *Images et société en Grèce ancienne,* L'iconographie comme méthode d'analyse, Lausanne, 1987.

J.-L. Durand, *Sacrifice et labour en Grèce ancienne,* La Découverte, Paris, 1986 (sur la mise en images des rituels).

F. Lissarrague, *Un Flot d'images, Pour une esthétique du banquet grec*, Adam Biro, Paris, 1987 (autour de Dionysos).

▲ Conclusion

Sur l'époque hellénistique

Parmi une bibliographie considérable, une bonne synthèse, Z. Stewart, *La religione,* dans *La societá ellenistica,* R. Bianchi Bandinelli (éd.) Bompiani, Milan, 1977, 503-616.

Table des dessins dus à François Lissarrague

Ces dessins sont des calques d'après des documents publiés dont voici la référence :

1. Assemblée des dieux. Tarquinia RC 6848. Coupe à figures rouges, signée Oltos, vers 510 avant J.-C.
2. Héphaïstos. Berlin Est 2273. Coupe à figures rouges, peintre d'Ambrosios, vers 500 avant J.-C.
3. Poséidon. Monnaie : statère de Poseidonia (Paestum). Vers 530-510 avant J.-C.
4. Dionysos. Munich 2344. Amphore à figures rouges, détail. Peintre de Kléophradès, vers 500 avant J.-C.
5. Apollon. Rome. Musée du Vatican. Hydrie à figures rouges. Vers 490-480 avant J.-C.
6. Scène de sacrifice. Cratère à figures rouges. Boston MFA 95-25. Vers 440 avant J.-C.
7. Scène de sacrifice. Cratère à figures rouges. Naples. Vers 470 avant J.-C.

Photocomposition : Nord Compo
59650 Villeneuve-d'Ascq

Armand Colin
21, rue du Montparnasse
75006 Paris
N° édition 10112304 - NC
Dépôt légal : février 2004

Achevé d'imprimer sur les presses de la
SNEL S.A.
Rue Saint-Vincent, 12 – B-4020 Liège
tél. 32(4) 344 65 60 - fax 32(4) 341 48 41
février 2004 - 30695

Imprimé en Belgique